Inhaltsverzeichnis

3 **Lernfeld 3: Menschen mit alters- und/oder krankheitsbedingten Beeinträchtigungen unter angemessener Berücksichtigung vorhandener Ressourcen betreuen, versorgen und pflegen. 127**

4

Lernfeld 4: Menschen mit Behinderungen bei der Bewältigung ihres Alltags unterstützen 174

Vorwort

Liebe Leserinnen und Leser,

das vorliegende Lehrbuch „Theorie Sozialpädagogik und Sozialpflege" richtet sich an Schülerinnen und Schüler, die eine Ausbildung mit sozialpädagogischer und sozialpflegerischer Ausrichtung absolvieren, z. B. Sozialhelferin[1], Sozialpflegerin und Sozialassistentin.

Da diese Ausbildungen oftmals Grundausbildungen im sozialpädagogischen und sozialpflegerischen Bereich sind, d. h. die Schülerinnen und Schüler schließen an diese Ausbildung z. B. eine Ausbildung als Altenpflegerin, Heilerziehungspflegerin oder Erzieherin an, ist es notwendig, dieses Buch thematisch möglichst breit zu fächern.

Es vermittelt Grundwissen aus unterschiedlichen Bereichen der sozialpädagogischen Arbeit. Diese Themenbereiche orientieren sich schwerpunktmäßig an den einzelnen Lern- und Praxisfeldern.

Die Gliederung des Buches entspricht den einzelnen Lernfeldern des Lehrplans des Bildungsgangs zur staatlich geprüften Sozialhelferin des Landes Nordrhein-Westfalens:
Lernfeld 1: Berufliche Identität entwickeln
Lernfeld 2: Beziehungen zu Menschen aufbauen, deren Fähigkeiten, Bedürfnisse und Ressourcen wahrnehmen und im Handeln berücksichtigen
Lernfeld 3: Menschen mit alters- und/oder krankheitsbedingten Beeinträchtigungen unter angemessener Berücksichtigung vorhandener Ressourcen betreuen, versorgen und pflegen
Lernfeld 4: Menschen mit Behinderungen bei der Bewältigung ihres Alltags unterstützen

Das theoretische Grundlagenwissen wird anhand von Textinformationen, Fallbeispielen, Definitionen, Schaubildern und Praxisaufgaben veranschaulicht und durch praxisbezogene Arbeitsaufträge vertieft.

Die Schülerinnen und Schüler können aber auch gut selbstständig mit dem Buch arbeiten, da es sich auf die einzelnen Unterrichtseinheiten bezieht und durch Verweise auf das Internet zusätzliche Informationsquellen anbietet.

Im dazugehörenden Arbeitsheft befinden sich zusätzlich praxisnahe Arbeitsblätter aus den jeweiligen Themenbereichen, die zur eigenständigen Arbeit verwendet werden können.

Wir hoffen, dass dieses Buch eine hilfreiche Ergänzung in der sozialpädagogischen und sozialpflegerischen Ausbildung sein kann.

Meinolf Thiemann und Iris Wagner

---

[1] Zur besseren Lesbarkeit wurde im Text die weibliche Anrede gewählt, auch wenn immer beide Geschlechter gemeint sind.

Einführung

„Lernen ist wie Rudern gegen den Strom. Hört man damit auf, treibt man zurück." *(Laozi, chinesischer Denker)*

„Man muss viel gelernt haben, um über das, was man nicht weiß, fragen zu können." *(Jean-Jacques Rousseau)*

„Man kann einen Menschen nichts lehren, man kann ihm nur helfen, es in sich selbst zu entdecken." *(Galileo Galilei)*

„Also lautet der Beschluss:
Dass der Mensch was lernen muss. –
– Nicht allein das ABC
Bringt den Menschen in die Höh',
Nicht allein im Schreiben, Lesen
Übt sich ein vernünftig Wesen;
Nicht allein in Rechnungssachen
Soll der Mensch sich Mühe machen;
Sondern auch der Weisheit Lehren
Muss man mit Vergnügen hören."
(Wilhelm Busch)

Was ist Lernfelddidaktik?

In einer immer komplexeren und globalisierten Welt werden von den Menschen neue Qualifikations- und Kompetenzprofile verlangt. Das alleinige berufsspezifische Fachwissen ist schnell veraltet oder dient nicht mehr der Bewältigung neuer beruflicher Herausforderungen. Die Bedeutung von Detail- und Spezialkenntnissen nimmt immer mehr ab. Im Rahmen der Ausbildung zur Sozialhelferin werden von Ihnen mehr planerische, vorbereitende und reflexive Kompetenzen verlangt.

Dieser Wandel führt zum Teil auch bei den Lehrern zu einer Orientierungslosigkeit. Viele Lehrer sind der Meinung, dass fachliche Grundlagen nur unzureichend oder gar nicht mehr vermittelt werden. Als Schüler findet man es ungerecht, wenn sich im Team einige Schüler nicht ausreichend einbringen und das Team beispielsweise darunter leidet.

Im Rahmen der Lernfelddidaktik werden Ihnen Lern- und Methodenkompetenzen vermittelt, die es Ihnen als Schülern ermöglicht, berufliche Problemstellungen, die in diesem Buch als Lernsituationen dargestellt sind, zu lösen. Unser Buch versucht, ausgehend von der Lernfelddidaktik, die engen Grenzen der einzelnen Fächer ansatzweise zu überwinden, was zur Folge hat, dass in diesem Buch auch Inhalte anderer Fächer angerissen werden.

Grundlagen der Lernfelddidaktik sind die beruflichen Problem- und Aufgabenstellungen, die von Ihnen als angehende Sozialhelferin exemplarisch angegangen werden. Für jedes Lernfeld haben wir eine exemplarische Lernsituation an den Anfang gestellt, die Sie im Team handlungsorientiert bearbeiten werden. Durch die Bearbeitung der Lernsituationen werden Sie auf die zunehmende Komplexität in den sozialpädagogischen Bereichen vorbereitet.

Sowohl die teamorientierte als auch die eigenständige Erarbeitung von beruflichen Problemstellungen befähigt Sie als Schülerin dazu, sich selbstständig notwendige Hilfen und Fachwissen zu erarbeiten. Hierzu gibt es im Buch vielfältige fachliche Beiträge und Informationen. So können eigene Lösungen entwickelt werden.

In der Arbeit mit jungen, alten, kranken und behinderten Menschen werden einem immer wieder Situationen begegnen, die nach komplexen fachlichen Lösungen verlangen. Immer wiederkehrende Situationen sind:

- aggressives Verhalten
- veränderte Lebenssituationen
- plötzliche Ereignisse
- ungenügende Verarbeitung von Entwicklungsaufgaben
- unangepasstes Verhalten.

In der pädagogischen Arbeit lassen sich diese Situationen nur selten rezeptartig lösen. Der einzelne Mensch steht im Vordergrund. Aber ausgehend von einem fachlichen Hintergrund kann man Strategien zum angemessenen Umgang mit bestimmten Situationen erlernen.

Sechs Stufen zur Bearbeitung von Lernsituationen

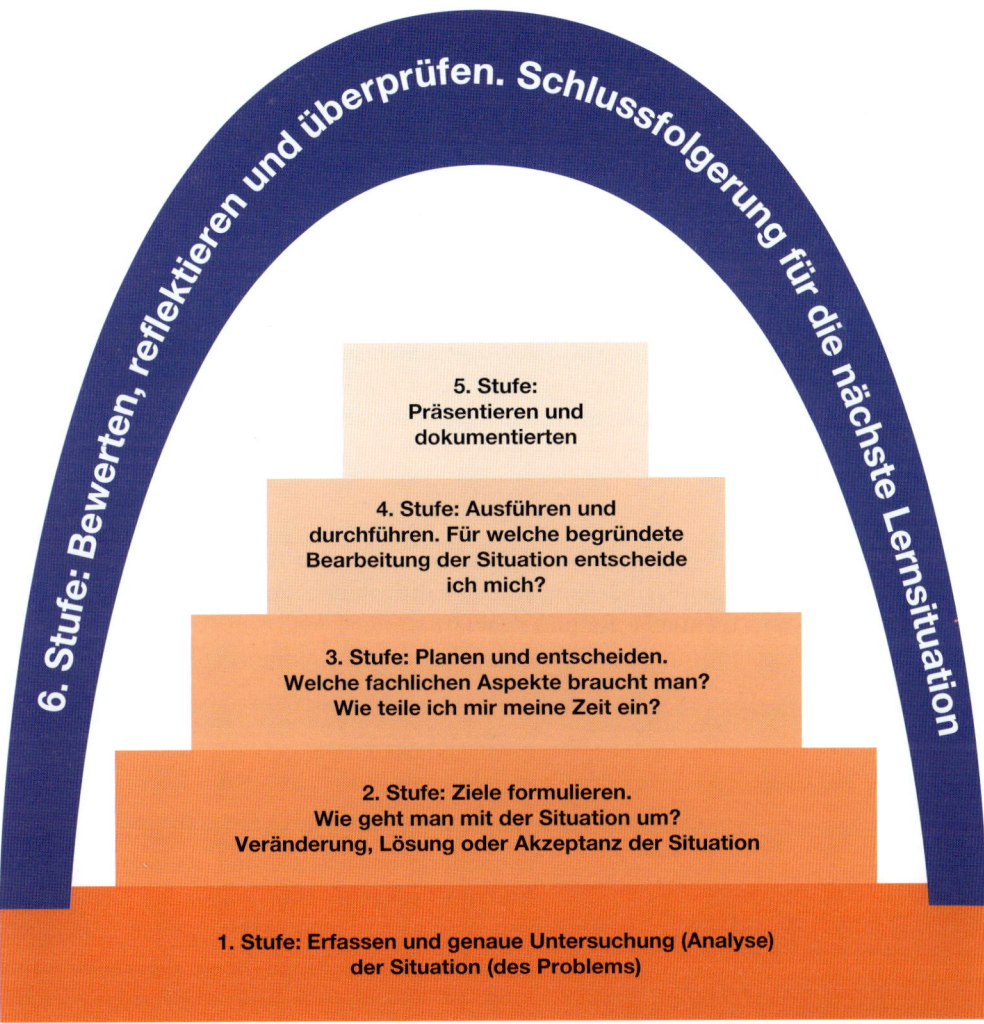

(vgl. Küls, 2004, S. 21)

In Anlehnung an Heinz Dorlöchter haben Küls u. a. (2004, S. 21 f.) sechs Handlungsphasen entwickelt, die helfen, solche Lernsituationen zu bearbeiten. Wir werden hier von sechs Stufen sprechen, die aufeinander aufbauen. Wie eine doppelseitige Treppe muss man die Stufen nacheinander gehen. Der Schwierigkeitsgrad nimmt von Stufe zu Stufe zu. Wenn man das Ziel erreicht hat, kann man sich reflexiv noch einmal die vorangegangenen Stufen betrachten und aus den Erfahrungen für die kommenden Lernsituationen

lernen. Wir wenden hier dieses System an, da es sich in den Fachschulen für Sozialpädagogik und für Heilerziehungspflege bewährt hat. Somit können Sie als Schülerin dieses
System in Ihrer Ausbildung anwenden und vertiefen.

1. Stufe: Erfassen und genaue Untersuchung der Situation

Diese Stufe verlangt von Ihnen, sich in der Klassengruppe gemeinsam mit der Situation
auseinanderzusetzen. Hierbei sollten Sie zu Beginn der Lernfelddidaktikarbeit durch die
Lehrer stark unterstützt werden, damit die Situation mit all ihren Problemen, aber auch
Hinweisen erfasst wird. Wichtig ist es auch, die Situation zu konkretisieren, um z. B. die
gemachten Praktikumserfahrungen einfließen zu lassen oder eigene Fragestellungen an
die Situation einbringen zu können. Man sollte sich in die verschiedenen Rollen, die es
in der Situation gibt, hineinversetzen und die Situation aus den unterschiedlichen Rollen
heraus betrachten. Es ergeben sich dabei vielleicht auch Fragestellungen, die in den anderen Fächern des Bildungsganges näher besprochen werden müssen. Es werden Fragen
besprochen, die aus der Situation heraus entstehen.

Diese erste Stufe sollten alle in der Großgruppe gemeinsam gehen, damit alle das gleiche
Situationsbewusstsein haben. Auch spätere Lernsituationen können in Teams gelöst
werden. Auf dieser Stufe ist es wichtig, die Ergebnisse zu dokumentieren und für alle in
der Form eines Plakates o. Ä. zu visualisieren.

Beispiel:

Um die Stufen zur Bearbeitung einer Lernsituation an einem Beispiel anschaulichen zu
machen, wollen wir exemplarisch eine Klassenfahrt planen. Auf dieser Stufe muss der
organisatorische und rechtliche Rahmen geklärt werden. Jede Schülerin sollte ihre Erwartungen und Ängste formulieren. Viele Aspekte der Klassenfahrt sollten bedacht werden.

2. Stufe: Ziele formulieren

In dieser Stufe sollen Sie sich als angehende Sozialhelferin bewusst werden, wie man mit einer
Situation umgeht. Hier sollen Sie sich überlegen, wie sich die Situation weiter entwickeln
kann. Es gibt die Möglichkeit, die Problemstellung zu akzeptieren und weiterzuentwickeln.
Die Situation kann sich auch so verändern, dass
man zu einer Lösung des Problems kommt.
Häufig werden mögliche Veränderungen ange-
dacht, wichtig ist aber eine gemeinsame Zielformulierung in den Gruppen. Auf dieser
Stufe kann auf die Ergebnisse der ersten Stufe zurückgegriffen werden. Wichtig ist es,
sich die Frage zu stellen, was will ich fachlich und methodisch in dieser Lernsituation
lernen. Es stellt sich auch für jeden die Möglichkeit, Ziele bezüglich seines eigenen Lern-
zuwachses und des eigenen Lernverhaltens zu formulieren. Diese sind dann in der sechs-

ten Stufe zu reflektieren. Auf dieser Stufe geht es nicht nur um das Entwickeln gemeinsamer Lernziele, sondern um das Erkennen eigener Stärken.

Die Ergebnisse dieser Phase sollten für alle festgehalten werden.

Beispiel:

Bei der Planung der Klassenfahrt sollten hier die Ziele der Klassenfahrt formuliert werden. Was will man durch diese Klassenfahrt erreichen? Soll das Gemeinschaftsgefühl gestärkt werden oder sollen kulturelle und bildungsgangbezogene Aspekte eine stärkere Rolle spielen?

---

3. Stufe: Planen und entscheiden

Auf dieser Stufe entwickeln Sie als angehende Sozialhelferin einen zeitlichen und räumlichen Plan, wie die Ziele verwirklicht werden sollen. Es muss jetzt eine Entscheidung getroffen werden, wie man weiter vorgehen möchte. Oft muss man sich hier zwischen unterschiedlichen Wegen entscheiden. Wichtig ist es, das Ziel aus der zweiten Stufe nie aus den Augen zu verlieren. Man sollte noch einmal die Problemstellung in den Mittelpunkt stellen und eventuell ein Mindmap zu dem Thema anfertigen. Von den Lehrern sollten Ihnen auf dieser Stufe Material oder Quellen angeboten werden, die es Ihnen erleichtern, das Problem zu bearbeiten. In den ersten Lernsituationen sollten Sie von den Lehrern mehr Material bekommen. In den folgenden Lernsituationen sollten

Ihnen die Wege zum Auffinden von Lernmaterial gezeigt werden. Die Ergebnisse dieser Stufe sollen für alle sichtbar festgehalten werden. Hier ist es zum Beispiel notwendig, die Ergebnisse der Besprechungen über die Zuständigkeiten in einem Protokoll festzuhalten.

Beispiel:

Auf dieser Stufe wird das räumliche Ziel festgelegt. Wohin geht die Fahrt? Wie kommt man zu dem Ort? Wer kümmert sich um das Essen, die Veranstaltungen und die Kontakte? Wann soll die Reise stattfinden? Es gibt also viele Fragen zu klären und Entscheidungen zu treffen. Hier ist es wichtig, eine einvernehmliche Lösung zu finden. Jeder muss mit dem Ergebnis zufrieden sein. Wichtig ist es, Kompromisse zu finden, die für die Gesamtgruppe tragbar sind.

4. Stufe: Ausführen und durchführen

Hier wird der Umgang mit dem Problem möglichst konkret dargestellt. Man versucht die geplanten Maßnahmen an der Realität auszurichten. In der Lernsituation wird z.B. ein pflegerisches oder pädagogisches Angebot dargestellt oder es wird der Weg dargestellt, wie man für eine Patientin eine geeignete Einrichtung findet.

Beispiel:

Nun geht die Klassenfahrt in die wichtigste Phase. Es zeigt sich, ob alle Aspekte beachtet wurden und ob jeder die übernommene Aufgabe verantwortlich ausfüllt.

5. Stufe: Präsentieren und dokumentieren

Der Mensch im Alter:
- Wohnen im Alter

Diese Stufe ist für die Lernsituation von besonderer Bedeutung, da nun die Lern- und Arbeitsprozesse für alle Mitschüler und Lehrer aufbereitet werden. Nun zeigt sich der Erfolg der vorangegangenen Stufen. Hat man jede Stufe ausreichend bearbeitet? Hier geht es auch um Präsentationstechniken. Kann man seine Ergebnisse ansprechend darstellen? Es gibt viele Formen der Präsentation.

Beispiel:

Natürlich ist auch eine Klassenarbeit eine Form der Präsentation und Dokumentation. Auf unser Beispiel bezogen, kann man auf dieser Stufe überlegen, wie man die Details der Klassenfahrt den Eltern oder einer anderen Klasse vorstellt. Je nach Zielgruppe wird die Präsentation anders aussehen.

6. Stufe: Bewerten, reflektieren und überprüfen

Nun geht es darum, die Treppe noch einmal von der anderen Seite zu betrachten. Wie wurde auf den unterschiedlichen Stufen gearbeitet? Sowohl der Lernprozess als auch der Gruppenprozess werden einer kritischen Überprüfung unterzogen. Wo hat es auf den einzelnen Stufen Probleme gegeben und was ist hervorragend gelungen? Die Überprüfung wird zuerst in der eigenen Gruppe durchgeführt und dann gemeinsam mit den Lehrkräften reflektiert. Mögliche Kriterien zur Beurteilung von Gruppen und Einzelprä- sentationen findet man im Arbeitsheft. Sie dienen als Anregung und können an die jeweilige Situation angepasst werden.

Beispiel:

In Bezug auf die Klassenfahrt könnte man hier die Probleme während der Klassenfahrt aufarbeiten und ein Konzept für eine weitere Klassenfahrt festlegen.

Die hier beschrieben Stufen lassen sich bei allen Lernsituationen im Buch anwenden. Im inhaltlichen Teil helfen die Texte, die Lernsituation zu bearbeiten. Die Texte im Arbeitsheft können als Weiterführung dienen. Wichtig für das hier dargestellte Lernen ist es, möglichst selbstständig in Kleingruppen die Lernsituationen zu bearbeiten und die Lehrer immer wieder zu befragen. Die Lehrer werden Sie bei der Bewältigung der unterschiedlichen Stufen beratend unterstützen, aber keine konkreten Lösungen für Ihre Probleme bereithalten. Sie werden eventuell einen zusätzlichen Text erhalten, der Ihr Problem erklärt, oder Sie werden sich gemeinsam im Gespräch weitere Schritte überlegen.

Beispiel:

Sie werden z. B. nie Berlin als Ort für die Klassenfahrt vorgegeben bekommen, aber die Lehrer werden Ihnen Texte über kulturelle Ereignisse in Berlin bereitstellen. Sie werden Ihnen Internetadressen für verschiedene Bus- bzw. Bahnunternehmen geben. Sie werden mit Ihnen einen Text für eine Anfrage durchgehen. Sie sollen dabei aber erkennen, dass es bei der Bewältigung von Problemen auf Sie als Schülerin ankommt. Wenn Sie einmal eine Klassenfahrt geplant haben, werden Sie später auch Ihre eigene Urlaubsreise viel bewusster planen.

Merke!

Wichtig ist es, die einzelnen Stufen immer wieder durchzugehen. Natürlich kann man auch einmal wieder einen Schritt zurückgehen und eine Stufe erneut bewältigen. Wichtig ist nicht unbedingt das Ergebnis, sondern der Weg.

Lernen erleichtern

Den Begriff „Lernen" verwenden wir oft im Zusammenhang mit der Aneignung von Wissen, z.B. im schulischen Kontext.

Wir lernen aber nicht nur Fakten und Daten, sondern auch Verhaltensweisen, Einstellungen und Zusammenhänge.

> ### Definition
> „**Lernen** ist ein nicht beobachtbarer Prozess, der durch Erfahrung und Übung zustande kommt und durch den Verhalten und Erleben relativ dauerhaft erworben oder verändert und gespeichert wird."
>
> *(Hobmair, 2008, S. 94)*

Aber auch das Lernen will gelernt sein. Jeder von uns geht unterschiedlich an den Lernstoff heran und hat verschiedene Strategien entwickelt, sich den Lernstoff einzuprägen. Dieses Kapitel will einige Anregungen geben, die vielleicht hilfreich sein können im Zusammenhang mit Lernprozessen.

Gestaltung von Lernprozessen

Aktives Lernen

Es ist wichtig, dass man mit dem Lernstoff aktiv umgeht, ihn strukturiert, ihn in Zusammenhänge einordnet und ihn aus verschiedenen Perspektiven betrachtet, damit man ihn sich besser einprägen und ihn verstehen kann.

Hilfreich dafür sind folgende Tipps:
- Neuen Lernstoff sollten Sie sobald wie möglich jemandem erzählen, erklären oder darstellen.
- Verknüpfen Sie Ihren Lernstoff mit Emotionen. Besonders abstrakter und trockener Lernstoff lässt sich besser einprägen, wenn man ihn mit Gefühlen verbindet.
- Versuchen Sie, bei abstrakten Inhalten möglichst anschauliche Beispiele zu finden.
- Wiederholen Sie regelmäßig den Lernstoff, z.B. vor dem Zu-Bett-Gehen.
- Legen Sie beim Lernen regelmäßige Pausen ein. Machen Sie kurze Lerneinheiten und legen Sie nach 30 bis 45 Minuten mindestens fünf Minuten Pause ein. Nach zwei Stunden sollten Sie die geistige Arbeit beenden und sich mit anderen Dingen beschäftigen.

Gruppenarbeit

Das Arbeiten in Gruppen kann ein anregender und motivierender Prozess sein, wenn es darum geht, Zusammenhänge zu erkennen, verschiedene Aspekte zusammenzutragen und sich mit anderen auszutauschen.

Allerdings müssen für ein effektives Arbeiten in Gruppen bestimmte Voraussetzungen geschaffen werden:

- Die Gruppe sollte nicht größer sein als fünf Mitglieder. Bei größeren Gruppen wird es umso schwerer, die gemeinsame Arbeit zu koordinieren.
- Die Grundvoraussetzung für eine erfolgreiche Gruppenarbeit ist die Festlegung eines gemeinsamen Ziels.
- Alle Gruppenmitglieder sollten die gleichen Chancen haben. Auf schwächere Mitglieder sollte Rücksicht genommen werden, dominantere sollten sich zurücknehmen.
- Die Auseinandersetzung sollte im Vordergrund stehen.
- Die Aufgaben innerhalb der Gruppe müssen klar verteilt werden. Wer macht was bis wann?
- Das Gruppengeschehen sollte regelmäßig thematisiert werden. Jedes Gruppenmitglied sollte das Gefühl haben, mit dem Gruppenprozess und dem Ergebnis zufrieden zu sein. Streit untereinander sollte vermieden und Probleme sollten angesprochen werden.

Lernen durch aktive Beteiligung im Unterricht

Eigentlich ist es logisch: Aktive Mitarbeit bringt viele Vorteile mit sich, z.B. gute Noten, aber nicht nur aus diesem Grund sollte man sich aktiv am Unterrichtsgeschehen beteiligen. Diese Beteiligung dient sowohl der eigenen Wissenserweiterung als auch der aktiven Auseinandersetzung mit neuen Inhalten.

Dazu sollten Sie einige Hinweise beachten:

- Bereiten Sie sich gut auf die einzelnen Unterrichtstunden vor, z.B. indem Sie den Stoff der letzten Stunde wiederholen.
- Denken Sie während des Unterrichts mit und versuchen Sie neue und alte Inhalte zu verknüpfen.
- Machen Sie sich Stichpunkte während des Unterrichts.
- Fragen Sie immer sofort nach, wenn Sie etwas nicht verstanden haben. Unklarheiten sollten sofort beseitigt werden, sonst häufen sie sich an. Denken Sie daran: Es gibt keine dummen Fragen!

Organisatorische Aspekte

Bevor sie sich mit dem eigentlichen Lernstoff beschäftigen, sollten Sie Ihren Arbeitsplatz und Ihr Arbeitsumfeld in Ordnung bringen.
In einem chaotischen Umfeld kann man nur schwer strukturiert arbeiten.
Es gehört nur auf den Schreibtisch, was für den augenblicklichen Lernprozess erforderlich ist.
Schaffen Sie sich eine entspannte, angenehme Lernumgebung ohne Störfaktoren!

Aufgabe

Weitere Arbeitsblätter zum Thema Lernen und Lernorganisation finden Sie im Arbeitsheft.

1

Lernfeld 1: Berufliche Identität entwickeln

„Wer immer tut, was er schon kann, bleibt immer das, was er schon ist."

(Henry Ford, 1863–1947, Begründer des Automobilherstellers
Ford Motor Company)

„Eine berufliche Identität auszubilden, gehört zu den Entwicklungsaufgaben des Erwachsenenalters. (…) Identität meint die Dauerhaftigkeit von Einstellungen und Haltungen, Verhaltensformen und Empfindungsweisen, die ich als Kern meiner Persönlichkeit betrachte. Das, was zu meiner Identität gehört, empfinde ich selbst als für mich charakteristisch, und es wird auch von anderen Menschen so wahrgenommen."

(Barbara Senckel, Psychologin)

1. Versuchen Sie, die Aussagen von S. 16 zu interpretieren.
2. Was bedeutet für Sie Identität?
3. Wie haben Sie sich über Ihren Beruf informiert?
4. Was gehört für Sie zur beruflichen Identität?
5. Was hat Ihre Berufswahl mit Ihrem bisherigen Leben zu tun?

1.1 Lernsituation: „Susanne will Sozialhelferin werden."

Lernsituation

Susanne (17) beendet im Sommer die Schule mit dem Hauptschulabschluss nach Klasse 10. So genau weiß sie noch nicht, was sie anschließend machen will. Irgendwas mit Menschen auf jeden Fall – Erzieherin vielleicht oder im Krankenhaus arbeiten oder ganz was anderes?

Ihr Klassenlehrer hat ihr den Beruf Sozialhelferin vorgeschlagen, aber was das genau ist, konnte er ihr auch nicht sagen. Von Freundinnen hat sie gehört, dass man da was mit Pädagogik und Pflege macht. So richtig weiß sie aber immer noch nicht, wie der Beruf der Sozialhelferin aussieht und was man damit machen kann. Aus diesem Grund hat sie sich vorgenommen, sich genau zu informieren.

Dazu will sie folgende Fragen klären:
- Was erwarte ich von meinem Beruf?
- Wer oder was beeinflusst meine Berufswahl?
- Was erwartet mich in der Ausbildung?
- Welche Schwerpunkte hat die Ausbildung?
- Welche Praxisfelder gibt es?
- Welche Tätigkeiten erwarten mich?
- Welche Fähigkeiten muss ich mitbringen?
- Welche Perspektiven hat der Beruf?
- Welche Weiterbildungsmöglichkeiten gibt es?

Aufgabe

6. Überlegen Sie sich Fragen, die Sie noch geklärt haben wollen.

Angestrebte Kompetenzen im Lernfeld 1

Sie befinden sich am Anfang Ihrer Ausbildung zur Sozialhelferin. Im Lernfeld 1 entwickeln Sie ein grundlegendes Berufsrollenverständnis zu Beginn Ihrer Ausbildung. Sie lernen die Struktur und Anforderungen des Ausbildungsganges kennen. Sie setzen sich mit Ihren eigenen Fähigkeiten, Fertigkeiten und Einstellungen auseinander und stellen diese in Bezug zu den Anforderungen in der Praxis. Sie lernen, sich in die Situation und Lebenswelt der jeweiligen Zielgruppe hineinzuversetzen.

Im weiteren Verlauf der Ausbildung setzen Sie sich mit der Zielsetzung des beruflichen Handelns auseinander, entwickeln berufliche Werthaltungen und reflektieren das eigene berufliche Handeln.

Daraus ergeben sich im ersten Lernfeld folgende Kompetenzen:

- Sie setzen sich mit Einsatzbereichen und beruflichen Perspektiven für Sozialhelferinnen auseinander.
- Sie verschaffen sich einen Überblick über Aufgaben und Tätigkeiten am Arbeitsplatz.
- Sie formulieren Ziele für das eigene berufliche Handeln.
- Sie organisieren Ihr eigenes Lernen strukturiert.
- Sie lernen situationsangemessen zu kommunizieren.
- Sie wenden Lern- und Arbeitsmethoden sinn- und sachgerecht an.

1.2 Sozialhelferin – ein Beruf für die Zukunft?

Definition

Arbeit:

Das bewusste zielgerechte Handeln des Menschen zum Zweck der Existenzsicherung sowie der Befriedigung von Einzelbedürfnissen.

Berufung:

Innerer Auftrag zu einer Tätigkeit, besonders in einem künstlerischen oder sozialen Beruf.

Job:

Gelegenheitsarbeit, vorübergehende einträgliche Beschäftigung.

Beruf:

Der Kreis von Tätigkeiten mit dazugehörenden Pflichten und Rechten, der im Allgemeinen zum Erwerb des Lebensunterhaltes dient.

Aufgaben

1. Erklären Sie die Besonderheiten der vier Begriffe.
2. Worin liegen die Unterschiede?
3. Welchen Begriff würden Sie für Ihre spätere Tätigkeit wählen? Begründen Sie Ihre Antwort.

1.2.1 Die eigene Berufswahlmotivation reflektieren

Es ist nicht einfach, sich für den „richtigen" Beruf zu entscheiden. Schließlich trifft man mit der Ausbildungs- und Berufswahl eine wesentliche Entscheidung für seine Zukunft. Natürlich muss man nicht ein Leben lang in einem Beruf arbeiten, der einem nicht liegt. Es ist jedoch hilfreich, die eigenen Motivationen zu überdenken und zu reflektieren, die zu einer bestimmten Ausbildung bewogen haben. Diese Beweggründe sind bei jedem anders und jeder wird durch unterschiedliche Faktoren beeinflusst.

Auf die Frage nach Gründen für die Wahl eines Berufes werden von Jugendlichen meist folgende Punkte genannt:

- persönliches Interesse
- Nähe zum Wohnort
- freier Ausbildungsplatz
- gute Verdienstmöglichkeiten
- Notlösung
- Vorerfahrungen in dem Bereich, z. B. durch Praktika
- Empfehlung des Berufsberaters
- Empfehlung der Eltern
- Zufall

Aufgaben

1. Welche weiteren Gründe fallen Ihnen ein, die für die Berufswahl entscheidend sind?

2. Was war oder ist für Ihre eigene Berufsentscheidung von Bedeutung? Finden Sie Punkte, die Ihre eigene Berufswahl beeinflusst haben (Reflexion, wer die Berufswahl beeinflusst hat, s. Arbeitsheft).

3. Übertragen Sie die nachfolgende Tabelle auf einen Zettel und vervollständigen Sie die leeren Spalten mit eigenen Vorschlägen.

So soll mein Beruf aussehen!

Von meinem Beruf erwarte ich	unwichtig 1	2	3	4	wichtig 5
hohes Einkommen					
sicheren Arbeitsplatz					
gute Zukunftschancen					
viel Einfluss auf andere					
hohes Ansehen					

Ich bringe mit	trifft nicht zu 1	2	3	4	trifft voll zu 5
Teamfähigkeit					
Selbstständigkeit					
Kritikfähigkeit					
Verantwortungsbewusstsein					

1.2.2 Meinen Fähigkeiten auf der Spur

Oft reicht es nicht, sich bei der Berufswahl von Zukunftsaussichten, Verdienstmöglichkeiten oder Ratschlägen von Eltern oder Berufsberatern leiten zu lassen. Mindestens genauso wichtig ist es, die eigenen Fähigkeiten, individuellen Persönlichkeitsmerkmale, speziellen Interessen und Begabungen zu berücksichtigen.

Jeder Mensch hat viele Fähigkeiten, die sich auf ganz unterschiedliche Bereiche beziehen können.

Fähigkeiten haben z. B. damit zu tun,
- was man körperlich leisten kann,
- wie ausdauernd man ist,
- wie man auf andere Menschen zugeht und wie man mit ihnen auskommt,
- ob man Zusammenhänge leicht begreifen kann,
- wie gut man sich ausdrücken kann – mündlich und schriftlich,
- wie geschickt man mit den Händen arbeitet,
- ob man Aufgaben gewissenhaft erledigt,
- ob man gute Ideen hat und
- wie man seine eigene Meinung vertritt.

Aufgeschlossenheit, Selbstständigkeit, Kontaktfähigkeit, Kreativität, Zuverlässigkeit, Teamfähigkeit, Belastbarkeit, Kommunikationsfähigkeit, Ausdauer, Hilfsbereitschaft sind Fähigkeiten, die immer wieder im Beruf verlangt werden.

Aufgaben

1. Suchen Sie sich aus der Liste fünf Fähigkeiten aus und überlegen Sie sich, wann (Memory zu Fähigkeiten und ihre Merkmale, s. Arbeitsheft) es in der Schule oder in der Freizeit auf diese Fähigkeiten ankommt?

2. Überlegen Sie sich Situationen aus dem sozialpflegerischen Bereich, in denen man die oben genannten Fähigkeiten benötigt.

3. Welche weiteren Fähigkeiten benötigt man im sozialen Bereich? (Beurteilungskatalog zur Einschätzung der eigenen Fähigkeiten und beruflichen Anforderungen, s. Arbeitsheft)

4. Schätzen Sie Ihre eigenen Fähigkeiten ein und lassen Sie Ihre Einschätzung von jemandem überprüfen, der sie gut kennt, z. B. Freund/Freundin, Eltern oder Geschwister (Test zur Überprüfung der eigenen Fähigkeiten, s. Arbeitsheft).

1.2.3 Beruf Sozialhelferin – Was erwartet mich?

Die Ausbildung zur staatlich geprüften Sozialhelferin führt in einen grundständigen Helferberuf. Sozialhelferinnen sind dazu befähigt, verschiedenste Hilfsfunktionen der Unterstützung, Betreuung, Versorgung und Förderung der sozialen Teilhabe zu übernehmen. Ihr breites Ausbildungsprofil mit den Säulen Gesundheitsförderung, hauswirtschaftliche Versorgung und soziale Förderung machen sie vielfältig einsetzbar. Sie unterstützen auf all diesen Gebieten die selbstständige Lebensführung. Abhängig von der jeweils vorliegenden Hilfebedürftigkeit soll sich diese Assistenz von der partnerschaftlichen über die subsidiäre Hilfestellung bis zum Ausgleich von Defiziten bewegen. Es handelt sich also um Ausgleichsleistungen zur Unterstützung eines selbstbestimmten Lebens wie:

- Körperpflege- und Mobilitätshilfen,
- Kommunikationshilfen,
- psycho-soziale Hilfen,
- kulturtechnische Hilfen,
- Haushaltshilfen und Handreichungen.

Sozialhelferinnen erbringen institutionell gebunden oder in einem anderen Beschäftigungsrahmen auf dem freien Markt von Angebot und Nachfrage persönliche Dienstleistungen. In privaten Haushalten ergänzen bzw. ersetzen sie durch ihre Unterstützung und Hilfe die Funktionen, die in bestimmten Lebenssituationen Angehörige und/oder Bezugspersonen nicht mehr erfüllen können oder wollen. Sie arbeiten ebenfalls in stationären, teilstationären und ambulanten Einrichtungen der Familien-, Alten-, Behinderten- sowie der Kinder- und Jugendhilfe.

In allen genannten Feldern bereichern Sozialhelferinnen das Spektrum anderer Anbieter von Hilfstätigkeiten und anderer Helferqualifikationen. Sie unterscheiden sich von kurzausgebildeten und angelernten Hilfskräften in diesem Bereich durch die staatlich geregelte zweijährige Berufsausbildung.

Altenpflegehelferinnen, Heilerziehungshelferinnen und Kinderpflegerinnen sind für spezielle Einsatzbereiche ausgebildet. Sozialhelferinnen unterscheiden sich davon durch die Breite ihrer Ausbildung und den integrativen Arbeitsansatz und sind deshalb in Spezialbereichen weniger qualifiziert.

> *„Die Entscheidung über Art und Umfang der Leistung treffen die Hilfebedürftigen selbst. Ist dies nicht möglich, muss immer eine entsprechende Fachkraft hinzugezogen werden."*   (Lehrplan NRW, 2006, S. 7)

Aufgaben

1. Was wird über den Beruf der Sozialhelferin gesagt?
2. Klären Sie Begriffe und Fremdwörter.
3. Erstellen Sie ein „Berufsbild" zum Beruf der Sozialhelferin.

1 Berufliche Identität entwickeln

1.2.4 Tätigkeitsprofil der Sozialhelferin

> *„Ziel jeder Unterstützung und Hilfe zur selbstständigen Lebensführung ist es, Menschen in besonderen Lebenslagen ein weitgehend selbstbestimmtes, erfülltes und unabhängiges Leben zu ermöglichen."*
>
> *(Lehrplan NRW, 2006, S. 8)*

Sozialhelferinnen helfen und unterstützen Menschen in besonderen Lebenssituationen bei allen Tätigkeiten, die sie aufgrund ihrer besonderen Situation nicht ohne fremde Hilfe bewältigen können. Sie übernehmen vielfältige Hilfestellungen bei der Betreuung, Versorgung und Förderung von Personengruppen, deren Lebenssituation durch Krankheit, Alter, Behinderung oder schwierige soziale Lebenslagen gekennzeichnet ist.

Gesundheitsfördernde, sozialpädagogische und sozialpflegerische Tätigkeiten sowie die hauswirtschaftliche Versorgung bilden dabei die Schwerpunkte.

Sozialhelferinnen können in ambulanten, teilstationären und stationären Einrichtungen der Familien-, Alten- und Behindertenhilfe arbeiten. In seltenen Fällen arbeiten sie in der Kinder- und Jugendhilfe.

In allen Arbeitszusammenhängen arbeiten Sozialhelferinnen als Unterstützung von Fachkräften und auf deren Anweisungen.

Die folgenden Aufgaben fallen in das Tätigkeitsprofil der Sozialhelferin:

- Hilfestellungen und Handreichungen bei der Grundpflege,
- Hilfestellungen und Handreichungen bei allen hauswirtschaftlichen Aufgaben und der Haushaltsführung,
- Hilfestellungen bei der Teilnahme am sozialen und kulturellen Leben,
- Mitarbeit bei Pflegedokumentation und Planung von Handlungsabläufen, Niederschriften und Weitergabe von Beobachtungen.

Aufgaben

1. Finden Sie Beispiele für die vier großen Tätigkeitsbereiche einer Sozialhelferin.

2. Mit welchem Motto, z. B. Hilfe zur Selbsthilfe, würden Sie die Tätigkeit einer Sozialhelferin beschreiben?

1.2.5 Kompetenzprofil der Sozialhelferin

> *„Alle Tätigkeiten im Bereich der Gesundheits- und Sozialpflege beziehen sich auf den Menschen in unterschiedlichen Altersstufen und Lebenslagen. Der professionelle Umgang mit Menschen erfordert bei aller Verschiedenheit der Adressaten und der situativen Bedingungen eine Vielzahl an fachlichen Kompetenzen sowie ein hohes Maß an spezifischer Human-, Sozial- und Methodenkompetenz."*
>
> *(Lehrplan NRW, 2006, S. 12)*

Damit man in diesem Beruf arbeiten kann, sollte man verschiedene Kompetenzen erwerben.

Fachkompetenz

Methodenkompetenz

Kompetenzen einer Sozialhelferin

Selbstkompetenz

Sozialkompetenz

Aufgabe

Im Arbeitsheft finden Sie ein Arbeitsblatt, das die Begriffe zu den einzelnen Kompetenzbereichen beschreibt. Machen Sie sich Gedanken zu einzelnen Begriffen und dazu, was man darunter versteht.

Fach- und Methodenkompetenz

Um als Sozialhelferin erfolgreich arbeiten zu können, ist das Fachwissen von entscheidender Bedeutung. Es wird in den einzelnen Fächern des Bildungsganges erworben und findet seine Anwendung in den verschiedenen Lernsituationen.

Merke!

Fachkompetenz beinhaltet fachliches Können und Wissen. Dieses stammt überwiegend aus dem Unterricht oder aus Fachbüchern. Hierzu gehören zum Beispiel Erziehungsmittel oder Therapiemethoden.

Methodenkompetenz bedeutet, Arbeitstechniken, Verfahrensweisen und Lernstrategien sachgerecht, situationsbezogen und zielgerichtet einsetzen zu können.

Fachkompetenz richtet sich auf das Wissen, während es bei der Methodenkompetenz um die Anwendung und Umsetzung des Wissens geht.

Fach- und Methodenkompetenz ist die Fähigkeit, berufliche Abläufe professionell zu strukturieren und zu reflektieren.

Auf der Ebene des Wissens ist ein Verständnis von Gesundheit als Summe und Ergebnis individuellen physischen, psychischen und sozialen Wohlbefindens wichtig. Die Pflege behinderter Menschen wird als Unterstützungsleistung zur Förderung von individueller Gesundheit eingeordnet.

Theorien und praktische Anwendungsbeispiele informieren über die alters- und behindertenbezogene Gesundheitsförderung. Unter Beachtung sozialer, physischer, psychischer und ökonomischer Ressourcen wird man in die Lage versetzt, Konzepte zur Förderung der individuellen Gesundheit zu entwickeln und umzusetzen.

Sozialhelferinnen sind über zeitgemäße Modelle und praktische Beispiele der Alltagsgestaltung und Tagesstrukturierung in der Behindertenhilfe informiert und entwickeln Vorstellungen, wie diese – in Abhängigkeit vom Einsatzort – zur Förderung der gesundheitlichen Aktivierung und sozialen Teilhabe behinderter Menschen weiterentwickelt werden können.

Das Fachwissen sollte nicht losgelöst von der Praxis in der Schule gelernt, sondern begründet in die Praxis eingebunden werden. Insbesondere in den Bereichen des kommunikativen Handelns sollten die Sozialhelferinnen z.B. Kommunikationsregeln sinnvoll und adressatenbezogen anwenden. Fachliches und methodisches Wissen sind Grundlagen, um pädagogische und pflegerische Prozesse sinnvoll zu planen. Sie helfen auch bei der Strukturierung und Organisation des Alltags in Einrichtungen der Behindertenhilfe. Insbesondere die Reflexion der Arbeit vor einem fachlich-methodischen Hintergrund ist zur Entwicklung neuer Handlungsstrategien notwendig.

Selbstkompetenz

> **Merke!**
>
> **Selbstkompetenz** bedeutet, die eigenen Fähigkeiten und Stärken zu kennen und damit situationsgerecht umgehen zu können.

Zweifellos ist die Persönlichkeit der Sozialhelferin ein wichtiger, vielleicht sogar der entscheidende Faktor für den Erfolg des beruflichen Handelns. Persönliche Eigenschaften, Muster und Verhaltensweisen werden häufig unter dem Begriff Selbstkompetenz zusammengefasst.

Folgende Merkmale gehören zur Selbstkompetenz:

- Zielorientierung
- gesundes Selbstbewusstsein
- Ehrgeiz, Disziplin und Selbstorganisation
- Lernbereitschaft und Offenheit für Neues
- Konzentrationsfähigkeit auch unter hohem Leistungsdruck
- Selbstmotivierung, Energie und Engagement
- Flexibilität in allen Lebensbereichen
- Entscheidungsfreude auch bei Risiken
- Gelassenheit, Toleranz und Optimismus
- Fähigkeit zum Erholen und Genießen
- Kritikfähigkeit
- Durchsetzungsvermögen

- soziale Bindungsfähigkeit, Vertrauen gegenüber Partnern
- störende eigene und fremde Emotionen richtig handhaben
- Einklang, Vereinbarkeit von Beruf und Privatleben, Freizeit

Natürlich kann man nicht über alle diese Fähigkeiten gleichermaßen verfügen, aber man sollte daran arbeiten, sie zu entwickeln. Zur Erweiterung der Selbstkompetenz sind folgende Merksätze wichtig:

- Nutzen Sie Ihr Arbeits- und Lebensumfeld, um sich weiterzuentwickeln.
- Haben Sie den Mut, die Meinung anderer über sich zu erfragen.
- Entdecken Sie dadurch Ihre Stärken und Schwächen.
- Bauen Sie Ihre Stärken aus, um die Schwächen zu reduzieren.

Sozialkompetenz

> **Merke!**
>
> **Sozialkompetenz** meint die Fähigkeit, miteinander zu lernen, zu arbeiten und zu leben, also den anderen Menschen wahrzunehmen, mit ihm zu kommunizieren und selbst als Mitglied einer Lehr-Lern-Gruppe Verantwortung zu übernehmen, andere Meinungen und Werthaltungen zu ertragen und die Bereitschaft, Konflikte mit anderen friedlich zu lösen.

Die Sozialkompetenz beinhaltet überdies die Bereitschaft und Fähigkeit, soziale Beziehungen moralisch verantwortbar zu leben und zu gestalten. Spannungen selbstkritisch zu erfassen, zu verstehen sowie sich mit anderen fachlich und verantwortungsbewusst auseinanderzusetzen und zu verständigen.

Sozialkompetenz verringert Stress bei der Arbeit mit Menschen und schützt somit vor Belastung und Depression. Dadurch wird das in sozialen Berufen häufig vorkommende Burn-out-Syndrom verhindert.

Beispiele für sozial kompetentes Verhalten sind:

- Neinsagen
- Gefühle offen zeigen und äußern
- Blickkontakt halten
- Versuchungen widerstehen
- um einen Gefallen bitten
- auf seinem Recht bestehen
- Stärken zeigen
- Schwächen eingestehen
- auf Kritik reagieren
- Widerspruch äußern
- sich entschuldigen
- Fehler eingestehen
- Änderungen bei störendem Verhalten anderer verlangen
- erwünschte Kontakte arrangieren
- auf Kontaktangebote eingehen
- unerwünschte Kontakte beenden
- Komplimente akzeptieren
- Komplimente machen
- Lob, Zustimmung erteilen
- Ausreden lassen
- Zuhören können

(vgl. Hautzinger, 2000, S. 232 f.)

1. Definieren Sie die Begriffe Fach-, Human-, Sozial- und Methodenkompetenz.

2. Finden Sie Beispiele für die jeweiligen Kompetenzen aus dem Tätigkeitsbereich der Sozialhelferin.

1.2.6   Handlungsfelder

Sozialhelferinnen arbeiten u. a. in sozialpädagogischen und -pflegerischen Einrichtungen, bei Wohlfahrtsverbänden, kommunalen Dienststellen, in Krankenhäusern, Kindertagesstätten, in der Hilfe für Menschen mit Behinderung sowie in Heimen oder Wohngruppen.

In der Familienpflege führen sie zeitweise selbstständig den Privathaushalt von Familien, Einzelpersonen oder Gruppen. Das ist dann nötig, wenn die Hausfrau bzw. der Hausmann länger abwesend ist, etwa bedingt durch Krankheit oder Kuraufenthalt. Während dieser Zeit betreuen sie die Familienangehörigen, helfen Schulkindern bei den Hausaufgaben und regen Kinder zu sinnvoller Freizeitgestaltung an. Sie bereiten die Mahlzeiten zu, räumen auf, putzen, spülen das Geschirr, waschen und bügeln die Wäsche. Darüber hinaus pflegen sie kranke und bettlägerige Menschen.

In der Pflege betreuen und begleiten sie kranke und pflegebedürftige Menschen, Senioren oder Menschen mit Behinderung im Alltag. Sie kümmern sich um deren soziale Kontakte, betreuen und beraten sie in persönlichen und sozialen Angelegenheiten oder helfen ihnen bei der Freizeitgestaltung.

In der Hilfe für Menschen mit Behinderung, in Heimen oder Wohngruppen, unterstützen und ergänzen sie in ihrer pädagogisch-anleitenden Funktion beispielsweise die Tätigkeit von Erzieherinnen, Heilerziehungspflegerinnen oder Krankenpflegerinnen.

Sie betreuen Hilfsbedürftige bei der täglichen Körperpflege, beim An- und Auskleiden und unterstützen sie bei der Haar-, Nagel- und Fußpflege mit entsprechenden Körperpflegeutensilien sowie beim Gebrauch von Gehhilfen. Außerdem betten sie die Hilfsbedürftigen und bringen sie in die richtige Lage. Ebenso fördern und unterstützen sie Maßnahmen zur Verbesserung von Bewegungsabläufen bei Senioren oder Menschen mit Behinderung. Sie begleiten die betreuten Personen bei Arztbesuchen, bei Einkäufen oder auf Spaziergängen. Zudem pflegen sie die Wäsche und Kleidung, stellen Essen bereit, teilen es aus und unterstützen bei Bedarf bei der Nahrungsmittelaufnahme. Darüber hinaus sind sie für das Aufräumen und Reinigen der Küche sowie anderer Räumlichkeiten und für Desinfektionsmaßnahmen zuständig.

Aufgaben

1. Lernen Sie eine Einrichtung der oben genannten Handlungsfelder kennen, d. h. besuchen Sie diese Einrichtung und informieren Sie sich über das Arbeitsfeld. (Betriebserkundungsbogen, s. Arbeitsheft)

2. Welche sozialen und pflegerischen Berufe finden Sie in den unterschiedlichen Einrichtungen? Stellen Sie einen Beruf vor. (Hinweise zur Vorstellung der unterschiedlichen Berufe, s. Arbeitsheft)

Aufgaben zum Lernfeld Berufliche Identität entwickeln

1. Sie bewerben sich um einen Praktikumsplatz für Ihre praktische Ausbildung zur Sozialhelferin. Ihr Ansprechpartner möchte gerne nähere Informationen über das Berufsbild und die Tätigkeitsbereiche einer Sozialhelferin.

2. Erstellen Sie eine Informationsbroschüre, in der die wesentlichen Informationen zusammengefasst sind.

3. Da dieses eine fächerübergreifende Aufgabe ist, beziehen Sie möglichst alle Unterrichtsfächer in Ihre Überlegungen mit ein.

1.3 Die Rolle der Sozialhelferin in den verschiedenen Lernfeldern

1.3.1 Soziale Rolle

„Unter sozialer Rolle versteht man allgemein ein Bündel bzw. die Summe von Erwartungen und Ansprüchen einer Gruppe oder der Gesellschaft an das Verhalten (Rollenverhalten) eines Inhabers einer sozialen Position in einem Handlungssystem (z. B. Lehrer, Vater).“

(Kreft/Mielent, 2005, S. 451)

„Jeder Mensch hat so viele Rollen, wie er Gruppen oder sozialen Gruppierungen angehört.“

(Jilesen, 1995, S. 51)

Jeder Mensch nimmt unterschiedliche Rollen im Berufs- und Privatleben ein, z. B. Schwester, Freundin, Vereinsmitglied, Schülerin. Jede dieser Rollen ist mit bestimmten Erwartungen verknüpft. Diese setzen sich einerseits aus Rechten und Pflichten zusammen, aber auch aus Normen und Regeln. Wer diese Erwartungen nicht erfüllt, muss mit negativen Sanktionen rechnen.

Manchmal ist es nicht ganz einfach, den Wechsel von der Schülerrolle zur Praktikantenrolle zu bewältigen. Schließlich ist man mindestens zehn Jahre zur Schule gegangen und die Erwartungen im System Schule sind einem vertraut.

Was aber wird von einer Praktikantin erwartet und wer stellt diese Erwartungen? Das nachfolgende Beispiel stellt die Situation einer Praktikantin im Kindergarten dar.

Beispiel:

Tanja Berger (35) ist Mutter von drei Kindern (fünf, sieben und neun Jahre alt) und hat gerade eine neue Ausbildung an der Fachschule für Sozialpädagogik begonnen. Sie möchte Erzieherin werden und nach der Ausbildung im Heim arbeiten. Bevor sie ihre Kinder bekommen hat, arbeitete sie sechs Jahre als Einzelhandelskauffrau.

Die neue Ausbildung gefällt ihr gut, besonders die Unterrichtsinhalte im pädagogischen Bereich. Bei Gruppenarbeiten fällt es ihr manchmal schwer, sich an die Arbeitseinstellungen ihrer Mitschülerinnen zu gewöhnen. Überhaupt sind Gesprächsthemen rar, weil die Interessen sehr unterschiedlich sind.

Vor vier Wochen hat das erste Blockpraktikum im Kindergarten begonnen. Tanja hat sich sehr auf die praktische Arbeit gefreut, obwohl es sie einiges an Organisation gekostet hat, die Arbeit im Kindergarten, ihre Kinder und den Haushalt unter einen Hut zu bringen. Ihr Mann kann sie nicht entlasten, weil er während der Woche sehr lange arbeiten muss. So musste sie ihre Mutter fragen, ob sie nachmittags auf die Kinder aufpasst. Dies war ihr nicht besonders recht, weil ihre Mutter die Kinder zu sehr verwöhnt und sich oft nicht an vereinbarte Regeln hält.

Der Kindergarten, in dem Tanja ihr Praktikum ableistet, ist eine neue Zwei-Gruppen-Einrichtung mit einem sehr jungen Team. Die Bärengruppe, in der Tanja arbeitet, wird von Nadine (26) geleitet, und die Zweitkraft ist Monika (23), eine ausgebildete Kinderpflegerin.

Tanja hat sich in dieser Einrichtung einen Praktikumsplatz gesucht, weil sie in dem Neubaugebiet liegt, in dem sie wohnt, und weil ihre jüngste Tochter in der gleichen Einrichtung die Bibergruppe besucht. Aus diesem Grund kennt sie auch viele Kinder und Mütter des Kindergartens privat und ist mit einigen eng befreundet.

Tanja hat für die Erziehung ihrer eigenen Kinder bestimmte Vorstellungen. Sie sollen zu größtmöglicher Selbstständigkeit erzogen werden und möglichst früh aus den Folgen ihres Handelns lernen. Sie bemüht sich, konsequent zu sein, aber die Konsequenzen auch für ihre Kinder nachvollziehbar zu machen.

Eine Situation während des Praktikums verdeutlicht einige Schwierigkeiten zwischen Tanja und den anderen Teammitgliedern. Tanja beobachtet, dass Lea (4,3), ein Mädchen in ihrer Gruppe, immer wieder ihr Frühstücksgeschirr stehen lässt, obwohl es die klare Regel gibt, dass jedes Kind nach dem Essen seinen Platz reinigt. Monika, die Zweitkraft, räumt ihr das Geschirr mit großer Regelmäßigkeit hinterher, ohne das Mädchen auf sein Verhalten anzusprechen.

Am Dienstag sieht Nadine, dass Lea ihren Platz ohne aufzuräumen verlässt. Sie fordert sie auf, das Geschirr wegzuräumen. Lea hat aber keine Lust. Nach einigem Hin und Her räumt Nadine für Lea auf.

Tanja, die die Situation beobachtet hat, fragt bei der nächsten Teamsitzung, ob man in Leas Fall nicht ein konsequentes Verhalten zeigen müsste. Daraufhin wird sie zurechtgewiesen, dass sie schließlich nur Praktikantin sei und noch keine Erfahrung in der pädagogischen Arbeit habe.

Aufgaben

1. Welche sozialen Rollen nimmt Tanja Berger ein und welche Erwartungen werden an die unterschiedlichen Rollen geknüpft?

2. Wer stellt Erwartungen an die Erzieherin und welche? Finden Sie Beispiele.

3. Welche Rollen nehmen Sie in den unterschiedlichen Gruppen und Gruppierungen ein? Welche Erwartungen werden an Sie gestellt? (s. Arbeitsheft)
   a. als Schülerin
   b. als Praktikantin

1.3.2 Erwartungen an die angehende Sozialhelferin

Rollen sind durch Erwartungen definiert, die an den Inhaber einer bestimmten Position gerichtet werden. Diese Erwartungen sind aber nicht subjektiv und beliebig, sondern gesellschaftlich normiert. So weiß jeder, auch ohne lange nachzudenken, was man z. B. von einem Schüler erwartet und was nicht.

Diese Erwartungen sind allgemein bekannt und anerkannt und werden durch Sanktionen durchgesetzt. Wenn ein Schüler die an ihn gerichteten Erwartungen nicht erfüllt, wird er schlechte Noten bekommen – sein Verhalten wird sanktioniert. Andererseits kann die Erfüllung der Erwartungen, z. B. durch gute Noten, belohnt werden.
Erwartungen sind unterteilt in Muss-, Soll- und Kann-Erwartungen:

- **Muss-Erwartungen**: Sie werden durch Gesetze überwacht und haben absolute Verbindlichkeit. Bei Nicht-Erfüllung folgen starke negative Sanktionen, z. B. gerichtliche Verfolgung oder Kündigung. Die Einhaltung der Erwartungen wird als selbstverständlich hingenommen.
- **Soll-Erwartungen**: Sie haben eine hohe Verbindlichkeit, und bei Nicht-Erfüllung überwiegen negative Sanktionen, z. B. gesellschaftliche Ächtung. Die Einhaltung der Erwartungen hat z. B. Sympathie zur Folge.
- **Kann-Erwartungen**: Die Nicht-Erfüllung dieser Erwartung zieht meist keine negativen Sanktionen nach sich. Bei Erfüllung erfolgen z. B. Lob oder Belohnung.

Aufgaben

4. Welche Muss-, Soll- und Kann-Erwartungen werden an eine Praktikantin gestellt? Finden Sie Beispiele.

5. Welche Sanktionen hat eine Nicht-Erfüllung zur Folge?

1.3.3 Rollenkonflikte

> **Merke!**
>
> Wenn die Normen und Erwartungen an das Verhalten eines Menschen so gegensätzlich sind, dass sie für den Rolleninhaber nicht miteinander in Einklang zu bringen sind, spricht man von einem **Rollenkonflikt.**

Die folgenden beiden Situationen sind Beispiele für einen Rollenkonflikt.

Beispiele:

1. In dem Kindergarten, in dem Tanja arbeitet, ist für Mittwoch ein Fest geplant. Tanja soll den Luftballonwettbewerb durchführen und ist für den gesamten Tag als Arbeitskraft fest eingeplant. Mittwoch morgen klingelt das Telefon und ihre Mutter teilt mit, dass sie mit einer Grippe im Bett liegt und nicht auf die Kinder aufpassen kann. Für den Nachmittag war ein Zirkusbesuch geplant.
2. Die Kinder in Tanjas Gruppe lieben es, wenn Tanja mit ihnen in den nahegelegenen Wald geht, und bitten sie, dies auch heute zu tun. Nadine möchte, dass Tanja für das bevorstehende Fest mit jedem Kind eine Einladungskarte bastelt.

Man unterscheidet zwischen verschiedenen Formen von Rollenkonflikten.

- Wenn ein Konflikt dadurch entsteht, dass zwei oder mehrere unterschiedliche Rollen nicht miteinander in Einklang zu bringen sind, so nennt man das einen **Interrollenkonflikt** (inter → zwischen; es ist ein Konflikt zwischen zwei oder mehreren Rollen).
  Im ersten Beispiel hat Tanja die Rolle der Praktikantin und die der Mutter. Beide Rollen sind in diesem Beispiel nicht miteinander in Einklang zu bringen.
- Wenn an ein und dieselbe Rolle unterschiedliche Erwartungen geknüpft werden, die nicht miteinander vereinbar sind, so handelt es sich um einen **Intrarollenkonflikt** (intra → innerhalb; der Konflikt besteht innerhalb ein und derselben Rolle).
  Im zweiten Beispiel sind die Erwartungen der Gruppenleitung und der Kinder an die Rolle der Praktikantin so unterschiedlich, dass diese nicht in Übereinstimmung zu bringen sind.

Aufgaben

1. Überlegen Sie, in welche Inter- und Intrarollenkonflikte Tanja geraten kann. Welche Erwartungen stehen eventuell im Gegensatz zueinander?

2. Welche Inter- und Intrarollenkonflikte kennen Sie aus Ihrem persönlichen Bereich?

In Rollenkonflikten kommt es immer wieder zu einigen typischen Handlungsformen, um den Konflikt zu lösen oder erträglich zu machen. Dazu gehören z. B.:

- Das **Vermeidungshandeln**: Eine Entscheidung wird möglichst lange herausgezögert und es wird versucht, den Konflikt auszusitzen. Man wartet darauf, dass sich das Problem von alleine löst oder Erwartungen reduziert oder vergessen werden.
  Bsp. 2: Tanja wartet, wer sie zuerst anspricht, die Kinder oder die Gruppenleitung. Solange beschäftigt sie sich mit anderen Aufgaben.
- Das **Kompromisshandeln**: Man bemüht sich um ein Verhalten, das beiden Seiten gerecht wird.
  Bsp. 2: Tanja bastelt mit allen Kindern eine Einladungskarte. Wenn dann noch Zeit ist, geht sie mit ihnen in den Wald.
- Das **Opportunitätshandeln**: Man schlägt sich auf die Seite, von der die härteren Sanktionen drohen.
  Bsp. 1: Tanja erledigt die Aufgaben für das Fest im Kindergarten, der versprochene Zirkusbesuch wird verschoben und eine Freundin passt auf ihre Kinder auf. Wenn sie den Aufgaben als Praktikantin nicht nachgekommen wäre, hätte dies vielleicht Konsequenzen für ihre Ausbildung gehabt.
- Das **Legalitätshandeln**: Man befolgt die Erwartungen, denen man am meisten Berechtigung zuweist.
  Bsp. 2: Wenn Tanja die Erwartungen der Kinder für berechtigter hält als die der Gruppenleitung, geht sie mit den Kindern in den Wald.

Aufgabe

Überlegen Sie sich, wie die noch nicht gelösten Rollenkonflikte aus den beiden Situationen (s. S. 32) mithilfe der unterschiedlichen Handlungsformen gelöst werden können.

2

Lernfeld 2: Beziehungen zu Menschen aufbauen, deren Fähigkeiten, Bedürfnisse und Ressourcen wahrnehmen und im Handeln berücksichtigen

„Wenn wir an einem Kind etwas ändern wollen, sollten wir zuerst prüfen, ob es sich nicht um etwas handelt, das wir an uns selbst ändern müssen."

(Carl Gustav Jung (1875–1961), Begründer der Analytischen Psychologie)

„Was in der Kindheit zerstört wurde, kann im Leben niemals mehr korrigiert werden – man kann sich höchstens damit arrangieren …"

(Wolfgang J. Reus (* 1959), deutscher Journalist, Satiriker, Aphoristiker und Lyriker)

1. Versuchen Sie, die Aussprüche zu interpretieren.

2. Was bedeutet es für Sie, Beziehungen aufzubauen?

3. Wie erkennt man Bedürfnisse von Menschen?

4. Bringen Sie Bilder aus Ihrer Kindheit/Jugend mit und kommen Sie über die Situationen, in denen sie entstanden sind, mit einer Mitschülerin Ihres Vertrauens ins Gespräch.

2.1 Lernsituation: „Wann ist man in Deutschland auf Unterstützung angewiesen?"

Lernsituation

Eigentlich ist diese Familie so für die Gesellschaft in Deutschland nicht typisch, aber sie spiegelt den Wunsch einer idealtypischen Familie in Umfragen wider.

Familie Müller ist eine Großfamilie und lebt im ländlichen Teil von Nordrhein-Westfalen. Zur Familie gehören Frau und Herr Müller mit ihren vier Kindern Clara (2 Jahre), Sabine (4 Jahre), Paul (7 Jahre) und Anja (11 Jahre). Ebenfalls zur Familie gehört die Mutter von Frau Müller (Gerda Peters, 72 Jahre). Seit Sabine drei Jahre alt ist, geht Frau Müller wieder stundenweise bei einem Discounter an der Kasse arbeiten. Herr Müller arbeitet als Dachdecker und ist häufig erst abends wieder zu Hause.

Clara wird, da es im Ort keine Kindertagesstätte gibt, von einer ortsansässigen Tagesmutter betreut. Sabine besucht den katholischen Kindergarten, der auch eine Übermittagsbetreuung hat. Paul geht auf eine örtliche offene Ganztagsgrundschule und kann dort seine Hausaufgaben erledigen. Auf einer Realschule im Nachbarort möchte Anja den mittleren Schulabschluss erwerben. Zurzeit hat die Familie mit Anja große Erziehungsprobleme. Sie wurde häufig in der Schule auffällig und besucht diese auch nur unregelmäßig. Oft verbringt sie ihre Freizeit in verschiedenen Geschäften und wurde beim Diebstahl erwischt.

Früher hat auch die Mutter von Frau Müller in der Betreuung der Familie mitgeholfen, ist aber seit ihrem Schlaganfall selbst auf Hilfe angewiesen. Frau Müller hat Schwierigkeiten, Familie und Beruf zu vereinbaren. Da die Familie vor zehn Jahren ein Eigenheim gebaut hat, ist die Familie auf das Geld, das Frau Müller verdient, angewiesen.

Gerda Peters hat die Pflegestufe II und wird zurzeit vom ambulanten Pflegedienst betreut. Es deutet sich an, dass der Pflegeaufwand auf Dauer zunimmt und von der Familie nicht mehr gewährleistet werden kann. Die Familie hat Kontakt mit einem örtlichen Altenheim aufgenommen und mit dem Sozialarbeiter auch über andere Pflegkonzepte gesprochen.

1. Erfassen Sie die oben dargestellte Situation und finden Sie die Probleme der Familie Müller heraus.

2. Welche Betreuungsformen in der Familie gibt es?

3. Erarbeiten Sie für die ganze Familie ein tragbares Betreuungskonzept.

4. Erkundigen Sie sich darüber, welche Betreuungskonzepte es in Ihrem persönlichen Umfeld gibt.

Angestrebte Kompetenzen im Lernfeld 2

In diesem Lernfeld geht es darum, mit anderen Menschen aus dem beruflichen Kontext in Beziehung zu treten. Einige Schüler finden eher den Zugang über Kinder, anderen Schülern fällt es leichter, mit alten Menschen in Beziehung zu treten.

Es sollte versucht werden, ein ausgewogenes Verhältnis zwischen Nähe und Distanz zu entwickeln.

Um sein Gegenüber zu verstehen, ist es wichtig, Fähigkeiten, Bedürfnisse und Gewohnheiten wahrzunehmen und alters-, entwicklungs- und situationsbedingt einzuordnen. Um am Arbeitsplatz erfolgreich zu arbeiten, müssen die Schüler lernen, die übertragenen Aufgaben unter Berücksichtigung fachlicher, ökonomischer und ökologischer Erfordernisse zu planen und zu organisieren. Um diese Kompetenz zu erwerben, sind die Konzepte und Modelle der Einrichtungen zur Unterstützung, Erziehung, Betreuung und Pflege der Menschen zu berücksichtigen.

In der heutigen Zeit ist es wichtig, Materialien, Geräte und Hilfsmittel sachgerecht einzusetzen. Hierzu ist es hilfreich, die Kenntnis verschiedener Hilfsmittel zu erwerben. Auch der Umgang mit z. B. einer Küchenmaschine verlangt eine angemessene Schulung, damit Materialien und Geräte ökonomisch richtig und ökologisch sinnvoll eingesetzt werden. Auch der Umgang mit Lebensmitteln spielt in allen Arbeitsfeldern eine herausragende Rolle.

Für den Aufbau einer Beziehung zum Gegenüber ist es notwendig, den unterschiedlichen Personengruppen, mit denen die Sozialhelferin arbeitet, bei der Teilnahme am kulturellen und sozialen Leben zu assistieren.

Eine gelungene Beziehung wird häufig dadurch gefördert, dass man Ressourcen der Menschen erkennt und ausbaut, aber auch auf Probleme angemessen reagiert. Beziehungen werden durch Kommunikationsmuster geknüpft und vertieft, aber auch zerstört. Deshalb ist eine offene und ehrliche Kommunikation die Voraussetzung und Grundlage für gute Beziehungen. Schlechte Kommunikation lässt sie scheitern.

Eine Beziehung kann nur gelingen, wenn man die Bedingungen der jeweiligen Einrichtungen analysiert und als Grundlage des beruflichen Handelns berücksichtigt.

Gerade in größeren Einrichtungen muss man deshalb Maßnahmen und Vorschriften des Arbeits-, Umwelt- und Gesundheitsschutzes berücksichtigen.

Eine gelungene Beziehung erkennt man nur, wenn man die eigene Arbeit angemessen reflektiert und dokumentiert. Hierzu sind die rechtlichen Grundlagen zu berücksichtigen und die eigenen Gefühle und Motivationen kritisch zu betrachten.

2.2 Beobachtung in sozialpflegerischen Berufen

2.2.1 Wahrnehmung mit allen Sinnen als Voraussetzung für Beobachtung

Aufgaben

1. Beschreiben Sie das Bild detailliert mit eigenen Worten.

2. Schildern Sie das Bild aus der Sicht
   a. eines Kindes,
   b. einer Hausfrau,
   c. eines Menschen, der Hunger hat,
   d. eines Menschen, der gerade gegessen hat.

Je nachdem, welchen Blickwinkel man einnimmt, beschreibt man das Bild unterschiedlich. Obwohl für alle das Gleiche zu sehen ist, nehmen wir Unterschiedliches und unterschiedlich wahr. Unsere Wahrnehmung wird durch verschiedene Prozesse beeinflusst.

> **Definition**
>
> Unter **Wahrnehmung** allgemein versteht man den Prozess der Informationsaufnahme (durch die verschiedenen Sinne) und der Informationsverarbeitung (durch unser Gehirn) von Reizen aus der Umwelt oder dem Körper.

Als **Sinne** bezeichnet man üblicherweise die fünf Grundsinneskanäle des Menschen, also Hören, Sehen, Riechen, Schmecken und Tasten.

Heute kennt man beim Menschen noch vier weitere Sinne: den Temperatursinn, das Schmerzempfinden, den Gleichgewichtssinn und das Körperempfinden oder die Tiefensensibilität, bei Tieren kommen weitere Sinne hinzu (beispielsweise für die Polarisierung von Licht oder das Magnetfeld der Erde).

Man kann die Sinne noch in Fern- und Nahsinne unterscheiden.

Die Nahsinne (z. B. Geruchs-, Geschmacks- und Gleichgewichtssinn) funktionieren erst bei der direkten Wahrnehmung über den Körper (z. B. Berührung der Haut). Bei den Fernsinnen (Seh- und Hörsinn) findet die Wahrnehmung

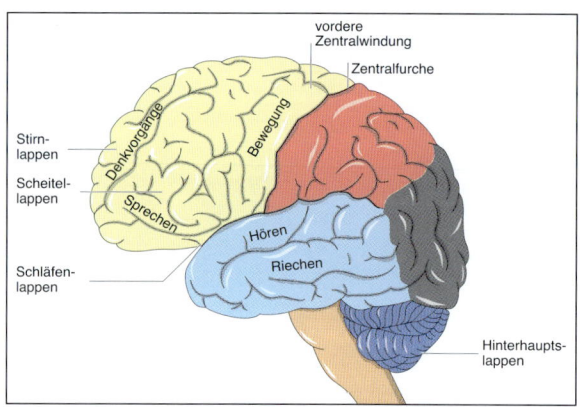

Verarbeitungszentren im Großhirn

auch entfernt vom Körper statt (z. B. ein Geräusch einer entfernten Bahnlinie).

Aufgaben

1. Ordnen Sie die Sinne auf dem Arbeitsblatt im Arbeitsheft in Nah- und Fernsinne.

2. Stellen Sie sich vor, Sie erwachen eines Morgens aus dem Schlaf und einige Ihrer Sinne funktionieren nicht mehr. Was würde sich für Sie verändern?

3. Stellen Sie sich vor, Sie erwachen eines Morgens aus dem Schlaf und kein Sinn funktioniert mehr. Was von der Welt können Sie noch wahrnehmen?

4. Füllen Sie den Wahrnehmungslückentext im Arbeitsheft aus.

Modell der Wahrnehmung

Auf unseren Körper wirken verschiedene Reize ein, die über Nervenbahnen ins zentrale Nervensystem gelangen. Die Verarbeitung der verschiedenen Reize im zentralen Nervensystem führt dazu, dass der Mensch die Welt mit allen Sinnen wahrnimmt. Er kann

2 Beziehungen zu Menschen aufbauen

sich dadurch z. B. besser im Raum orientieren oder orten, wo sich die Fliege auf seinem Körper befindet. Das folgende Schaubild zeigt schematisch das Modell der Wahrnehmung.

Allerdings ist das Ergebnis unserer Wahrnehmung, wie wir zu Beginn des Kapitels gesehen haben, immer subjektiv geprägt. Unsere Wahrnehmung spiegelt nicht objektiv die Wirklichkeit, sondern wird beeinflusst von unterschiedlichen Faktoren:

- eigene Erfahrungen
- situative Bedürfnisse
- Wertvorstellungen
- Vorurteile
- Intelligenz
- Normen der Gesellschaft
- soziale Umwelt
- Gewohnheiten
- Lebenssituation (wenn ich mir einen Smart wünsche, stelle ich fest, wie viele Smarts es gibt)

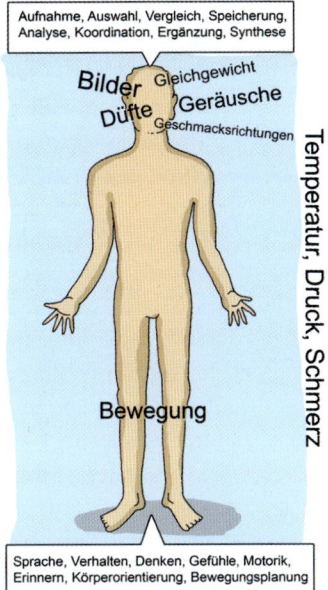

Aufnahme, Auswahl, Vergleich, Speicherung, Analyse, Koordination, Ergänzung, Synthese

Bilder · Gleichgewicht · Düfte · Geräusche · Geschmacksrichtungen

Bewegung

Temperatur, Druck, Schmerz

Sprache, Verhalten, Denken, Gefühle, Motorik, Erinnern, Körperorientierung, Bewegungsplanung

Aufgaben

1. Suchen Sie Beispiele, wie diese Faktoren in konkreten Situationen die Wahrnehmung beeinflussen.

2. Stellen Sie sich vor, Sie wohnen auf dem Land. Wie würden Sie eine Großstadt wahrnehmen?

3. Stellen Sie sich vor, Sie wohnen in der Großstadt. Wie würden Sie ein kleines Dorf wahrnehmen?

Das Wahrnehmungssechseck

Der Prozess der Wahrnehmung lässt sich als Sechseck darstellen:

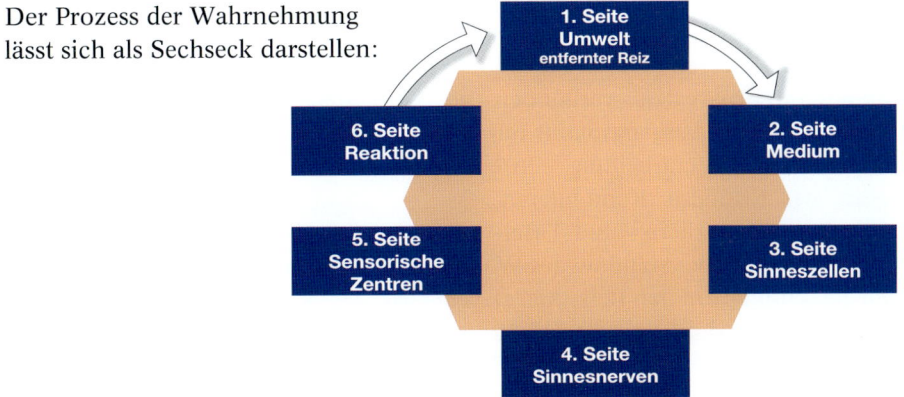

1. Seite Umwelt entfernter Reiz

2. Seite Medium

3. Seite Sinneszellen

4. Seite Sinnesnerven

5. Seite Sensorische Zentren

6. Seite Reaktion

Man kann sich die Wahrnehmung als Sechseck vorstellen. Auf jeder Seite laufen Prozesse ab, die jeweils Wirkung auf die folgende Seite haben. Zudem ist das Sechseck in sich geschlossen, d. h. die sechste Seite beeinflusst wiederum die erste Seite.

- **Umwelt**: Umwelt meint hier all das, was um einen Menschen herum stattfindet. Ein Mensch nimmt seine Umwelt und die Aktivitäten darin wahr, um angemessen reagieren zu können. Die Umwelt ist häufig Ausgangspunkt der Wahrnehmung.

- **Medium (Übermittler)**: Ein Medium übermittelt Eigenschaften bzw. Reize der Umwelt oder des eigenen Körpers an die Sinne. Medien sind überwiegend messbare Größen, z. B. Strahlungen, Schall, Druck. Ein Geräusch wird mithilfe des Schalls übermittelt. Hierbei handelt es sich um entfernte Reize. Während der entfernte Reiz auf verschiedene Menschen einwirken kann, trifft der nahe Reiz nur den einen Menschen, der den Reiz erfährt (z. B. jemand, der von einem anderen berührt wird).

- **Sinneszellen**: Sinneszellen sind die Zellen des Körpers, die sich auf den Austausch mit bestimmten Übermittlern spezialisiert haben. Löst ein Signal in einer Sinneszelle eines Sinnesorgans eine Reaktion aus, bezeichnet man dies als Reiz. Sinneszellen befinden sich meistens in den Sinnesorganen, in denen bereits eine Vorverarbeitung der empfangenen Informationen stattfindet.

- **Sinnesnerven**: Ein Sinnesnerv leitet die Reize von einem Sinnesorgan an die Großhirnrinde des Gehirns weiter. Hierbei kann eine weitere Verarbeitung, z. B. durch Zusammenführung der Reize verschiedener Sinnesorgane, erfolgen. Das Ergebnis ist aber die reine Wahrnehmung der Information ohne jegliche Interpretation.

- **Sensorische Zentren**: Ein sensorisches Zentrum ist der Bereich der Großhirnrinde, in den die Sinnesnerven eines Sinnesorgans einmünden. Diese Zentren sind direkt mit anderen Hirnarealen verbunden und bilden den Ausgangspunkt für die bewusste Verarbeitung. Prozesse wie Erinnern, Kombinieren, Erkennen, Assoziieren und Urteilen führen zum Verständnis des Wahrgenommenen und bilden die Grundlage für Reaktionen auf den Reiz. Aus diesem Grund ist Wahrnehmung immer auch subjektiv. Dabei müssen diese Prozesse keineswegs zu einem klar umrissenen gedanklichen Bild führen, auch Empfindungen wie Hunger, Schmerz oder Angst sind Ergebnis der Interpretation.

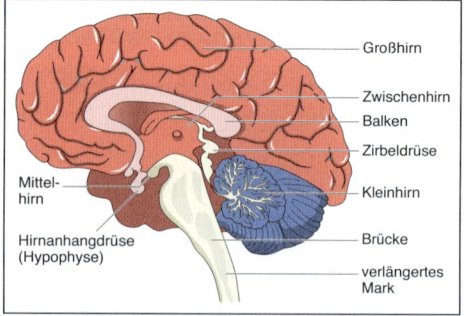

- **Reaktion**: Letztendliches Ergebnis der Wahrnehmung ist die Reaktion auf die Umwelt, was zunächst vielleicht nicht einleuchten mag. Aber viele Reaktionen zielen darauf ab, den nächsten Durchlauf des Wahrnehmungssechsecks zu beeinflussen, indem neue Eigenschaften der Umwelt für die Wahrnehmung zugänglich gemacht werden (z. B. Augenbewegung, Abtasten einer Oberfläche).

Ist eine Seite des Wahrnehmungssechsecks gestört, so kann es zu Widersprüchen zwischen dem Reiz und der durch ihn ausgelösten Wahrnehmung kommen und man spricht von einer gestörten Wahrnehmung. Entspricht das Ergebnis des Wahrnehmungsprozesses nicht der Realität, obwohl die Wahrnehmungskette störungsfrei arbeitet, so spricht man von einer Wahrnehmungstäuschung. Der Zusammenhang der Seiten soll an folgendem konkreten Beispiel verdeutlicht werden.

Beispiel:

Ein Osterfeuer übermittelt über die Medien (Strahlung, Schall und chemische Stoffe) an die Sinneszellen die unterschiedlichen Eigenschaften (Wärme, Geräusche und Gerüche). Das Osterfeuer ist also ein entfernter Reiz. Die Gesamtheit dessen, was wir vom Osterfeuer wahrnehmen (gelbe bis rote Farben, flackernde Bewegung, mittlere Temperatur, Knistern, geruchswirksame Aromen), bildet den Reiz, der von unseren Sinnesnerven an die sensorischen Zentren weitergeleitet wird. Dort wird dies mit den Erinnerungen „Feuer" und „Ostern" verbunden, zum „Feuer an Ostern" kombiniert, als „Osterfeuer" erkannt, mit „Ostern in der Jugendzeit" verbunden und als „sehr angenehm" beurteilt und bildet damit die Grundlage für unsere Reaktion: Wir laden z. B. Freunde zum Grillen ein.

Das, was die Menschen wahrnehmen, ist für alle gleich, aber wie die Wahrnehmungen interpretiert oder welche Verbindungen hergestellt werden, ist sehr unterschiedlich. So gibt es Menschen, die das Osterfeuer mit einer schlechten Erfahrung verbinden.
Während einige Menschen eher bildhaft denken, orientieren sich andere eher an anderen Sinneseindrücken und Erfahrungen, wie beispielsweise Schmerz oder Glück.

Daher ist es schwierig, den Wahrnehmungsprozess allgemeingültig zu beschreiben. Er kann von Mensch zu Mensch grundlegend verschieden sein. Viele psychische Erkrankungen haben ihre Ursachen in einer krankhaft gestörten Wahrnehmung.

Aufgaben

1. Versuchen Sie das Sechseck der Wahrnehmung mit eigenen Beispielen zu erklären.
2. Wo sehen Sie den Unterschied zwischen Wahrnehmung und Beobachtung?
3. Erkundigen Sie sich im Gesundheitslehreunterricht über die Sinneszellen.

Prinzipien der Wahrnehmung

Unter den Prinzipien der Wahrnehmung versteht man bestimmte Gesetzmäßigkeiten und Erfahrungswerte, nach denen der Strukturierungsprozess der Wahrnehmung die aufgenommenen Reize einteilt. Diese Prinzipien lassen sich besonders einfach dort nachweisen, wo der gegebene und der empfundene/wahrgenommene Sachverhalt nicht übereinstimmen.

Psychologen haben herausgefunden, dass unser Gehirn versucht, Sinn und Ordnung in die Reize der Umwelt zu bringen. Als Beispiel für diese Gesetze seien das Gesetz der Ähnlichkeit, das Gesetz der Nähe und das Gesetz der Geschlossenheit genannt.

 Weitere Gesetze finden Sie im Arbeitsheft.

Das **Gesetz der Ähnlichkeit** besagt, dass ähnliche Reize als zusammengehörig wahrgenommen werden. Folgendes Beispiel soll das veranschaulichen:

```
D U D U D U D U D U D U D U D
D U D U D U D U D U D U D U D
D U D U D U D U D U D U D U D
D U D U D U D U D U D U D U D
D U D U D U D U D U D U D U D
D U D U D U D U D U D U D U D
D U D U D U D U D U D U D U D
```

Das menschliche Gehirn erkennt in dem Beispiel eher Spalten als Zeilen.

Das **Gesetz der Nähe** besagt, dass Reize, die nahe beieinanderliegen, als zusammengehörig wahrgenommen werden.

```
DU DU DU DU DU DU DU DU DU DU DU
DU DU DU DU DU DU DU DU DU DU DU
DU DU DU DU DU DU DU DU DU DU DU
DU DU DU DU DU DU DU DU DU DU DU
DU DU DU DU DU DU DU DU DU DU DU
DU DU DU DU DU DU DU DU DU DU DU
DU DU DU DU DU DU DU DU DU DU DU
```

Das menschliche Gehirn versucht hier, aus den Buchstaben D und U nicht UD sondern DU zu bilden.

Das **Gesetz der Geschlossenheit** besagt, dass das menschliche Gehirn unvollendete Reize als vollendete wahrnimmt.

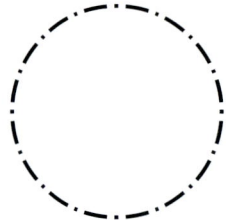

Das menschliche Gehirn versucht hier, aus Punkten und Strichen einen Kreis zu bilden.

Optische Täuschungen

Wie oben bereits angesprochen, lässt sich unsere Wahrnehmung sehr leicht täuschen. Dies zeigt sich auch an den optischen Täuschungen.

Ein bekanntes Beispiel dafür sind die unmöglichen Konstruktionen. Der Mensch erkennt erst auf den zweiten Blick, dass diese Konstruktionen so nicht funktionieren.

Aufgabe

Suchen Sie weitere Wahrnehmungstäuschungen und stellen Sie sie der Klasse vor. Weitere optische Täuschungen finden Sie im Arbeitsheft.

2.2.2 Die Bedeutung der Beobachtung in der sozialpflegerischen und -pädagogischen Arbeit

„Für die Tätigkeiten der Unterstützung und Hilfe sind neben Kenntnissen und Fähigkeiten im Bereich der Gesundheitsförderung, der Kommunikations- und Interaktionsfähigkeit, der Fähigkeit der **Wahrnehmung und Beobachtung** und der Kenntnisse und Fähigkeiten im Bereich der hauswirtschaftlichen Versorgung personale und soziale Kompetenzen wie Empathie, Verantwortlichkeit, Verlässlichkeit, Umsicht und Einsatzfreude im Dienste für Hilfsbedürftige notwendig."   *(Lehrplan NRW, 2006, S. 13 f.)*

Wie im vorangegangenen Kapitel beschrieben, fließt in das Wahrgenommene immer ein subjektiver Faktor ein. Für die Arbeit mit Kindern, alten, kranken oder behinderten Menschen ist es wichtig, die Wahrnehmung auf ein objektives Fundament zu stellen. Professionelles Handeln basiert auf gezielter Beobachtung, d. h. auf der gezielten Aufnahme von Informationen. Beobachtungen sind die Grundlage dafür, dass die Sozialhelferin unterschiedliche Situationen mit den ihr anvertrauten Menschen richtig einschätzt und daraus auf die Situation pädagogisch und pflegerisch angemessen reagiert.

In der Pflege geht es z. B. um die Beobachtung der Körpersprache, der Ausscheidungen, der Vitalfunktion oder der körperlichen Verfassung. Die Ergebnisse der Beobachtung sind entscheidend für die daraus abgeleiteten Maßnahmen und damit für das Wohlbefinden der betreuten Menschen. Im Team werden diese Beobachtungen sehr häufig als Gesprächs- und Entscheidungsgrundlage genommen.

Beobachtung kann folgende Zwecke erfüllen:

- Abschätzen von Bedürfnissen und Veränderungen im Zustand des alten, kranken oder behinderten Menschen.
- Hilfe zur Diagnosestellung und anschließender Therapie sowie zur Pflegeplanung.

Beobachtung unterliegt persönlichen Einflussfaktoren, ebenso verschiedensten Umwelteinflüssen. Damit sie aus pflegerischer Sicht objektiven Kriterien genügt, müssen folgende Punkte beachtet werden:

- Die Beobachtung muss objektiv dokumentiert werden.
- Es sollte auf verschiedene Situationen eingegangen werden, die mit dem kritischen (beobachteten) Verhalten in Zusammenhang stehen.
- Das Verhalten der Kontaktpersonen sollte einbezogen werden.

Alle fünf Sinne (Hören, Sehen, Tasten, Riechen, Schmecken) werden eingesetzt und dienen der ganzheitlichen Erfassung des Bewohners in seiner individuellen Situation.

- Ich höre, was er mir sagt und erzählt (Biografie, Probleme, Ressourcen). Ich höre, was seine Angehörigen sagen. Ich höre Körpergeräusche (Seufzen), Schmerzäußerungen (Jammern, Schreien, Stöhnen, Klagen ...).
- Ich nehme die Gerüche wahr, die die Bewohner „mitbringen" und die zu ihrer Person gehören. Ich kann unter Umständen aber auch die Krankheit riechen (Ausdünstungen, Ausscheidungen, Sekrete).

Aufgaben

1. Finden Sie weitere Beispiele, was Sie mit den Sinnen beobachten können:
   a.   bei Menschen mit Behinderung,
   b.   bei Kindern,
   c.   bei alten Menschen,
   d.   bei kranken Menschen.
2. Welche Eindrücke und Gefühle weckt dieses Bild bei Ihnen?
3. Wie würde ein Arzt das Bild beschreiben?

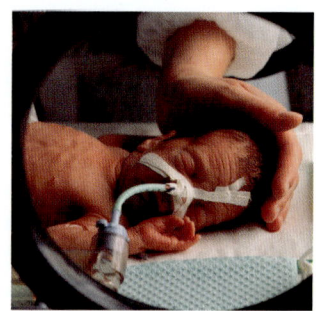

In der heilerzieherischen Arbeit mit Menschen mit Behinderung hat die Beobachtung eine weitere Funktion. Oft sind die Menschen mit einer schweren geistigen Behinderung nicht in der Lage, ihre Bedürfnisse angemessen oder überhaupt auszudrücken. Die dann durch die Beobachtung gewonnenen Informationen kommen dem Entwicklungsprozess des Menschen mit Behinderung zugute. Es geht sehr häufig um das Erkennen von Bedürfnissen (Schlaf, Trost, Hunger), von Gefahren (Treppe, Straßenverkehr, giftige Putzmittel) und persönlicher Not (Trauer etc.) sowie von Fähigkeiten und Motivation.

1. Nennen Sie weitere Bedürfnisse von Menschen mit Behinderung.
2. Warum ist das Beobachten von Bedürfnissen bei Menschen mit Behinderung besonders wichtig?
3. Was erleichtert das Erkennen von Bedürfnissen und Fähigkeiten bei Menschen mit Behinderung?
4. Machen Sie ein Experiment mit Ihren Mitschülerinnen, indem Sie versuchen, ein Bedürfnis auszudrücken:
   a.   ohne Sprache,
   b.   ohne Blickkontakt,
   c.   ohne Gestik und Mimik.

Auch in der Arbeit mit Kindern bedeutet Beobachtung die professionelle Wahrnehmung von Informationen. Sie ist die Grundvoraussetzung für ein kindorientiertes Arbeiten und vermittelt Kenntnisse über die Fähigkeiten, Bedürfnisse und Interessen der Kinder. Die aus der Beobachtung abgeleiteten Schlussfolgerungen sind ein wesentlicher Ansatzpunkt für die professionelle Arbeit im Kindergarten. Um dies leisten zu können, benötigt die Sozialhelferin Kenntnisse über Methoden und Formen der Beobachtung.

2.2.3   Beobachtungsformen und -methoden

Beobachtung unterscheidet sich von der einfachen Wahrnehmung durch folgende Merkmale:

- Sie ist meistens auf ein Ziel gerichtet, d.h. es wird eine bestimmte Sache oder eine bestimmte Personengruppe beobachtet.
- Sie ist auswählend (selektierend), da man nur Bestimmtes beobachtet, anderes dagegen vernachlässigt.
- Sie verfolgt immer eine bestimmte Absicht oder einen bestimmten Zweck.
- Sie ist in der Regel geplant.
- Sie dient der Bewertung einer Situation. Dabei ist es aber wichtig, dass beides getrennt geschieht. Wer schon beim Beobachten bewertet, verfälscht das Ergebnis.

Die Altenpflegerin beobachtet, wie viel Flüssigkeit Frau Müller im Tagesablauf zu sich nimmt.

5. Erläutern Sie anhand dieses Beispiels die wesentlichen Merkmale einer Beobachtung.
6. Finden Sie andere „typische" Beobachtungssituationen aus dem sozialpädagogischen oder sozialpflegerischen Bereich.

Es gibt unterschiedliche Formen der Beobachtung und man muss entscheiden, wann welche Methode sinnvoll ist, um verwertbare Ergebnisse zu bekommen.
Im Folgenden werden die unterschiedlichen Beobachtungsformen vorgestellt.

Alltagsbeobachtung und fachliche Beobachtung

Jeder von uns beobachtet jeden Tag unzählige Situationen, z. B. im Bus, im Straßencafé, bei der Arbeit oder in der Schule. Meistens handelt es sich dabei um **Alltagsbeobachtungen**, die durch folgende Merkmale gekennzeichnet sind:
- Sie sind eher zufällig.
- Sie orientieren sich an unseren Interessen.
- Die Beobachtungsergebnisse sind subjektiv und müssen nicht richtig sein.
- Die Aufmerksamkeit ist oft auf das ganze Geschehen gerichtet und man nimmt viele unwichtige Details wahr.
- Bei der Beschreibung kommt es häufig zu Ungenauigkeiten.

Die **fachliche Beobachtung** ist durch ein berufliches Interesse gekennzeichnet. Sie verfolgt den Zweck, Vorgänge, Verhaltensweisen oder Gesundheitszustände von Personen zu beobachten, um daraus Schlussfolgerungen für die weitere Arbeit zu ziehen. So beobachtet z. B. die Krankenschwester die Fortschritte eines Patienten bei der Genesung, um daraus Schlüsse für die Weiterbehandlung zu ziehen. Eine Erzieherin beobachtet ein Kind beim Klettern, um daraus Schlussfolgerungen in Bezug auf seine motorischen Fähigkeiten zu ziehen. Mit diesen Kenntnissen kann sie das Kind in seiner Motorik gezielt fördern.

Strukturierte und unstrukturierte Beobachtung

Die **strukturierte** oder auch **systematische Beobachtung** zeichnet sich dadurch aus, dass der Beobachter nach bestimmten, vorher festgelegten Kriterien beobachtet und seine Beobachtung nach einem bestimmten System notiert. Als Hilfe bei einer strukturierten Beobachtung benutzt man häufig einen Beobachtungsbogen, der das Festhalten der Ergebnisse erleichtert.

Beispiel eines möglichen Beobachtungsbogens zur Beobachtung von aggressivem Verhalten bei Kindergartenkindern

Name des Kindes:			Datum und Zeitraum der Beobachtung:			
	Schreien/ Brüllen	Treten	Schlagen	Aggressionen gegenüber anderen Personen	Aggressionen gegenüber Sachen	Andere Kriterien
1. Tag						
2. Tag						
3. Tag						
4. Tag						

Beobachtungsbögen sind Hilfsmittel, die in allen sozialpädagogischen und sozialpflegerischen Bereichen eingesetzt werden können. Sie erleichtern das Notieren von Ergebnissen, beziehen sich aber immer nur auf einen eingeschränkten Bereich.

Bei einer **unstrukturierten Beobachtung** notiert der Beobachter alle Beobachtungen frei. Alle Wahrnehmungen werden festgehalten und keine Aspekte werden ausgeschlossen.

Aufgaben

1. Entwickeln Sie einen Beobachtungsbogen, um das Unterrichtsverhalten Ihrer Sitznachbarin festzuhalten.
2. Überlegen Sie, wann es sinnvoll ist, eine strukturierte, und wann eine unstrukturierte Beobachtung durchzuführen.

Teilnehmende und nicht teilnehmende Beobachtung

Bei einer **teilnehmenden Beobachtung** nimmt der Beobachter selbst an der Situation, die er beobachten will, teil. Er ist einerseits aktiv am Geschehen beteiligt, auf der anderen Seite beobachtet er es. Dies bietet dem Beobachter auf der einen Seite die Möglichkeit, sofort in das Geschehen einzugreifen. Auf der anderen Seite besteht die Gefahr, dass er den Überblick verliert und überfordert ist.

Bei der **nicht teilnehmenden Beobachtung** beobachtet man das Geschehen von außen, ist Unbeteiligter in der Situation und kann sich so voll und ganz auf die Beobachtung konzentrieren.

Beispiele:

Die Praktikantin Susanne spielt mit den Kindern Fußball. Sie übernimmt die Rolle der Schiedsrichterin.

Die Erzieherin Monika ist mit der Hasengruppe in der Turnhalle. Die Kinder spielen Völkerball, Monika sitzt auf der Bank.

Aufgaben

3. Um welche Art von Beobachtung handelt es sich in den Beispielen?
4. Mit welchen Methoden lassen sich motorische Fähigkeiten und Sozialverhalten bei Kindern beobachten. Erläutern Sie Ihre Überlegungen an den Beispielen.

Offene und verdeckte Beobachtung

Bei der **offenen Beobachtung** gibt sich der Beobachter als solcher zu erkennen. Der Beobachtete weiß also, dass er beobachtet wird (z. B. bei der Führerscheinprüfung).

Dies führt dazu, dass es zu bestimmten Effekten kommen kann:

- Der Beobachtete ist durch die Beobachtungssituation verunsichert.
- Er gibt sich nicht natürlich.
- Er strengt sich vielleicht besonders an.
- Er ist eventuell nervös und aufgeregt.

Andererseits erfolgt die offene Beobachtung unmittelbar und direkt, dadurch sind genaue Ergebnisse möglich und der Beobachter kann sich ganz auf seine Kriterien konzentrieren.

Die **verdeckte Beobachtung** wird ohne das Wissen des zu Beobachtenden durchgeführt (z. B. Videoüberwachung). Man setzt diese Beobachtungsform ein, wenn man davon ausgeht, dass sich das Verhalten des zu Beobachtenden bei einer offenen Beobachtung ändern würde.

Bei der verdeckten Beobachtung ist also der Beobachter nicht als solcher erkennbar, was dazu führt, dass der zu Beobachtende sich natürlich und ungezwungen verhält.

Aber da die Beobachtung ohne dessen Wissen erfolgt, kann es auch zu moralischen Problemen kommen. So muss man auch bei einer verdeckten Beobachtung die Intimsphäre des zu Beobachtenden wahren und diese Form nicht zum „Ausspionieren" und „Schnüffeln" benutzen.

Aufgaben

1. Finden Sie unterschiedliche Situationen, in denen eine offene oder eine verdeckte Beobachtung sinnvoll ist.
2. Welche Vor- und Nachteile haben offene und verdeckte Beobachtungen?

Selbst- und Fremdbeobachtung

Gerade im sozialpädagogischen und sozialpflegerischen Bereich haben Selbst- und Fremdwahrnehmung eine besondere Bedeutung. Unter **Selbstbeobachtung** versteht man die Beobachtung der eigenen Person. Nur wir selbst können in bestimmten Bereichen Aussagen darüber treffen, wie wir uns fühlen, verhalten oder was wir empfinden. Wenn wir z. B. unter Zahnschmerzen leiden, können nur wir dem Arzt Hinweise auf Art und Ort der Schmerzen geben. Auch die Wirkungsweise bestimmter Medikamente oder Therapien können wir selbst am besten beurteilen.

Aber in der Selbstbeobachtung liegen auch einige „Stolperfallen". So nimmt jeder Mensch Gefühle und Schmerzen unterschiedlich wahr. Für den einen sind „leichte" Kopfschmerzen schon unerträglich, weil er sonst nie darunter leidet. Ein anderer geht mit einer „starken" Migräne nicht zum Arzt, weil er schon jahrelang diese Symptome hat.

Die Selbstbeobachtung ist also subjektiv eingefärbt und von vielen Faktoren in unserem Umfeld abhängig.

Die **Fremdbeobachtung** bezieht sich auf eine andere Person. Hierbei beobachten wir z. B. Gesundheitszustand, Verhaltensweisen oder Therapieerfolge einer anderen Person.

In der beruflichen Tätigkeit der Sozialhelfer hat sowohl die Selbst- als auch die Fremd-beobachtung ihren Stellenwert, weil nur so eine ganzheitliche Diagnose zu erstellen ist.

Aufgabe

Bearbeiten Sie die Arbeitsblätter im Arbeitsheft zu unterschiedlichen Beobachtungs-formen und -methoden.

2.2.4 Beobachtungsfehler

Beobachtungen dienen dazu, Sachverhalte gezielt und bewusst wahrzunehmen, um Situationen richtig einzuschätzen. Aus diesem Grund ist es wichtig, dass unsere Beobachtungen richtig sind. Wir haben aber leider nicht immer die Möglichkeit, unsere Beobachtung durch einen zweiten Beobachter absichern zu lassen. Deswegen ist es wichtig, sich bestimmter Fehlerquellen bewusst zu sein.

Viele Beobachtungsfehler entstehen durch ungünstige personenabhängige oder äußere Bedingungen, die sich im Vorfeld der Beobachtung schon ausschließen lassen oder die man bei der Beurteilung der Beobachtungsergebnisse berücksichtigen muss.

Ungünstige äußere Bedingungen

Dazu gehören:
- störende Geräusche, z. B. Lärm, Stimmengewirr, Geschrei;
- ungünstige Lichtverhältnisse, z. B. Dämmerung, Schatten, starke Sonnenein-strahlung;
- ungünstige Position oder Perspektive, z. B. die Sicht ist versperrt, man kann nicht mehr die vollständige Situation wahrnehmen;
- Wetter, z. B. starke Hitze, Regen, Nebel;
- Fehler an Hilfs- oder Messgeräten, z. B. ein defektes Aufnahmegerät oder ein ungenaues Blutdruckmessgerät;
- Fehler durch Ablenkung, z. B. wenn man durch Dritte gestört wird oder zwei Sachen gleichzeitig erledigen muss.

Ungünstige personenabhängige Bedingungen

Dazu gehören:
- Unterschiedliche Lebens- und Berufserfahrungen: So beurteilt eine erfahrene Altenpflegerin eine Beobachtung anders als eine Praktikantin, weil jedem andere Dinge auffallen. Langjährige Arbeitskräfte verfügen zwar über mehr Erfahrungen, aber durch eine gewisse Routine können ihnen auch Fehler unterlaufen.
- Verwendung von mehrdeutigen und unpräzisen Begriffen: Man neigt oft dazu, unklare Begrifflichkeiten zu verwenden, z. B. „der schwierige Patient" oder „das nervige Kind". Für einen selber ist klar, was man damit meint, aber Außenstehende können solche „schwammigen" Begriffe unterschiedlich deuten.

Es kann passieren, dass zwei Personen zwar die gleichen Wörter verwenden, deren Bedeutung aber für jeden unterschiedlich ist.

- Stress, Müdigkeit,
- Persönliche Belastungen,
- Krankheit,
- Vorurteile,
- Ärger,
- Unkonzentriertheit.
- Zeitdruck,
- Hunger,

Es gibt aber auch Fehler, die in der Beurteilung und Einschätzung von Menschen liegen, das sind die sogenannten Bewertungsfehler. Dazu gehören:

Primacy-Effekt

Darunter versteht man die Wirkung des ersten Eindrucks. Dieser erste Eindruck erzeugt meistens ein ungenaues Urteil, das sich aber oft auf alle weiteren Beobachtungen auswirkt. Ist der erste Eindruck eher positiv, wirkt er sich auf alle späteren Wahrnehmungen günstig aus. Ist er eher schlecht, beeinflusst er alle späteren Beobachtungen negativ.

Beispiel:

Die Praktikantin lernt am ersten Tag ihres Praktikums Frau M. im Foyer des Altenheims kennen. Die alte Dame macht einen „fitten" Eindruck, begrüßt die neue Praktikantin sehr freundlich und erzählt ziemlich viel. Nach dieser Begegnung hat die Praktikantin einen überaus positiven Eindruck von Frau M. Am nächsten Tag trifft sie die Bewohnerin wieder, begrüßt diese freundlich und ist überrascht, dass Frau M. nicht reagiert. Nach einem Gespräch mit der Stationsleitung erfährt sie, dass Frau M. unter starker Demenz leidet und eines hohen Betreuungsaufwands bedarf.

Nach einem ersten Eindruck hätte die Praktikantin Frau M. als eine sehr selbstständige und mobile Bewohnerin beschrieben und ihr Fähigkeiten zugetraut, die sie nicht mehr hat.

Halo-Effekt

Der Halo-Effekt (auch Hof-Effekt, abgeleitet vom griechischen Wort hálos, Lichthof) kann dazu führen, dass ein herausragendes Persönlichkeitsmerkmal die Gesamtbeurteilung beeinflusst.

Beispiel:

Einem guten Redner schreibt man auch ein fundiertes Allgemeinwissen zu.

Menschen, die einem Schönheitsideal entsprechen, werden eher für intelligent gehalten als behinderte Menschen.

Logischer Fehler bzw. Verknüpfungsfehler

Dieser Fehler ergibt sich daraus, dass man bestimmte Eigenschaften als zusammenhängend verknüpft. So entstehen Ketten von Eigenschaften, die in der Realität so nicht gegeben sind.

Beispiel:

Jemand der Fußball spielt, wird auch als teamfähig eingeschätzt. Jemandem, der gut in Mathematik ist, wird auch ansonsten ein gutes logisches Denken unterstellt.

Kontrasteffekt oder Ähnlichkeitseffekt

Bei einem Kontrasteffekt schätzt man an einer anderen Person besonders die Fähigkeiten, die man selber nicht besitzt.

Beispiel:

Einem unordentlichen Menschen fällt bei einer anderen Person besonders deren Ordnungssinn auf.

Bei einem Ähnlichkeitseffekt werden Verhaltensweisen, die man bei sich schätzt, auch bei anderen positiv beurteilt.

Beispiel:

Ein toleranter Mensch schätzt auch bei anderen eine hohe Toleranz.

Fehler in der Tendenz

Bei der Beurteilung von Personen neigen wir bei Unsicherheiten dazu, die Mitte einer Skala zu wählen.

Beispiel:

Wenn man die sprachlichen Fähigkeiten eines Kindes beurteilen soll, es sich aber um ein stilles Kind handelt, das wenig spricht, würde man eher eine mittlere Beurteilung wählen als eine extrem positive oder negative.

Eigene Einstellungen

Die eigenen Einstellungen und Ansichten eines Beobachters wirken sich auf die Beobachtung aus und können zu unterschiedlichen Interpretationen führen.

Beispiel:

Praktikantin A ist der Meinung, Kinder müssen gehorchen und schweigen, wenn Erwachsene reden. Praktikantin B findet, Kinder müssen Selbstbewusstsein entwickeln und sich behaupten können. Bei der Beobachtung von Kindern kommt es so zu ganz unterschiedlichen Interpretationen.

Aufgaben

1. Finden Sie zu jedem Bewertungsfehler ein weiteres Beispiel.
2. Präzisieren Sie folgende Begriffe, damit sie eindeutig beobachtbar sind: ein gebrechlicher Mann, eine verwirrte Bewohnerin, ein verzogenes Kind, ein aggressiver Junge, ein guter Freund.
3. Bearbeiten Sie das Arbeitsblatt zum Thema Beobachtungs-/Bewertungsfehler im Arbeitsheft.

2.3 Allgemeines zur Entwicklung

Aufgaben

1. Betrachten Sie die Bilder des Kindes ganz genau, welche Veränderungen können Sie feststellen?

2. Wie lassen sich die Veränderungen erklären?

Jeder von uns hat es schon erlebt, dass er, wenn er einen Menschen lange nicht gesehen hat, wesentliche Veränderungen bei ihm feststellt. Diese Veränderungen sind aber häufig nicht nur auf das Äußere bezogen, sondern betreffen alle Bereiche der menschlichen Entwicklung. Wenn wir im Weiteren von Entwicklung sprechen, so ist das Folgende gemeint:

> **Definition**
>
> **Entwicklung** ist die Veränderung des Menschen in körperlicher, seelischer und geistiger Hinsicht. Sie betrifft auch das Verhalten eines Menschen. Veränderungen stehen miteinander in Zusammenhang, sind prozesshaft und dauern lebenslang an.

Schon sehr früh haben sich Menschen Gedanken um Entwicklung gemacht. Während man lange Zeit die Geburt als Entwicklungsanfang beschrieb, geht man heute davon aus, dass die Entwicklung schon mit der Zeugung beginnt.

Das Konzept der Entwicklungsaufgaben

Im Laufe der verschieden Abschnitte seines Lebens hat der Mensch verschiedene Aufgaben zu bewältigen. Die Bewältigung der Aufgaben führt zu einer Veränderung des Menschen. Ziel einer gelungenen Entwicklung sind der Aufbau und die Stabilisierung der Persönlichkeit. Hieran wirken sowohl innere Prozesse (Reifung, Anlagen) als auch äußere Prozesse mit. Der Prozess gilt als gelungen, wenn sich sowohl der innere als auch der äußere Prozess die Balance halten.

Entwicklungsaufgaben sind nicht statisch, sondern von der Gesellschaft und der Zeit abhängig, in der der Mensch lebt. Vor hundert Jahren war es für einen Jugendlichen nicht wichtig, ein Handy oder einen Computer zu bedienen. Heute ist es für jeden Ju-

gendlichen wichtig, diese Aufgaben zu bewältigen. Ob sich diese Aufgabe auch für Jugendliche
in Entwicklungsländern stellt, ist von dem Le-
bensstandard dort abhängig. Dort ist eventuell
das Heranschaffen von Grundnahrungsmitteln
wichtiger.

Die Entwicklungsaufgaben stellen sich in den
bestimmten Lebensphasen. Diese Phasen und
die damit verbundenen Entwicklungsaufgaben
werden nachfolgend beschrieben. Allgemein
lässt sich sagen, dass die erfolgreiche Bewältigung der verschiedenen Entwicklungsaufgaben
zu subjektivem Glück und auch zu Erfolg bei
späteren Aufgaben im Leben führt. Umgekehrt
werden Misserfolge von der Gesellschaft miss-
billigt und führen zu Schwierigkeiten bei der
Bewältigung der zukünftigen Aufgaben. Der
Mensch fühlt sich durch den Misserfolg un-
glücklich und es kann zu Störungen in der Persönlichkeitsentwicklung kommen. Einige dieser

Balance zwischen inneren und äußeren
Prozessen

Störungen werden auch im Folgenden behandelt. Im Arbeitsheft gibt es dazu noch weitere Störungsbilder und Anregungen. Verschiedene Kräfte sind für die Entstehung von
Entwicklungsaufgaben verantwortlich:

Robert J. Havighurst hat 1948 erstmals das Konzept der Entwicklungsaufgaben erarbeitet und beschreibt die Aufgaben im Lebenslauf als Probleme, die der Mensch zu bestimmten Zeiten bewältigen muss. Diese Aufgaben werden als Grundlage für die zukünftige Entwicklung betrachtet. Havighurst sieht die zeitliche Zuordnung so, dass es innerhalb der menschlichen Entwicklung Zeitspannen gibt, die für die erfolgreiche Bewältigung
der Probleme besonders geeignet sind. Die Annahme solcher sensiblen Phasen bedeutet
jedoch nicht, dass bestimmte Prozesse nicht auch zu einem späteren Zeitpunkt erfolgreich bewältigt werden können. Sollten die Aufgaben zu einem späteren Zeitpunkt gelöst
werden, ist aber ein höherer Lernaufwand erforderlich. Nach Havighurst wird zwischen

Aufgaben unterschieden, die zeitlich abgeschlossen sind, und solchen, die sich über mehrere Jahre des Lebenslaufes erstrecken.

Das Konzept von Erikson

Der Psychoanalytiker Erik H. Erikson (1902–1994) spricht bei seinem Modell nicht von Entwicklungsaufgaben, sondern von Thematiken, die jeweils auf einer Stufe der Entwicklung aktuell sind. Diese Thematiken sind schon in der Kindheit festgelegt und steigern sich auf der jeweiligen Stufe bis zu einer Krise. Erst wenn der Mensch die Krise erfolgreich bewältigt hat, entsteht eine gesunde Persönlichkeit. Das Nichtbewältigen einer Krise führt zu einer Störung der Persönlichkeit. Die Grundfragen zur menschlichen Entwicklung, die sich Erikson gestellt hat, sind: Wie wächst eine vitale Persönlichkeit heran? Und wie entsteht Identität beim Menschen?

Erikson beschreibt die Entwicklung in acht Stufen:

1. Phase: Vertrauen gegen Misstrauen (0–1 Jahre)

Die Aufgabe, die sich das Kind hier stellt, ist: Kann ich der Welt trauen? Wichtig ist hier der Aufbau von Vertrauen zu einer Bezugsperson. Dieses gelingt dann, wenn die Grundbedürfnisse durch die Bezugsperson befriedigt werden und es genügend Fürsorge gibt. Das Kind muss die eigene Abhängigkeit und Hilflosigkeit ertragen, ohne Existenzangst zu spüren. Die Bezugsperson hat für günstige Bedingungen zu sorgen, indem sie Verlässlichkeit zeigt und die individuellen Bedürfnisse einfühlsam befriedigt. Natürlich führen Unzuverlässigkeit und mangelnde Fürsorge zu einer Nichtbewältigung der Aufgabe auf dieser Stufe.

2. Phase: Autonomie gegen Scham, Zweifel (2–3 Jahre)

Hier geht es für das Kind um die Frage: Kann ich mein Handeln selbst steuern? Nun rücken die Eltern und die erweiterte Familie in den Vordergrund. Neben der Reifung des Muskelsystems geht es um das Thema Festhalten und Loslassen. Dieses Thema beherrscht die Entwicklung auf allen Feldern, wie z. B. der Sauberkeitserziehung. Das Kind entwickelt ein Gefühl von Autonomie und Selbstkontrolle. Für die Entwicklung ist es in dieser Phase günstig, dass es nachvollziehbare Regelungen von Freiräumen und Grenzen gibt. Die Familie hat für den Schutz vor Selbstüber- und -unterschätzung zu sorgen.

Zu viele einengende Verbote oder zu wenige Regeln und Normen sowie eine übertriebene Reinlichkeitserziehung können sich negativ auf die weitere Entwicklung auswirken. In der Pädagogik spricht man von Overprotection.

3. Phase: Initiative gegen Schuldgefühl (4–5 Jahre)

Das Kind möchte hier von den Eltern unabhängig werden, indem es seine Grenzen ausprobiert. Es muss die Familienzelle als Dreieckskonstellation akzeptieren und ein geschlechtliches Rollenvorbild finden. Von den Erwachsenen erwartet es die Ermunterung zum Erproben von neuen Verhaltensweisen und die Möglichkeit, Fantasien zu verwirklichen. Die Vermittlung von Normen und Werten und der unverkrampfte Umgang mit dem eigenen Körper stellen günstige Bedingungen in dieser Entwicklungsphase dar. Langfristig bildet sich dadurch ein moralisches Bewusstsein heraus. Bei Misserfolgen entwickeln sich Schuldgefühle und Überängstlichkeit.

4. Phase: Leistung gegen Minderwertigkeitsgefühl (6–11 Jahre)

Das Kind ist lernbegierig. Erfolgreich zu sein ist wichtig. Die Herausforderung liegt darin, eine Position in der Gleichaltrigengruppe zu finden und mit den von der Gesellschaft (z. B. Schule) gestellten Leistungsanforderungen zurechtzukommen. Es erlernt Anerkennung durch die Herstellung von Dingen, aber auch durch Fehler die Frustrationstoleranz zu erhöhen. Neben dem spielerischen Lernen soll die Schule den Lernenden Möglichkeiten bieten, dass sie sich bestätigen können, indem sie etwas Nützliches leisten. Falls hierbei die Erfolgserlebnisse ausbleiben, entwickelt sich mit der Zeit ein Minderwertigkeitsgefühl. Für eine günstige Entwicklung ist es deshalb notwendig, dass den Kindern Erfolgserlebnisse ermöglicht werden und sie die Anerkennung von der Gleichaltrigengruppe bekommen. Ungünstig wirkt es sich aus, wenn das Kind in der Gleichaltrigengruppe zum Außenseiter wird und es durch hohe Leistungsanforderungen in der Schule keine außerschulischen Interessen entwickeln kann. Hier können auch schon Ursachen für eine kriminelle „Karriere" liegen.

5. Phase: Identität und Ablehnung gegen Identitätsdiffusion (12–20 Jahre)

In dieser Phase stellt sich der Jugendliche folgende Fragen: Wer bin ich? Was sind meine Überzeugungen, Gefühle und Einstellungen? Die Herausforderungen liegen in der Bewältigung der ersten Liebe, dem Zweifel an der sexuellen Identität und der Auseinandersetzung mit dem zukünftigen Beruf. Dadurch, dass die eigene Gruppe jetzt stark im Vordergrund steht, ist die Bestätigung durch die Freunde sehr wichtig. Idole nehmen hier eine starke Vorbildfunktion ein und führen zu einer stärkeren Ich-Identität. In dieser Phase sollte es gelingen, eine verantwortliche Balance zwischen Grenzen und Freiräumen zu finden. Eltern sollten in dieser Phase den Gegenpol einnehmen und den Jugendlichen zu Diskussionen anregen. Keine Freunde oder die Überforderung durch eine übertriebene Individualisierung können langfristig zu einer Verwirrung und zu einem undefinierten Ich führen.

6. Phase: Intimität und Solidarität gegen Isolierung (Frühes Erwachsenenalter, 20–45 Jahre)

In dieser Phase entwickeln sich Freunde und sexuelle Partner als Beziehungspersonen heraus. Aber auch Rivalen sind für die eigene Rolle wichtig. Es steht die Frage im Vordergrund, ob ich mich einem anderen Menschen ganz hingeben kann. Eine gelungene Identitätsfindung ermöglicht es, sich dem anderen zu öffnen. Aber auch Isolation kann in dieser Phase eine Rolle spielen. Eine wertschätzende Partnerschaft festigt die eigene Identität. Erikson beschreibt die Phase als ein Sich-Verlieren und Sich-Finden im anderen. Geringschätzung des Partners und fehlende Wärme und Anteilnahme können die Isolation der Person fördern und psychische Störungen auslösen.

7. Phase: Generativität gegen Selbstabsorption (Erwachsenenalter, 45–65 Jahre)

In dieser Phase macht sich der Erwachsene Gedanken darüber, was er der kommenden Generation bieten und überliefern kann. Der Erwachsene arbeitet jetzt wesentlich zielbewusster und produktiver. Die Erziehung der kommenden Generation bekommt einen hohen Stellenwert. Diese Haltung entwickelt sich nur, wenn ein grundsätzliches Gefühl des Vertrauens vorhanden ist. Unter schlechten Bedingungen oder bei mangelndem Eingebundensein in gesellschaftlichen Zusammenhängen kommt es zu einer Vereinsamung. Zwischenmenschliche Beziehungen werden z. B. wenig gepflegt.

8. Phase: Integrität gegen Verzweiflung (Reife, 65 Jahre–Tod)

In dieser Phase geht es darum, das Leben so zu akzeptieren, wie es verlaufen ist. Hierbei geht es darum, die positiven und negativen Seiten des eigenen Lebens als zur eigenen Identität dazugehörend zu akzeptieren. Dadurch wird es möglich, in Ruhe zu leben. Ausgehend von dieser inneren Ausgeglichenheit können diese Menschen gut Führungsaufgaben übernehmen. Falls es nicht gelingt, sein Leben zu akzeptieren, stellen sich Unzufriedenheit und Enttäuschung über das eigene Leben ein.

Aufgaben

1. Informieren Sie sich über die Biografie von Erikson.
2. Entwickeln Sie aus dem Text einen Ratgeber für Eltern, wie Sie die Identitätsbildung ihres Kindes in der vierten Phase fördern können.
3. Sprechen Sie mit Ihren Eltern oder Ihren Großeltern über die Inhalte der siebten und achten Phase.
4. Welche Erkenntnisse ziehen Sie aus der letzten Phase für Ihre Arbeit mit alten Menschen?

5. Weitere Konzepte (Piaget, Hurrelmann) finden Sie im Arbeitsheft.

Die Entwicklung des Menschen lässt sich in verschiedene Stufen einteilen.

Stufenmodell der Entwicklung

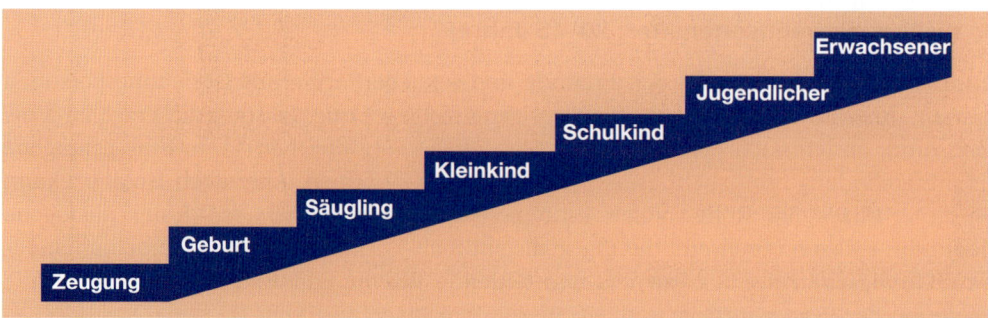

1. Beschreiben Sie Ihre eigene Entwicklung auf einer der oben dargestellten Phasen.
2. Besorgen Sie sich einen Entwicklungskalender für Kleinkinder.
3. Finden Sie heraus, welche Untersuchungen bei einem Kleinkind durchgeführt werden sollten.
4. Bearbeiten Sie im Arbeitsheft das Arbeitsblatt „Gesetzmäßigkeiten der Entwicklung".

Anhand Ihrer eigenen Entwicklung haben Sie gesehen, dass Entwicklung nicht über Nacht geschieht. Häufig aber stellen Sie fest, dass Kinder von einem auf den anderen Tag neue Fähigkeiten dazuentwickelt haben. Zeitliche Angaben zum Entwicklungsverlauf können deshalb immer nur grobe Richtwerte sein.

In der Entwicklung gibt es sowohl kritische als auch sensible Phasen.

Kritische und sensible Phasen in der Entwicklung

Es gibt in der Entwicklung eines Menschen bestimmte Zeiträume, in denen bestimmte Verhaltensweisen dauerhaft festgelegt werden.

Definition

Eine **kritische Phase** ist ein bestimmter Zeitraum in der Entwicklung eines Menschen, in dem bestimmte Verhaltensweisen dauerhaft festgelegt werden (beziehungsweise bestimmte Entwicklungen sich grundlegend vollziehen) und deshalb außerhalb dieses Zeitraums nicht mehr geändert werden können.

Die folgenden Beispiele zeigen kritische Phasen in der menschlichen Entwicklung:

Beispiel:

Der Zeitraum in der embryonalen Entwicklung, in dem sich die Ausbildung und das Wachstum der Gliedmaßen wie Arme und Beine, des Nervensystems und der Sinnesorgane vollziehen, gilt als kritische Phase. Erfolgt gerade in den Stunden oder Tagen, in denen sich Arme und Beine entwickeln, eine Störung in der Entwicklung (durch die Einnahme eines Medikamentes oder durch eine Infektion der Mutter), so unterbleibt oder misslingt die normale Entwicklung dieser Körperteile. Die Störung ist endgültig und kann nicht mehr rückgängig gemacht werden. Die betreffende Zeit stellt also für die spezielle Entwicklung der Gliedmaßen eine kritische Phase dar. Die Einnahme des Medikamentes Contergan hat solche Schäden hervorgerufen.

Psychologische Forschungen haben ergeben, dass eine frühe emotionale Bindung des Säuglings zu einem oder mehreren Menschen die Basis für spätere Beziehungen bildet: Ein Kind, das vor allem im ersten Lebensjahr keine festen Bindungen herstellen konnte, wird auch später in sozialer Hinsicht erheblich benachteiligt sein. Man kann davon ausgehen, dass eine intensive emotionale Beziehung nicht nur für die Ausbildung der Beziehungsfähigkeit bedeutsam ist. Die gesamte Entwicklung des Kindes wird beeinträchtigt, wenn sie fehlt. Die ersten Lebensjahre stellen also eine kritische Phase für die Grundlegung der zwischenmenschlichen Bindungsfähigkeit als Basis für den gesamten Lern- und Anpassungsprozess dar.

Nach vorliegenden Berichten über sogenannte „verwilderte Kinder" (Kinder, die in der Wildnis oder ohne mitmenschliche Kontakte aufwuchsen) soll es nicht mehr möglich sein, nach dem zwölften Lebensjahr die menschliche Sprache zu erwerben. Die kritische Phase für das Erlernen der Sprache läge also demnach in den ersten zwölf Lebensjahren.

Die Existenz von kritischen Phasen in der menschlichen Entwicklung wird in der heutigen Wissenschaft infrage gestellt. Dabei wird die Tatsache bestritten, dass Entwicklungserscheinungen, die in einer kritischen Phase entstanden sind, nicht mehr rückgängig zu machen sind. In der menschlichen Entwicklung sei nichts endgültig festgelegt. Dies gelte allenfalls für die embryonale Entwicklung. Aus diesem Grunde bevorzugt man heute den Begriff der **sensiblen Phase**.

> ### Definition
>
> Eine **sensible Phase** ist ein bestimmter Zeitraum in der Entwicklung, in dem der Mensch für den Erwerb von bestimmten Verhaltensweisen besonders empfänglich ist, die außerhalb dieses Zeitraumes zwar schwierig, aber bis zu einem gewissen Grad wieder verändert werden können.

Die Psychologen haben vor allem zu Beginn der Diskussion um die Vorschulerziehung und das sog. „frühe Lernen" oft von „sensiblen Phasen" gesprochen und darauf hingewiesen, dass es sich dabei um das entwicklungspsychologische Fundament der ganzen Reformdebatte handle. Man meint damit besonders begünstigte Lernzeiten während der ersten sechs Jahre im Leben des Kindes.

Sensible Phasen sind durch drei Merkmale gekennzeichnet.
- Es geht ein physiologischer Prozess der Funktionsreifung voraus, der den Beginn der Phase darstellt und als Bedingung für neue Erfahrungsmöglichkeiten, z. B. für das Laufenlernen des Kindes, angesehen wird.
- Während der sensiblen Phase wird sehr stark aus „Funktionslust" gelernt, d. h. aus Freude an der Sache selbst und weniger aufgrund irgendwelcher in Aussicht gestellter Belohnungen.
- Einem einjährigen Kind, das die physischen Bedingungen des Laufenlernens besitzt, muss man z. B. nicht sagen: „Jetzt üb doch mal laufen!" Es tut dies von sich aus, weil ihm „die Sache" Freude bereitet, nicht aber, weil ihm Belohnungen versprochen werden.
- Einem eineinhalbjährigen Kind braucht auch niemand zu sagen, es solle doch einmal „sprechen üben". Es tut dies einfach aus Lust an der Sache und erlernt dadurch immer besser die Sprache. Wir wollen damit natürlich nicht in Abrede stellen, dass in der frühen Kindheit auch durch Identifikation und Verstärkung gelernt wird. Im Vergleich zum späteren Lernen des Menschen, z. B. als Schul-

kind oder als Erwachsener, scheint jedoch in den ersten sechs Jahren das Lernen aus Funktionslust stärker zu dominieren.

- Man nimmt an, dass sensible Phasen im Leben des Kindes einmalig sind und in dieser Begünstigung für das Lernen des Kindes nicht mehr wiederkehren.

Derartige sensible Phasen werden nun für eine Reihe von Funktionen angenommen. Wir erwähnten schon Motorik und Sprache. Die Lehre von den sensiblen Phasen ist jedoch, wie so vieles im sozialpädagogischen Bereich, nicht von allen akzeptiert, vor allem im Hinblick darauf, dass es solche einmaligen, besonders lernbegünstigten Zeiten auch für das Leben des Menschen geben soll.

Nach den Belegen, die wir aus der pädagogischen Psychologie besitzen, sind also die sensiblen Phasen für den Menschen im streng empirischen Sinne nicht eindeutig nachgewiesen. Andererseits darf man aber davon ausgehen, dass es für eine Reihe von Entwicklungen des Menschen Zeiten gibt, in denen das Erlernen der entsprechenden Funktionen sehr stark erleichtert oder begünstigt ist. Ein späteres Erlernen dieser Funktionen – soviel kann man sagen – dürfte mit großen Schwierigkeiten verbunden sein und zu Defiziten führen.

Die folgenden Beispiele zeigen sensible Phasen in der menschlichen Entwicklung.

Beispiele:

Die Zeit der Reinlichkeitserziehung beeinflusst nachhaltig die Einstellung des Kindes zu sich selbst und zu seinem Körper sowie zu dem, was ihm gehört. Je nachdem, wie die Reinlichkeitserziehung verläuft, werden unterschiedliche Persönlichkeitsmerkmale grundgelegt.

Das zweite und dritte Lebensjahr (Autonomiealter, im Volksmund „Trotzalter" genannt) kann als sensible Phase für Selbstständigkeit und Autonomie gelten.

Aus der Sicht der Psychoanalyse stellt das vierte und fünfte Lebensjahr eine sensible Phase dar, in der die Einstellung des Kindes zur Sexualität nachhaltig beeinflusst wird.

Auch für bestimmte Begabungen, wie beispielsweise Intelligenz, Lernfähigkeit oder Musikalität, soll es in der frühen Kindheit sensible Phasen geben, die jedoch erst noch genauer erforscht werden müssen.

Kritische und sensible Phasen haben eine wichtige Bedeutung für die Erziehung. Die Erzieherin muss um kritische und sensible Phasen in der Entwicklung des Kindes wissen und die optimalen Lernbedingungen für die Entstehung von bestimmten Verhaltensweisen und Persönlichkeitsmerkmalen in diesen Zeitabschnitten nutzen. Fälle, in denen ein Lernprozess noch nicht bzw. nicht mehr vollzogen werden kann, sollten vermieden werden.

Aufgaben

1. Stellen Sie in einer Gegenüberstellung die kritische und die sensible Phase dar.
2. Welche Aufgabe hat eine Sozialhelferin, wenn es bei Kindern sensible Phasen gibt?

Anlage- und Umweltproblematik

Die Frage, was die Entwicklung eines Menschen maßgeblich prägt, ob eher die Umwelt oder eher die Anlage, ist schon sehr alt. So behauptete John Watson, Vertreter der behaviouristischen Psychologie und Befürworter des Ansatzes, dass die menschliche Entwicklung stark von Umweltfaktoren geprägt sei, man möge ihm ein Dutzend Kinder geben und eine Welt, in der er sie aufziehen könne, dann garantiere er, dass er jedes zu dem mache, was man wolle: Arzt, Rechtsanwalt, Künstler, Unternehmer oder auch Bettler.

Aufgaben

1. Wie beurteilen Sie diese Aussage von Watson?
2. Kennen Sie Beispiele, auf die diese Sichtweise zutrifft?

Diese Sichtweise führt zu einem **pädagogischen Optimismus**, weil er der Erziehung einen maßgeblichen Einfluss zuordnet.

Mensch	Umwelt	
	Passiv	Aktiv
Passiv		Pädagogischer Optimismus Pädagogik bestimmt die Entwicklung
Aktiv		

Die Theoretiker, die die Anlagen für die menschliche Entwicklung als dominant ansehen, sagen, dass der Mensch ein gedeckter Tisch ist. Die Erziehung kann infolgedessen nur wenig Einfluss nehmen. Der Mensch entwickelt sich nach einem in den Anlagen festgelegten Plan. Diese Form nennt man **pädagogischen Pessimismus**.

Mensch	Umwelt	
	Passiv	Aktiv
Passiv	Pädagogischer Pessimismus Pädagogik hat wenig Einfluss	
Aktiv		

Viele Theoretiker scheinen weder den **pädagogischen Optimismus** noch den **pädagogischen Pessimismus** für die Beschreibung der Mehrzahl der Entwicklungsvorgänge als angemessen zu halten. Sie sehen den Menschen selbst als Gestalter seiner Entwicklung. Der Mensch weiß, was für ihn gut ist und setzt immer die Elemente der Umwelt und seiner Anlagen ein, die für die eigene Entwicklung förderlich sind. Der denkende Mensch reagiert nicht mechanisch auf äußere Reize. Seine Entwicklung ist auch nicht nur durch

Anlagen bestimmt, er handelt ziel- und zukunftsorientiert und gestaltet damit sein eigenes Leben und seine Entwicklung mit.

Mensch	Umwelt	
	Passiv	Aktiv
Passiv		
Aktiv	Der Mensch als Gestalter seiner Entwicklung	

Erbanlagen, Umwelt und die eigenen Kräfte eines Menschen bedingen und beeinflussen sich wechselseitig. Umweltfaktoren (exogene), anlagebedingte (endogene) und im Menschen liegende (autogene) Faktoren sind voneinander abhängig und lassen gleichwertig im Zusammenspiel miteinander die Entwicklung des Menschen voranschreiten.

Die gleiche genetische Ausstattung hat unter der Einwirkung verschiedener exogener Faktoren unterschiedliche Wirkungen, ebenso wie gleiche Umwelteinflüsse bei unterschiedlichen endogenen Voraussetzungen verschiedene Wirkungen hervorrufen.

So führt z. B. die Anlage zur Entstehung der Selbstständigkeit bei einer sehr autoritären Erziehung mehr zur Gefügigkeitshaltung, bei einem partnerschaftlichen Erzieherverhalten eher zu einem gesunden Selbstwertgefühl, Eigenwillen und Durchsetzungsvermögen. Andererseits kann eine sehr autoritäre Erziehung bei einer Anlage zur Sensibilität Erlebensweisen wie Ängstlichkeit und völlige Gehemmtheit bewirken, bei einer Anlage zur Vitalität kann sie aber auch eher Machtstreben und Herrschsucht hervorrufen.

Die Auswirkung exogener Faktoren ist von der genetischen Ausstattung abhängig, ebenso wie die Auswirkung der endogenen von exogenen Faktoren.

Bemühungen einer Mutter beispielsweise, das Kind schon vor dem 18. Monat zur Reinlichkeit zu bringen, bleiben erfolglos, weil es von seinen endogenen Voraussetzungen her noch nicht fähig dazu ist. Auf der anderen Seite wird ein Kind, das von seinen Eltern wenig gefördert wird und kaum Anregungen erhält, seine Anlage zur Intelligenz kaum entwickeln können.

Gleiche endogene Voraussetzungen und gleiche exogene Bedingungen wirken aufgrund von autogenen Faktoren in unterschiedlicher Weise, ebenso wie die Art und Weise der Selbststeuerung von den endogenen und exogenen Einwirkungen abhängig ist.

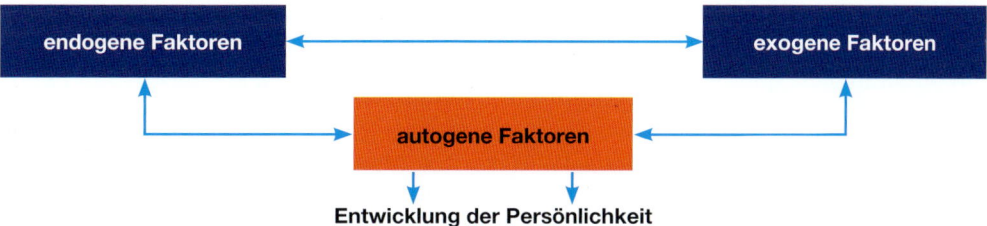

So können eineiige Zwillinge mit bekanntlich gleichen endogenen Voraussetzungen, die beide sehr streng erzogen werden, aufgrund der Selbststeuerung durchaus verschiedene

Persönlichkeitsmerkmale entwickeln. Andererseits kann eine stark autoritäre Erziehung ein schwaches Ich erzeugen, während ein partnerschaftliches, wohlwollendes Erzieherverhalten ein starkes Ich zur Folge haben kann mit dem Ergebnis, dass der zu Erziehende sein Leben selbst in die Hand nimmt.

Mensch	Umwelt	
	Passiv	Aktiv
Passiv		
Aktiv		Mensch und Umwelt werden als ein zusammengehöriges System gesehen

Im individuellen Leben kann die eine oder die andere Faktorengruppe stärker wirksam werden. Individuell-genetische Anlagen werden dort entscheidend sein, wo beispielsweise eine sehr hohe Intelligenz oder eine sehr hohe Musikalität zum Vorschein kommt.

Fehlen andererseits in den ersten Lebensjahren emotionale Zuwendung und eine Beziehungsperson, kann dies zu nicht wiedergutzumachenden Schädigungen, insbesondere in der emotionalen und sozialen Entwicklung eines Menschen führen. In anderen Fällen machen sich sehr starke Tendenzen der aktiven Selbststeuerung bemerkbar, die es z. B. ermöglichen, gesellschaftliche Barrieren zu durchbrechen, Vorurteile abzustreifen oder neue und originelle Ziele anzustreben.

Aufgaben

1. Finden Sie Beispiele für Bereiche der Entwicklung, in denen die verschiedenen Faktoren, die die Entwicklung beeinflussen, sichtbar werden.
2. Ist Musikalität vererbbar?
3. Wodurch wird aus Ihrer Sicht die Entwicklung der Intelligenz beeinflusst?

4. Bearbeiten Sie das Arbeitsblatt zu den Wolfskindern Amala und Kamala im Arbeitsheft. Benutzen Sie dafür die Hinweise zu den Gesetzmäßigkeiten in der Entwicklung.

2.4 Entwicklungsaufgaben in verschiedenen Alterstufen

Ein afrikanisches Sprichwort sagt: *„Das Gras wächst nicht schneller, wenn man daran zieht."*

Genauso ist das bei der Entwicklung des Menschen. Man sollte die Bedingungen für eine natürliche Entwicklung des Menschen schaffen, damit er in seinem eigenen Rhythmus Entdeckungen, Erfahrungen, Experimente erleben und verarbeiten kann, und um diese auch verstehen zu können. Damit ist kein pädagogischer Pessimismus gemeint, wichtig ist vielmehr, den einzelnen Menschen genauer zu betrachten und auf ihn einzugehen.

Die Entwicklung des Menschen lässt sich in verschiedene Perioden unterteilen. Jede Entwicklungsperiode hat ihre charakteristischen Merkmale. Für Pädagogen und Eltern ist es wichtig, diese Merkmale zu kennen, um dadurch den Menschen besser verstehen, ihn in seiner Entwicklung unterstützen und eine gute und stabile Beziehung zu ihm aufbauen zu können. In der Darstellung der einzelnen Perioden geben wir nur einen Überblick über wichtige Entwicklungen. Die altersmäßige Zuordnung ist als Orientierungsrahmen zu verstehen. Entwicklung wird hier als ein lebenslanger dynamischer Prozess verstanden. Die Veränderungen beziehen sich auf den psychischen, physischen und geistigen Bereich. In jeder Entwicklungsperiode hat der Mensch unterschiedliche Aufgaben zu bewältigen.

2.4.1 Die vorgeburtliche Entwicklung

Die Entwicklung des Menschen beginnt nicht erst mit der Geburt, sondern bereits mit der Empfängnis. Mit der Verschmelzung von Samen und Eizelle werden die Erbanlagen fixiert und somit Möglichkeiten der künftigen Entwicklung ungefähr festgelegt. In der Phase von der Empfängnis bis zur Geburt laufen Prozesse des Wachsens und Reifens, aber auch schon des Lernens ab, die Voraussetzungen für eine gelungene oder schwierigere Entwicklung schaffen.

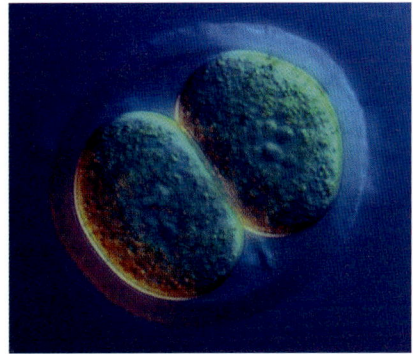

Befruchtete Eizelle, 1 Tag nach Befruchtung im Zweizellenstadium

Die Schwangerschaft dauert ca. 40 Wochen. Diese Zeit wird benötigt, damit sich aus einer Zelle ein lebensfähiger Mensch mit all seinen Organen und Gliedmaßen entwickeln kann. Die vorgeburtliche Entwicklung unterteilt sich in zwei Phasen: das Embryonalstadium (die ersten acht bis zwölf Wochen) und das Fötalstadium (ab dem dritten Schwangerschaftsmonat). Im Embryonalstadium bilden sich sehr schnell die Körperstrukturen und inneren Organe des Kindes heraus. In den ersten Wochen nach der Empfängnis beginnt die Entwicklung des Zentralen Nervensystems (ZNS). Mit der Bildung von Nervenplatte und Rückenmark wandern die sich bildenden Nervenzellen in Richtung dieser Orte. Als erstes werden das Sehzentrum und die Platzierung der Augen festgelegt, am längsten (bis zu sechs Monate nach der Geburt) vermehren sich die Nervenzellen im Kleinhirn, das besonders für die Fortbewegung von Bedeutung ist. Am Ende des Embryonalstadiums sind die Organe bereits entwickelt und nehmen ihre Funktion auf.

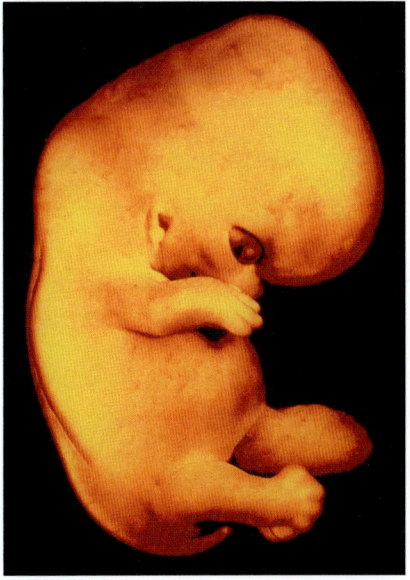

40 Tage alter Embryo

Mit dem Beginn des Fötalstadiums macht das Gehirn enorme Wachstumsschübe durch. Das Zentrale Nervensystem differenziert sich weiter aus und die Nervenzellen und ihre Verbindungen vermehren sich schnell. Schon bevor die Mutter es wahrnimmt (in der 8. bis 12. Schwangerschaftswoche), entwickelt der Fötus bereits Aktivitäten. Zunächst sind es unkoordinierte Bewegungen der gesamten Gliedmaßen, bereits ab der 8. Woche isolierte Arm-, Bein- und Rumpfbewegungen. Armbewegungen und Berührungen des Gesichts mit der Hand werden ab der 10. Schwangerschaftswoche sichtbar.

> *„Saugen und Schlucken treten ab der 12. Woche auf sowie auch Gähnen, Strecken und Räkeln. In der 17. Woche nimmt der Fötus Bewegungen der Schwangeren wahr und er reagiert motorisch auf von außen erfolgende intensive Schallreize wie Musik oder Huptöne."* (Joswig, 2006)

Die vorgeburtliche Entwicklung ist gekennzeichnet durch kritische Phasen, in denen bestimmte Einflüsse mäßig bis stark schädigende Wirkungen haben können. Neben genetischen und/oder auch gesundheitlichen Risiken spielen die psychischen Belastungen der Schwangeren und Mangelversorgung eine große Rolle bei der Entwicklung des Fötus. Genetische Risiken lassen sich aus der Plazentauntersuchung (ab der 11. Woche der Schwangerschaft) und der Fruchtwasseruntersuchung (15. Woche) feststellen. Diese Untersuchungen sollten Mütter ab dem 35. Lebensjahr generell und jüngere Frauen bei erhöhtem Risiko durchführen lassen.

Überblick über die Entwicklung der Sinnessysteme

Die folgende Tabelle zeigt die vorgeburtliche Entwicklung der Sinne im Überblick.

Welche Sinne bilden sich?	Welche Reize nimmt der Fötus wahr?	Welche Organe sind verantwortlich?	Welche Empfindungen kann der Fötus wahrnehmen?	Ab wann wird es ausgebildet?
Hautsinne	Druck, Vibration	Meissnersche Tastkörperchen	Berührung	8. SSW
	Temperaturdifferenz	Krausesche Körperchen	Wärme, Kälte	26.–40. SSW
	Intensive Reize	Freie Nervenendungen	Schmerz	26.–40. SSW
Kinestätischer und propriozeptiver Sinn	Lageveränderung, Bewegung	Vater-Pacini-Körperchen in tiefen Hautschichten	Eigenbewegung, Körperstellung, Raumlage	16. SSW
	Kopfbewegung	Spannungs-Rezeptoren in Muskel- und Sehnenspindeln, Vestibulärapparat im Innenohr		16. SSW

Welche Sinne bilden sich?	Welche Reize nimmt der Fötus wahr?	Welche Organe sind verantwortlich?	Welche Empfindungen kann der Fötus wahrnehmen?	Ab wann wird es ausgebildet?
Chemische Sinne	Chemische Substanzen in wässerigen Lösungen	Geschmacksknospen der Zunge	Geschmack	26.–40. SSW
	Chemische Substanzen in Gasform	Riechepithel im Nasendach	Geruch	26.–40. SSW
Gehör	Mechanische Vibrationen 20–20.000 Hz	Corti-Organ im Innenohr	Töne, Klänge, Geräusche	25. SSW
Gesichtssinn	Elektromagnetische Wellen 400–760 nm	Netzhaut im Auge	Licht, Farben, Muster	26.–40. SSW

(vgl. Kaufmann-Hayoz, 1989, S. 404)

Ab dem 7. Monat wird es für das werdende Kind im Uterus sehr eng, Bewegungen sind kaum mehr möglich. Es erlebt eine gewisse Art von Einschränkung, Begrenzung, Hemmung und drängt daher zur Geburt.

Aufgaben

1. Worauf sollte eine werdende Mutter in der Schwangerschaft achten?
2. Was sollte eine Mutter tun, um die Entwicklung ihres werdenden Kindes optimal zu fördern?
3. Lesen Sie im Arbeitsheft den Text „Passivrauchen bedroht die Kindergesundheit".
4. Befragen Sie Ihre Mutter, wie sie die Schwangerschaft erlebt hat.
5. Lassen Sie sich einen Mutterpass zeigen. Was wird dort festgehalten?
6. Diskutieren Sie das Thema Abtreibung. Informieren Sie sich über die Möglichkeiten einer Abtreibung.
7. Diskutieren Sie in diesem Zusammenhang Plazenta- und Fruchtwasseruntersuchungen. Welche Behinderungen lassen sich durch diese Untersuchungen feststellen?

2.4.2 Das Säuglingsalter (Geburt bis zum 2. Lebensjahr)

Entwicklungsaufgaben im Säuglingsalter

- Motorische Funktionen
- Zusammenspiel von Wahrnehmungseindrücken und motorischer Aktivität (sensumotorische Intelligenz)
- Objektpermanenz (vgl. folgenden Text)

- Aufbau von Bindungen
  - an die Bezugsperson
  - an die Familie
- Anhänglichkeit

Man spricht von einer termingerechten Geburt, wenn sie zwischen der vollendeten 37. und 42. Schwangerschaftswoche liegt. Die Durchschnittswerte für ein mitteleuropäisches Kind liegen bei einer Körperlänge von 50 – 53 cm und bei einem Gewicht von ca. 3.500 g. In anderen Kulturkreisen können die Werte davon abweichen.

Das Säuglingsalter lässt sich in zwei Phasen einteilen:
- die Neugeborenen- und die erweiterte Neugeborenenzeit (Geburt bis zu den ersten zwei bis drei Monaten) und
- die Zeit des „kompetenten Säuglings" (Alter zwischen drei bis vier Monaten und einem Jahr).

„Die Geburt verlangt vom Kind eine starke physiologische Anpassung. Es muss nun eigenständig atmen, Herz und Kreislauf regulieren, Wärmehaushalt stabilisieren, Nahrung aufnehmen und verdauen und im neuen Umfeld seine Motorik ‚einpassen'. Diese Anpassungen werden nach dem sogenannten APGAR-Index beobachtet und bewertet: Hautfärbung, Gleichmaß und Art der Atmung, Muskelspannung, Reflexauslösbarkeit und Herzschlag/Pulsfrequenz werden ein, fünf und zehn Minuten nach der Geburt nach drei Bewertungsstufen beurteilt."

(Joswig, 2006)

Aufgaben

1. Informieren Sie sich bei einem Kinderarzt, was der APGAR-Index bedeutet.
2. Lesen Sie den Text im Arbeitsheft über die Reflexe des Kindes.

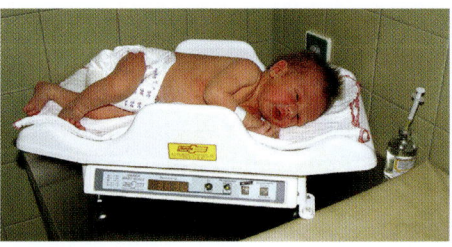

„Das Neugeborene zeigt in den ersten Lebenswochen Verhaltensweisen, die gut zu beobachten sind und die dann offenbar aus seinem Verhalten verschwinden, um entweder gar nicht mehr oder erst Wochen und Monate später in veränderter Form wieder aufzutauchen. Zu diesen gehören: das Saugen, das Suchen (bei Berührung der Wange), das frühe Greifen, die Schwimmbewegungen, das Schreiten, das Kriechen. Man kann sagen, je reifer das Gehirn, umso weniger primitive Reflexe hat das Kind.

- Schreit-Reflex (Wenn man das Kind aufstellt und hält, macht es Laufbewegungen.)
- Greif-Reflex (Eventuell vererbt von den Affen. Die Jungen mussten sich am Fell der Mutter festhalten, das war für sie lebensnotwendig.)
- Schwimm-Reflex

Diese Verhaltensweisen verschwinden zwischen dem 2. und 4. Monat. Gleichzeitig steigt das visuelle Interesse des Kindes insbesondere für das menschliche Gesicht und es beginnt die ersten Lallversuche (primäre Lallphase)."

(Joswig, 2006)

Während die anderen Sinne schon sehr differenziert ausgebildet sind, müssen sich die visuellen Fähigkeiten des Neugeborenen noch entwickeln. Das Baby sieht zunächst nur hell und dunkel. Erst nach ca. einer Woche entsteht eine schärfere Sicht von ca. 20–30 cm, d. h. alles in dieser Entfernung vor dem Auge des Kindes wird scharf gesehen. Säuglinge können noch nicht unterscheiden, ob sie ein echtes Gesicht sehen oder nur ein Bild eines Gesichts. Bereits jetzt können sie mit Bewegung von Augen und Kopf einem Reiz folgen. Mit etwa drei Monaten gelingt die aktive Loslösung von einem Reiz beim Auftauchen eines neuen Reizes. Das Baby reagiert auch auf Stimmen unterschiedlich, deshalb sprechen Erwachsene häufig mit höherer Stimme zu ihm.

Körperkontakt ist für den Säugling sehr wichtig, um seine Bezugsperson kennenzulernen und später dann wiederzuerkennen. Nimmt eine fremde Person es auf den Arm, brüllt es. Nimmt es die Bezugsperson wieder, ist es ruhig. Das erzeugt in der Bezugsperson wiederum eine starke Bindung, die für das Kind überlebenswichtig ist. Das Fremdeln taucht übrigens in jeder Kultur zwischen dem 6. und 9. Monat auf.

Die ersten drei Monate nach der Geburt dienen also zur Suche nach der Bezugsperson (häufig die Mutter), diese sorgt fürs Überleben. Wenn das Kind gemerkt hat, dass die Bezugsperson da ist und in diesem Bewusstsein ruht, orientiert es sich ab dem 3. Monat auf andere Sachen. Das Kind braucht also das Gefühl, dass jemand da ist.

In der nächsten Phase werden grundlegende Fähigkeiten ausgebildet. Es entwickelt sich die Grob- und Feinmotorik. Das Kind kann den Kopf in verschiedenen Körperpositionen aufrecht halten und es fängt an, gezielt zu greifen. Das Kind bewältigt jetzt die Entwicklungsaufgabe Greifen (Be-Greifen). Die Objektpermanenz nach Erikson ist ausgebildet. Das heißt, dass das Kind Vorstellungen von Gegenständen in der Umwelt entwickelt.

Das Kind sieht einen Gegenstand. Mal ist er da, dann ist er wieder weg. Das Kind muss lernen zu erkennen, dass der Gegenstand da ist, obwohl er gerade eben nicht da ist: „Ich weiß, der Gegenstand existiert, ohne dass ich ihn soeben lutschen, greifen oder sehen kann." Dies ist eine große kognitive Leistung. Der Entwicklungspsychologe Jean Piaget macht die Reflexausstattung dafür verantwortlich:

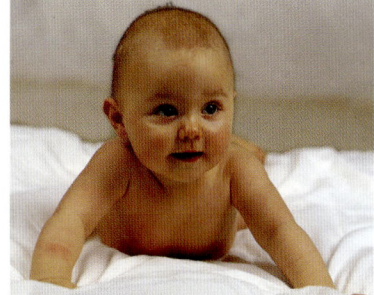

- Sehen – Augenreflex
- Hören – Ohrenreflex

Dabei gehen Reize mit Reflexen einher.

Das Baby muss begreifen, dass ein Gegenstand nur dieser eine Gegenstand ist, obwohl man ihn mit mehreren Sinneskanälen wahrnehmen kann. Er schmeckt, er ist sichtbar, er macht ein Geräusch, aber er ist immer nur ein und derselbe Gegenstand, es sind nicht drei Gegenstände.

Es gibt Wissenschaftler, die eine gegenteilig Meinung vertreten. Sie sind davon überzeugt, dass das Kind weiß: „Das ist eine Rassel", und erst später begreift das Baby, dass das Ding rot ist und auch noch Geräusche macht. Piaget dagegen redet von Inseln des

Verstandes: „Ich sehe das Ding, es ist rot und es macht immer rzrzrzrz." Erst später setzt es sich zusammen zur Begrifflichkeit: „Das ist die Rassel." Wenn man Kinder genau beobachtet, stellt man fest, dass sie im Gegensatz zum Erwachsenen nicht zielgerichtet greifen. Sie greifen nur in die ungefähre Richtung des Gegenstandes.

Es gibt einen Test, bei dem Kindern in schneller Folge Spielsachen auf den Bauch gelegt werden. Der Säugling will diese sofort in den Mund nehmen. Das zweite Spielzeug passt nicht mehr in den Mund, das erste wird ausgespuckt. Das Kind lernt dabei, dass es zwei Hände hat. Es nimmt ein Spielzeug in die eine Hand und das andere Spielzeug in die zweite Hand. Das dritte Spielzeug überfordert das Kind, das vierte und fünfte auch. Dann wirft es das erste Spielzeug weg und lernt, dass das Wort „viele" mehr als zwei bedeutet.

Nun erweitert sich der Aktionsraum des Kindes. Die Umwelt wird weiter erkundet, um ihre Gegebenheiten als Anregungen aufzugreifen. Als nächste Entwicklungsaufgabe tritt die Fortbewegung in den Vordergrund. Das Kind beginnt zu krabbeln, aber auch Fortbewegungsarten wie Rollen, Robben, Rutschen und Kriechen werden in das Verhaltensmuster übernommen. Das Kind kann sich jetzt immer mehr im Raum orientieren. Das Kind beginnt mit zehn Monaten, Gegenstände zu suchen und kann verschieden schwere Gegenstände unterscheiden. Das Kind sucht sich jetzt selber Gegenstände, um sich daran aufzurichten. Mit Hilfe kann es jetzt erste Gehversuche unternehmen. Die Bezugsperson bleibt aber noch wichtiger Ausgangs- und Rückzugspunkt für alle Aktivitäten.

Nach Erikson lernt das Kind in dieser Phase das Urvertrauen. Das Kind lernt Vertrauen zu haben in seine (Um-)Welt, auch wenn die Mutter aus seinem Blickfeld verschwindet. Urvertrauen resultiert aus Hoffnung, Misstrauen und Rückzug.

Aufgabe

Welches elterliche Verhalten fördert die Entwicklung des Kindes in dieser Lebensphase?

2.4.3   Das Kleinkind- und Vorschulalter (zweites bis fünftes Lebensjahr)

Entwicklungsaufgaben im Kleinkind- und Vorschulalter

- Entwicklung der Sprache
- Fantasieentwicklung
- Entwicklung des Spiels (vom Funktions- zum Rollenspiel)
- Verfeinerung von motorischen Funktionen und Selbstkontrolle

Als zentrale Entwicklungsaufgabe von Kindern im Vorschulalter wird das Erlernen des Umgangs mit Gleichaltrigen angesehen.

> *„Das menschliche Gehirn strukturiert sich und entwickelt seine Kompetenzen (in Bezug auf die gesamte Hirnentwicklung zwischen der Geburt und dem Erwachsenenalter) in den ersten 12 Lebensmonaten zu 50 %, bis zum Ende des dritten Lebensjahres um weitere 30 % auf 80 % und bis zum 15. Lebensjahr um weitere 15 % auf 95 %."* (Pechstein, 2003, S. 8)

Aufgaben

1. Welche Aufgaben kommen auf Eltern und Erzieherinnen aufgrund dieser Tatsache zu?
2. Entwickeln Sie einen Elternratgeber für die ersten Lebensjahre bezogen auf die Sprachentwicklung (vgl. Arbeitsheft), die motorische Entwicklung und die Denkentwicklung.

> *„Diese Entwicklungsphase umfasst das Alter von zwei bis fünf Jahren. Sie ist unterteilt in Kleinkindalter (zwei bis drei Jahre) und das Vorschulalter (vier bis fünf Jahre)."*
> (Joswig, 2006)

Die wichtigsten Faktoren dieser Phase sind das Festhalten und Loslassen. Der Psychoanalytiker Freud nennt diese Zeit die anale Phase. Der Schließmuskel des Kindes ist ausgebildet und kann vom Kind kontrolliert werden. Es erfährt Lust durch Anspannung und Entspannung. Erikson sieht hierin den Willen des Kindes, selbst zu entscheiden, ob es loslässt oder festhält. Der Wunsch nach Selbstständigkeit steht dem Willen der Eltern (z. B. Reinlichkeitserziehung) gegenüber. Wird diese Entwicklungsaufgabe vom Kind positiv gemeistert, mündet das in Stolz, Autonomie und einen festen Willen. Wird der Wunsch nach Selbstständigkeit von den Eltern unterdrückt, so kann das zu Scham und Zweifel führen. Einige Psychologen sehen hierin auch die Ursache für ein zwanghaftes Verhalten.

Um den ersten Geburtstag (zwischen zehn und fünfzehn Monaten) beginnen die Kinder mit dem Gehen und Laufen. In der körperlichen Entwicklung verlangsamt sich das Längenwachstum und es ist eine Zunahme an Muskel- und Fettmasse zu verzeichnen. Einige Autoren nennen diese Phase die „erste Fülle".

> *„Die Extremitäten (Arme und Beine) erscheinen im Verhältnis zum Rumpf recht kurz, und der Kopf ist in Beziehung zum Rumpf verhältnismäßig groß (Proportion Kopf : Körper = 1 : 5). Das Skelettsystem ist stabiler und ermöglicht eine bessere Körperbeherrschung und Fortbewegung."*
> (Joswig, 2006)

Die Entwicklungsaufgabe in dieser Phase ist das Laufenlernen.

„Die Art der Bewältigung dieser Aufgabe kann das weitere Leben des Kindes, wie die kognitive Entwicklung (Denken und Sprache), die soziale, motivationale und die Spielentwicklung wesentlich beeinflussen."

(Joswig, 2006)

Bewegung ermöglicht dem Kind erst eine …

Die Denkentwicklung erreicht nach Piaget (2003) enorme Fortschritte. Das Kind lernt in dieser Phase überwiegend durch Beobachtung (anschaulich-handelndes Denken zu Beginn des zweiten Lebensjahres): Was passiert wenn ich den Luftballon loslasse? In der nächsten Phase nimmt die Fantasie der Kinder zu und es finden sogenannte „Als-ob"-Spiele statt (bildhaft-anschauliches Denken am Ende des zweiten Lebensjahres): Der Stuhl ist dann ein Pferd oder der Topfdeckel ein Lenkrad. In der weiteren Denkentwicklung lernt das Kind urteilendes und vorausschauendes Denken (im vierten Lebensjahr): Wenn heute Sonntag ist, ist überall Sonntag. Vieles bleibt dabei aber noch eindimensional.

Noch bevor die ersten Worte gesprochen werden, ist die Sprachentwicklung bereits in vollem Gange. Die Kinder verstehen zunächst deutlich mehr, als sie selbst sprechen können.

Mit dem ersten Geburtstag werden oft die ersten Wörter gebildet. Das Kind spricht in Einwortsätzen, wobei ein Wort oft für eine gesamte Situation steht. „Auto" bezeichnet nicht nur ein bestimmtes Auto, sondern rote, grüne und gelbe Autos. Auch die Fahrt mit dem Auto wird so bezeichnet.

Im Laufe des zweiten Lebensjahrs steigt der Wortschatz deutlich an. Es können nun Mehrwortsätze gebildet werden. Das Kind benutzt Bezeichnungen, die es kennt, und erfragt neue. „Is das?" Das erste Fragealter zeigt das rege Interesse des Kindes an seiner Umwelt.

Im dritten Lebensjahr werden Wörter nicht mehr nur situationsgebunden verwendet, sondern mit der Bedeutung, in der sie Erwachsene gebrauchen. Der Wortschatz erweitert sich, das Kind lernt zu unterscheiden, Zusammenhänge herzustellen und seine Welt zu ordnen. Da werden natürlich auch die Geschlechtsorgane mit einbezogen. Kinder beginnen nun bewusst ihre Geschlechtsorgane zu untersuchen und zu stimulieren, und erkennen, dass sie ein Mädchen oder ein Junge sind.

Im Alter zwischen vier und fünf Jahren beginnen Kinder sich für den Unterschied zwischen Mädchen und Junge, Mann und Frau zu interessieren.

Sie stellen Fragen danach, woher sie kommen bzw. wie sie auf die Welt gekommen sind. Das Interesse an Sexualität wächst stark, die ersten Doktorspiele können nun Thema werden. Hierbei beschäftigen sich die Kinder über das spielerische Miteinander mit dem Körper eines anderen Kindes. Sie lernen ihn kennen und erleben, dass andere Kinder so aussehen wie sie selbst. Sie erkennen, dass es neben dem eigenen Geschlecht ein zweites gibt, das seine eigenen Besonderheiten hat und anders aussieht als das eigene.

2.4.4   Das Grundschulkind (sechstes bis neuntes Lebensjahr)

Entwicklungsaufgaben im Grundschulkindalter

- Gedanklicher Umgang mit konkreten Objekten
- Vorstellungen von Richtig und Falsch entwickeln (einfache moralische Kategorien entwickeln)
- Spiel in Gruppen

Das Kind hat nach dieser Phase die Schulfähigkeit erworben. Es sollte nun die Anforderungen, die die Schule an Kinder stellt, erfüllen können. Hier geht es z. B. um Gruppenfähigkeit oder um die Aufnahme von Lerninhalten. Natürlich arbeitet auch die Schule weiter an der Entwicklung der Schulfähigkeit und der Gesamtentwicklung des Kindes. Es gibt in der Literatur unterschiedliche Auffassungen über das ideale Eintrittsalter der Kinder in die Schule. Heute ist

schulische Förderung mehr als reine Wissensvermittlung, es findet in der Entwicklung eine grundsätzliche kognitive Umstrukturierung statt, indem Wissen und Umwelterfahrungen neu geordnet werden. Die bisher in der Kindheit erworbenen Fähigkeiten und Fertigkeiten werden jetzt in eine wissenschaftliche Logik eingeordnet. Allerdings entwickelt sich die Schulwirklichkeit weiter weg von der reinen Wissensvermittlung, hin zu einer Lösung von komplexen Fragestellungen.

Der Erwerb der Schriftsprache hat aber weiterhin in der Grundschule eine große Bedeutung. Begriffe und Merkmale werden immer stärker miteinander in Verbindung gebracht.

> *„Während im Kleinkind- und Vorschulalter noch Zweck und Verwendung der Objekte ausschlaggebend für deren Bestimmung waren, geht diese jetzt vonstatten auf der Grundlage wahrgenommener, zunächst zufälliger, dann aber immer mehr ausgewählter, verallgemeinerter, für das Objekt wesentlicher Merkmale. Zum Ende der Grundschulzeit erfolgt dann bereits eine Einordnung von Begriffen in Kategorien."*
>
> *(Joswig, 2006)*

Piaget nennt dies die Phase der konkreten Denkoperationen. Die Kinder nehmen in dieser Phase viel differenzierter wahr. Menge, Zahl, Länge, Fläche und Volumen sind Begriffe mit denen sich das Kind auseinandersetzen und die es speichern kann. Das Wissen der Kinder wird nicht nur umfangreicher, sondern auch geordneter.

Durch die neue Rolle als Schüler, die das Kind jetzt übernimmt, steigt die Motivation, Lerninhalte aufzunehmen. Bezüglich der Entwicklung der Lernmotivation des Grundschulkindes ist festzustellen, dass mit Eintritt in die Schule bis zur Mitte der zweiten Klasse emotional anregendes Lernmaterial besonders zum Lernen motiviert. Zunehmend wird auch der Erwerb von Leistungs- und sozialer Kompetenz in der Schulklasse wichtig als Motivation für Lernengagement. Die Schüler sind jetzt in der Lage, kleine Texte selbstständig zu lesen und sich die Welt über Wörter zu erschließen.

> *„Diese Trends lassen sich auch mit der Entwicklung des sozialen Verhaltens in Verbindung bringen. Zunächst erfolgt in der ersten Klasse eine Einordnung der Schüler in Gruppen von außen. Zunehmend an Bedeutung gewinnt dann die Selbstorganisation von Kindergruppen, wobei für die Gruppenzugehörigkeit und die Stellung in der Gruppe solche Kriterien wie Schulleistungen, materieller Besitz und auch Äußerlichkeiten der Sozialpartner eine Rolle spielen."*
>
> *(Joswig, 2006)*

Die Meinung der Gruppe und die Einordnung der eigenen Leistungsfähigkeit fördern die Herausbildung des Selbstbewusstseins. Dieses Alter hat daher eine enorme Bedeutung für die Selbstbewertung und somit für die Entwicklung des Selbstkonzeptes der Persönlichkeit. In der Zeit zwischen dem Schuleintritt und dem 9. Lebensjahr setzt sich die sexuelle Entwicklung etwas zur Ruhe: Schamgefühle erwachen und die Kinder beginnen sich von den Eltern abzugrenzen und weisen öfter körperliche Zärtlichkeiten und Nähe zurück. Gleichzeitig werden sie in ihrem zwischenmenschlichen Leben selbstständiger.

Sie sind nun gerne in kleinen Grüppchen zusammen, wobei zu bemerken ist, dass Jungen größere Gruppierungen bevorzugen. Die Jungen- und Mädchengruppen treten in diesem Alter im Rahmen von spielerischen Neckereien in Kontakt. Obwohl man das andere Geschlecht „doof" findet, sind diese Spielereien doch sehr aufregend und bezwecken die Auseinandersetzung mit und den Ausbau von gegengeschlechtlichen Beziehungen.

2.4.5 Die späte Kindheit (neuntes bis zwölftes Lebensjahr)

Entwicklungsaufgaben in der späten Kindheit

- Kooperatives Verhalten mit Gleichaltrigen
- Aufbau von Selbstbewusstsein
- Erwerb von Kulturtechniken
- Verstärktes Spielen und Arbeiten in Gruppen (Teamgeist entwickeln)

Nach dem bürgerlichen Gesetzbuch beginnt das Jugendalter mit dem 14. Lebensjahr. Aus psychologischer Sicht erweist sich die hier getroffene Einteilung als sinnvoll, wenn die Entwicklung der Persönlichkeitsmerkmale zugrunde gelegt wird. Die Neun- bis Zwölfjährigen befinden sich im mittleren Schulalter.

> „In ihrer körperlichen Entwicklung vollzieht sich allmählich der Übergang von der sogenannten ‚zweiten Fülle' (einer Wachstumsphase, in der der Körper mit Muskel- und Fettmasse gewissermaßen ‚angefüllt' wird) zur 2. Streckung, auch 2. Gestaltwandel genannt, in welchem ein Körperwachstum ‚in die Länge' dominiert."   *(Joswig, 2006).*

In der kognitiven Entwicklung vollzieht sich ebenfalls ein Übergang vom konkreten Denken zum theoretischen Denken. Im Rahmen der Denkentwicklung spielt die konkrete Anschauungsgrundlage eine immer geringere Rolle. Grundlegende Fertigkeiten wie Lesen, Schreiben und Rechnen sowie notwendige Konzepte und Denkschemata für das Alltagsleben sind ausgebildet.

Aufgrund der Fächereinteilung in der Schule bilden sich jetzt Interessen und Vorlieben, aber auch Abneigungen gegen bestimmte schulische Bereiche heraus.

> „Es hat sich bezüglich schulischer Anforderungen und deren Bewältigungsfähigkeiten ein individuelles Anspruchsniveau entwickelt, d. h. die Kinder können jetzt schon recht gut einschätzen, was sie an Anforderungen und wie sie diese bewältigen können. Ihr Fähigkeitskonzept ist schon relativ stabil ausgebildet. In der sozialen Entwicklung beginnt der Prozess der Ablösung vom Elternhaus. Es gewinnen Freizeitgruppen mit Gleichaltrigen an Bedeutung. Anfangs sind die Geschlechter dabei noch relativ getrennt, wobei diese Trennung zunehmend aufgehoben wird. Die Kinder erlernen ein angemessenes männliches bzw. weibliches soziales Rollenverhalten. Sie entwickeln Einstellungen zu sozialen Gruppen und Institutionen und erwerben moralische Wertestandards."   *(Joswig, 2006)*

Beim Übergang von der Kindheit in das Jugendalter gibt es sowohl starke Entwicklungsunterschiede zwischen den einzelnen Kinder bzw. Jugendlichen als auch Konflikte innerhalb der eigenen Persönlichkeit. Diesen Übergang kann man als „fließenden Prozess" bezeichnen.

1. Wie kann Schule in dieser Phase die Kinder unterstützen und fördern?
2. Wie muss die offene Ganztagsschule organisiert sein, um Kinder in dieser Phase angemessen zu fördern?

2.4.6 Das Jugendalter (zwölftes bis 21. Lebensjahr)

Entwicklungsaufgaben im Jugendalter

- Körperliche Reifung
- Ausbildung einer eigenen Persönlichkeit
- Identität in der Geschlechterrolle
- Auseinandersetzung mit Normen und Werten der Gesellschaft
- Entwicklung eines eigenen Normen- und Wertesystems
- Erlernen von sozialen und psychischen Fertigkeiten
- Teilhabe an der Erwachsenenwelt
- Experimentieren mit verschiedenen Lebensstilen
- Entwickeln eines eigenen Lebensentwurfs
- Ablösung vom Elternhaus
- Beginn einer Partnerschaft
- Erste sexuelle Erfahrungen
- Erwerb von schulischen Qualifikationen
- Übergang in eine Berufstätigkeit
- Entwicklung von persönlicher Autonomie und Unabhängigkeit
- Integration in eine Gruppe
- Freundschaft mit Gleichaltrigen

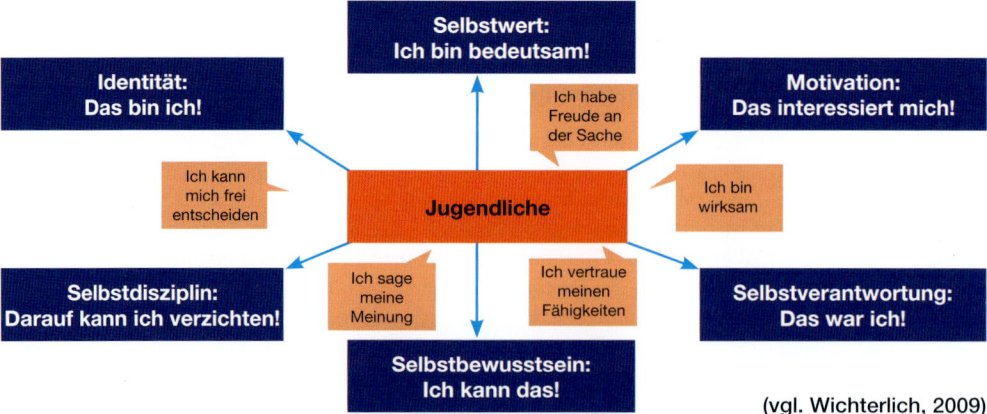

(vgl. Wichterlich, 2009)

Ungefähr mit dem 11. Lebensjahr setzt die Pubertät ein und der Körper beginnt sich durch die vermehrt ausgeschütteten Geschlechtshormone rasant zu verändern. Mädchen werden mit der ersten Regelblutung zwischen 11 und 16 Jahren geschlechtsreif, Jungen erleben erstmals zwischen 11 und 12 Jahren ihren ersten Samenerguss. Die kindliche, auf sich selbst bezogene Sexualität wendet sich nun langsam einem Partner zu. Sexuelle Fantasien entwickeln sich und beginnen eine Rolle zu spielen. Fast alle Jugendlichen machen ihre ersten Erfahrungen mit Selbstbefriedigung. Ebenso kommt es zu ersten sexuellen Kontakten.

Aufgrund hormoneller Veränderungen leiden die Jugendlichen stark unter Stimmungsschwankungen und innerer Zerrissenheit. Dazu fällt es ihnen oft schwer, ihr verändertes Äußeres anzunehmen. In dieser schwierigen Zeit sollten Eltern versuchen, ihren Kindern zur Seite zu stehen und sich ihren Fragen und Ängsten zu öffnen.

Häufig fühlen sich Pubertierende von ihrer Umwelt, im Besonderen von ihren Eltern, missverstanden. Oft schwanken sie dabei zwischen tiefsten Depressionen und höchsten Glückseligkeitsanfällen, deren Ursache meistens hormonell bedingt sind.

Die körperliche Entwicklung hat größte Auswirkungen. Die Mädchen hören früher auf zu wachsen als die Jungen, daher sind Frauen zum Teil kleiner als Männer. Letzter Wachstumsschub bei

- Mädchen: 12.–13. Lebensjahr,
- Jungen: 14.–15. Lebensjahr.

Während der Adoleszenz stehen die körperliche und soziale Reifung, verbunden mit psychischen Veränderungen, im Vordergrund der Entwicklung. Neben der Phase des Experimentierens, der Neugierde, der Erprobung und der Auflehnung geht es jetzt darum, den Schritt aus der Kindheit hin zu einer eigenständigen Position in der Welt der Erwachsenen zu finden. Es kommt zu einer schrittweisen Ablösung vom Elternhaus und zu ersten sexuellen Erfahrungen und Beziehungen.

Die Adoleszenz erstreckt sich insgesamt über einen größeren Zeitraum der Entwicklung (ca. 10 Jahre), in welchen sowohl qualitativ als auch quantitativ sehr heterogene Entwicklungsprozesse ablaufen. Zu deren differenzierter Betrachtung werden nach Steinberg (1993) drei Phasen mit jeweils zugeordneten Altersbereichen unterschieden:

- frühe Adoleszenz zwischen 11 und 14 Jahren,
- mittlere Adoleszenz zwischen 15 und 17 Jahren und
- späte Adoleszenz zwischen 18 und 21 Jahren.

Es wird davon ausgegangen, dass in dieser Alterszeitspanne folgende Entwicklungsaufgaben vom Heranwachsenden zu lösen sind:

- der Aufbau eines Freundeskreises,
- die Akzeptanz der körperlichen Veränderungen und des eigenen Aussehens,
- die Aufnahme enger/intimer Beziehungen,
- die Ablösung vom Elternhaus,
- die Orientierung auf Ausbildung und Beruf,
- die Entwicklung von Vorstellungen bezüglich Partnerschaft und Familie,
- die Gewinnung von Klarheit über sich selbst,
- die Entwicklung einer eigenen Weltanschauung und
- die Entwicklung einer Zukunftsperspektive (vgl. Dreher/Dreher, 1997, S. 37).

Neben biologischen Prozessen und Persönlichkeitsentwicklung zählt die Veränderung kognitiver Fähigkeiten zu den gravierendsten Übergängen in der Entwicklung des Jugendlichen. Vornehmlich beziehen sich diese auf die unmittelbare Erweiterung der Denkoperationen. Das Denken in Möglichkeiten mit Bildung von Hypothesen entsteht. Die Fähigkeit zur Abstraktion wird umfassender, indem Abstraktionen in unterschiedlichen Bedeutungszusammenhängen übertragen werden. Der Jugendliche ist nun in der Lage, seine eigenen Gedanken zu reflektieren. Damit geht gleichzeitig eine Verbesserung der Informationsaufnahme- und -verarbeitungsqualität einher.

Neben Berufsentscheidungen wollen Jugendliche in verschiedenen Bereichen eine gewisse Autonomie erfahren und erproben. Sie brauchen dennoch einen Schutzraum, in dem sie nicht die volle Verantwortung für ihr Tun übernehmen müssen.

Geleitet werden die Jugendlichen von einem Erfahrungshunger, starker Neugierde und Kritikbereitschaft. Es folgt die Abwendung von den Werten der Herkunftsfamilie hin zu den Werten der Jugend-Gruppe, der sogenannten „peer-group". In der Pubertät kann das Interesse an Sekten, Okkultismus, politisch extremen Gruppierungen etc. ansteigen, getrieben von der Neugierde, dem Wunsch, die Welt zu verbessern, der Sehnsucht nach mystischen Erlebnissen, der Fluchtmöglichkeit vor Anforderungen und Problemen.

Neben dem Suchverhalten spielt das Thema Gewalt und Kriminalität in dieser Phase eine herausgehobene Bedeutung. Im Kindes- und Jugendalter tritt Gewalt sowohl im sozialen Nahraum (z. B. in Familien, in der Verwandtschaft und in der Nachbarschaft) als auch im öffentlichen und halböffentlichen Raum (z. B. in Kindergärten, Schulen, Jugendfreizeiteinrichtungen, Straßen, Sportstätten u. a.) auf. Dabei zeigt sich, dass Kinder und Jugendliche im sozialen Nahraum meist Opfer von Gewalt und Erwachsene Täter von Gewalttaten sind, im öffentlichen Raum dagegen treten Kinder und Jugendliche sowohl als Opfer als auch als Täter in Erscheinung.

Die Kriminalität von Personen, die sich noch in der Entwicklung befinden, ist in zweifacher Hinsicht für die Gesellschaft bedeutend: Da insbesondere Jugendliche dem Einfluss der Umwelt sehr stark ausgesetzt sind, lässt die Jugendkriminalität immer Rückschlüsse auf jene Einflüsse zu, die auf den Jugendlichen einwirken.

Die erhöhte Risikobereitschaft ist Ausdruck des typischen Omnipotenzgefühls dieser Altersgruppe. Als Folge von versteckter Aggression oder Depression wird irrationaler Mut zum Risiko praktiziert: Keine Nutzung von Anschnallgurten im Auto oder kein Tragen von Helmen, Mitfahren mit einem alkoholisierten Fahrer, selbst alkoholisiert ein Fahrzeug lenken, gewalttätige Auseinandersetzungen, Mitführen einer Waffe, Alkohol-, Tabak- und Drogenkonsum, ungeschützter Geschlechtsverkehr.

Wenn man die Phase der Jugendlichen betrachtet, so stellt man zum einen fest, dass der Einfluss der Erwachsenen auf die Entwicklung gering ist, sie aber dennoch eine Vorbildfunktion ausüben, die nicht zu unterschätzen ist. Die in dieser Phase vermittelten Werte und Normen bestimmen den Menschen auch im Erwachsenenalter. Manche Lebenswege zeichnen sich hier bereits ab.

Aufgaben

1. Entwickeln Sie ein Gesellschaftspiel rund um die Pubertät (es sollte hierin um Wissensfragen, aber auch um eigene Erfahrungen gehen; die Zielgruppe des Spiels sind Jugendliche).
2. Suchen Sie aus Jugendzeitschriften Fragen, die Jugendliche beschäftigen.
3. Drehen Sie ein Video zum Thema: „Ein Tag im Leben von Thomas oder Susanne, 15 Jahre."
4. Suchen Sie eine Statistik über die Häufigkeit und die Art von Straftaten bei Jugendlichen.
5. Begründen Sie, wann Jugendliche für ihre Taten voll verantwortlich sein sollten.
6. Erarbeiten Sie eine Pro- und Contradiskussion zum Thema: „Ist ein Raucherverbot an Schulen für Jugendliche sinnvoll?"

2.4.7   Das Erwachsenenalter

Entwicklungsaufgaben im Erwachsenenalter

- Heirat eines Partners
- Führung eines eigenen Haushaltes
- Geburt oder Adoption von Kindern
- Erziehung von Kindern
- Festigung der beruflichen Position
- Aufbau einer beruflichen Karriere
- Finden eines eigenen Lebensstils

Soziale und gesellschaftliche Normen dienen Jugendlichen und Erwachsenen als Orientierungshilfe. Voraussetzung für das Erreichen dieses Stadiums der Moralentwicklung ist die Fähigkeit zu einer erweiterten Perspektivenübernahme. Ein kritisches Hinterfragen bestehender Regeln und Gesetzmäßigkeiten findet immer mehr statt. Im Erwachsenenalter kommt es zur rationalen Überprüfung allgemein vorgeschriebener Regeln unter Abwägung der Interessen des Einzelnen gegenüber denen der Allgemeinheit. Es besteht Einsicht in die Veränderbarkeit gesellschaftlicher Normen. Ethische Grundanschauungen finden als oberste Gebote Berücksichtigung.

Die Stufen der Moralentwicklung sind für Männer und Frauen gleich, sie sind allerdings abhängig vom Kulturkreis.

Die Aufgaben, die der Erwachsene nach Erikson zu bewältigen hat, wurden schon im Kapitel 2.3, S. 54 f. beschrieben.

Verallgemeinernd lässt sich feststellen, dass in dieser Phase die Übernahme von Verantwortung im Vordergrund steht. Dies gilt für alle Bereiche des Lebens. Die Entscheidungen, die man in dieser Phase trifft, sind oft sehr weitreichend und begleiten einen das ganze Leben. Partnerwahl, Familiengründung und Berufswahl sind hier nur einige Punkte. Neben dieser Übernahme von Verantwortung im persönlichen Umfeld muss man jetzt auch Verantwortung als Teil der Gesellschaft wahrnehmen, indem man sich sozial engagiert, sich politisch bildet und zumindest als Wahlberechtigter Einfluss auf die Politik nimmt. Häufig gelingt aber die Erfüllung der oben genannten Aufgaben in dieser Phase nicht. In der heutigen globalen und individualisierten Welt gibt es eine Vielzahl von unterschiedlichen sozialen Erwartungen. Sie ergeben für die Betroffenen keine klaren Vorstellungen vom Lebensweg, sondern ein Bündel von Möglichkeiten. Die Navigation in dieser Welt fällt dadurch immer schwerer. Die Lebensgeschichte der Vorfahren entwickelte sich noch unter ganz anderen Bedingungen. Hierzu sei z. B. an die Unterschiede auf dem Arbeitsmarkt erinnert.

2.4.8 Das höhere Lebensalter

Entwicklungsaufgaben im höheren Lebensalter

- Energie auf neue Rollen lenken
- Akzeptieren des eigenen Lebens
- Haltung zu Tod und Krankheit entwickeln
- Übernahme verstärkter sozialer Verantwortung
- Weitergabe vom eigenen Lebensstil und eigenen Normen und Werten

Ob man im höheren Lebensalter noch von Entwicklung sprechen kann, ist abhängig von der Definition des Begriffes. Aufgrund der im Kapitel 2.3 festgelegten Definition gehört dieser Bereich auch zur Entwicklung. Im Lernfeld 3 (Menschen mit alters- und/oder krankheitsbedingten Beeinträchtigungen) wird dieser Lebensabschnitt ausführlich behandelt. Hier geht es nur um einige gedankliche Anregungen, die das Thema Entwicklung abrunden.

Im Alter kommt es in der Regel zu einem Nachlassen der Seh- und Hörfähigkeit. Beklagt werden häufig auch ein schlechteres Gedächtnis und eine mangelnde Konzentrationsfähigkeit. Oft werden geringere Gedächtnisleistungen durch geistige Defizite erklärt, die sich mit dem Alter entwickeln (sogenannte Fähigkeitshypothese). Die „Verarbeitungshypothese" geht von einer sich im Alter entwickelnden, ineffektiven Art der Informationsverarbeitung aus.

Welche der beiden Hypothesen ist wahr? Die großen Erfolge von Gedächtnistrainings und anderen Maßnahmen zum Training kognitiver Fähigkeiten sprechen für die „Verarbeitungshypothese". Wer seinen Geist immer wieder fordert, kann so bis ins hohe Alter fit bleiben – zumindest solange keine organischen Schädigungen des Gehirns vorliegen.

Das Lebensalter der Menschen erhöht sich. Die Lebensqualität ist dabei oft sehr unterschiedlich.

2.5   Probleme in der Lösung von Entwicklungsaufgaben

Es gibt in jeder Entwicklungsphase eine Fülle von „Entwicklungsverzögerungen", aber auch „Entwicklungsstörungen" können im ungünstigsten Fall bis zu einer Behinderung führen. Der Begriff „Entwicklungsstörungen" ist sehr allgemein. Im weitesten Sinne sind hierunter alle wesentlichen Abweichungen vom Entwicklungsverlauf eines gesunden Kindes gemeint, also z.B. in der motorischen, sprachlichen, geistigen oder seelischen Entwicklung. Eine wesentliches Ziel von Vorsorgeuntersuchungen ist es, diese Abweichungen zu diagnostizieren und aus der Feststellung der Entwicklungsstörung verschiedene Empfehlungen für das weitere Vorgehen zu erarbeiten. Diese Empfehlungen sollten mit den Eltern in jedem Einzelfall individuell ausführlich besprochen werden und mit Unterstützung der entsprechenden Fachleute umgesetzt werden.

Neben Entwicklungsstörungen gibt es auch weit verbreitete Teilleistungsschwächen, die insbesondere Auswirkungen auf die schulische Leistungsfähigkeit haben. Exemplarisch seien hier einige angesprochen: z.B. Legasthenie[1] oder Dyskalkulie[2]. Auch andere solche beobachtbaren Teilleistungsschwächen wären abgrenzbar, z.B. ausgeprägte Unmusikalität oder Unsportlichkeit. Da Letztere aber für die schulische Entwicklung der Kinder weniger im Vordergrund stehen, haben sich hier keine eigenen Begriffe ausgebildet.

---

[1] Lese- und Rechtschreibschwäche
[2] Rechenschwäche

1. Erkundigen Sie sich über Vorsorgeuntersuchungen bei Kindern.
   a. Wie viele Vorsorgeuntersuchungen gibt es?
   b. Wer führt diese Vorsorgeuntersuchungen durch?
   c. Was wird dort untersucht?

2. Beschreiben Sie einige Teilleistungsschwächen nach folgendem Aufbau:
   a. Ursache
   b. Erkennungsmöglichkeiten
   c. Ausprägungen und Formen
   d. Förder- und Therapieangebote

In manchen Fällen ist aber auch außerschulische Hilfe erforderlich. Es können sehr ausgeprägte Wahrnehmungsstörungen bestehen, die es für die Kinder schwer machen, von einer Förderung zu profitieren. In den folgenden Punkten sollen einige Störungen beschrieben werden.

2.5.1 Hospitalismus und Verwahrlosung

> **Definition**
>
> Unter Hospitalismus versteht man die Gesamtheit aller körperlichen und seelischen Schäden sowie Mängel, die im Zusammenhang mit der Unterbringung eines Individuums in einem Krankenhaus oder einem Heim (Kinderheim, Altenheim) und der damit verbundenen Kontaktarmut entstehen können.

Für Säuglinge und Kleinkinder ist eine Bezugsperson sehr wichtig. Bei Liebesentzug können Entwicklungsstörungen wie z. B. Hospitalismus entstehen. Hospitalisierte Kinder brauchen mehr Aufmerksamkeit. Durch Schreien oder Lächeln erlangt das Kind Kontakt mit seiner Bezugperson. Dieses Zugehörigkeitsgefühl ist eine sichere Gefühlsgrundlage für die spätere Entwicklung des Kindes. Für einige Autoren gilt es als erwiesen, dass eine Störung dieser frühen Bindung an eine Bezugsperson dazu führt, dass die Person Beziehungsschwierigkeiten bekommt.

Rene A. Spitz (1887–1974) untersuchte die Wichtigkeit der mütterlichen Zuwendung. Mehrere Kinder wurden in Waisenhäusern und auf einer Säuglingsstation eines Frauengefängnisses in den USA aufgezogen. Die Kinder wurden ärztlich gut versorgt, doch die mütterliche Zuwendung war ungenügend oder fehlte vollkommen. Dabei entstanden zwei Arten von Entwicklungsstörungen:
1. die anaklitische Depression und
2. der Hospitalismus.

Im ersten Monat der Untersuchung von Rene A. Spitz wurden die Kinder weinerlich und versuchten, sich an den Beobachter zu klammern. Im zweiten Monat schrien sie und es kam zu Gewichtsverlusten, im dritten Monat brachen die Kinder den Kontakt ab und sie lagen fast den ganzen Tag lang im Bett. Diese Testuntersuchungen von Spitz haben ergeben, dass Kinder, die ohne entsprechende (mütterliche) Zuwendung aufwachsen, in ihrer Entwicklung zurückbleiben. Nach zwei Jahren ist der Entwicklungsrückstand kaum aufzuholen.

Mit dem psychischen Hospitalismus verwandt ist die Verwahrlosung von Kindern und Jugendlichen: sie werden sich selbst überlassen. Früher wurde Hospitalismus daher auch als Frühverwahrlosung bezeichnet.

Ähnliche Erscheinungen kommen auch bei Erwachsenen in Krankenhäusern und Einrichtungen der Altenhilfe vor, wenn sie emotionslos betreut werden und nur geringen Kontakt zur Außenwelt haben.

Symptome und Beschwerden:
- erhöhte Sterblichkeitsrate,
- körperliche Mangelerscheinungen (z. B. geringes Körperwachstum durch mangelhafte Ernährung),
- erhöhte Krankheitsanfälligkeit und vermehrtes Auftreten von Infektionskrankheiten,
- ungepflegtes Äußeres, verschmutzte und zerlumpte Kleidung bei körperlicher Vernachlässigung bzw. Verwahrlosung,
- intellektuelle und emotionale Rückständigkeit, die das Ausmaß einer geistigen Behinderung annehmen kann,
- motorische Verlangsamung, ungenügende Reaktionsfähigkeit,
- Störungen der Wahrnehmung,
- Kontaktstörungen, die autistischen Symptomen gleichen, Aggressivität und Reizbarkeit,
- passive Grundstimmung und Gleichgültigkeit,
- Angstzustände, ängstlich-vermeidendes Verhalten,
- motorisch gleiche Bewegungsabläufe (Stereotypien),
- motorische Unruhe,
- Störungen der Konzentration und der Aufmerksamkeit,
- Lernschwierigkeiten,
- Leistungsschwäche, mangelnder Leistungswille,
- Störungen des Appetits (verminderte oder gesteigerte Esslust, bei starker Vernachlässigung völlige Nahrungsverweigerung bis zur Entkräftung),
- Weinerlichkeit bis hin zur Depression oder Selbsttötungsabsicht,
- geringes Selbstwertgefühl (besonders bei Mädchen),
- mangelhaftes Gefühl von Geborgenheit und wenig Urvertrauen,
- Verantwortungslosigkeit gegenüber sich selbst und den Mitmenschen,
- mangelnde Kritikfähigkeit, gesteigerte Empfindlichkeit gegenüber Frustration und Kränkungen,
- selbstverletzendes Verhalten mit Messern, Nadeln, Scheren, brennenden Zigaretten, Verschlucken von Nadeln oder giftigen Stoffen (vorzugsweise bei Mädchen),
- mangelnde soziale Integration,

- geringe Frustrationstoleranz,
- Selbstverletzung durch z. B. Anschlagen mit dem Kopf an die Wand,
- erworbene Fähigkeiten gehen wieder verloren, ein Zurückgreifen auf frühere Verhaltensweisen, dies häufig bei Menschen in Altersheimen oder Krankenhäusern.

2.5.2 Hypermotorik ADHS

„Ob der Philipp heute still
Wohl bei Tische sitzen will?"
Also sprach in ernstem Ton
Der Papa zu seinem Sohn,
Und die Mutter blickte stumm
Auf dem ganzen Tisch herum.

Doch der Philipp hörte nicht,
Was zu ihm der Vater spricht.
Er gaukelt
Und schaukelt,
Er trappelt
Und zappelt
Auf dem Stuhle hin und her.
„Philipp, das mißfällt mir sehr!"

Seht, ihr lieben Kinder, seht,
Wie's dem Philipp weiter geht!
Oben steht es auf dem Bild.
Seht! Er schaukelt gar zu wild,
Bis der Stuhl nach hinten fällt;
Da ist nichts mehr, was ihn hält;
Nach dem Tischtuch greift er, schreit.
Doch was hilfts? Zu gleicher Zeit
Fallen Teller, Flasch' und Brot.
Vater ist in großer Not,

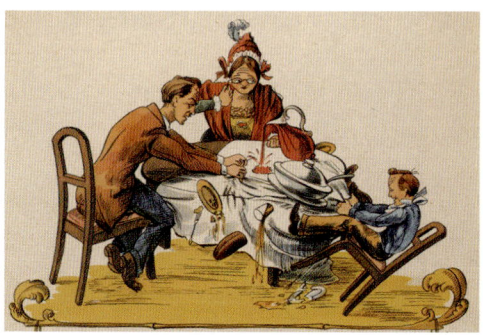

Und die Mutter blicket stumm
Auf dem ganzen Tisch herum.

Nun ist der Philipp ganz versteckt,
und der Tisch ist abgedeckt,
Was der Vater essen wollt',
Unten auf der Erde rollt;
Suppe, Brot und alle Bissen,
Alles ist herabgerissen;
Suppenschüssel ist entzwei,
Und die Eltern stehn dabei.
Beide sind gar zornig sehr,
Haben nichts zu essen mehr."

(Hoffmann, 1845, S. 18–20)

Aufgaben

1. Welche Verhaltensweisen zeigt der Zappelphilipp?
2. Wie würde man die Störungen von Philipp heute benennen?
3. Wie hat man damals auf solche Kinder reagiert?
4. Wie reagiert man heute auf diese Störungen?

ADS (Aufmerksamkeits-Defizit-Syndrom) ist eine Wahrnehmungsstörung. Unterhalb des Oberbegriffes der Wahrnehmungsstörungen gibt es weitere Begriffe und Termini, die jeweils einen Aspekt hervorheben oder zeitweilig besonders häufig verwendet wurden.

Einige Beispiele:

ADS: Aufmerksamkeits-Defizit-Syndrom (int.: ADD, Attention Deficit Disorder), ist derzeit die gebräuchlichste Bezeichnung in Angleichung an internationale Standards.
ADS ist „eine Störung mit neurobiologischen Besonderheiten in den Informations-Verarbeitungs-Prozessen unseres Gehirns. Diese Störung lässt sich beschreiben durch leichte Ablenkbarkeit, Unaufmerksamkeit, niedrige Toleranz für Frustrationen, Impulsivität, Aktivitätsüberschuss oder Verträumt sein. Motorische Unruhe kann, muss aber nicht gleichzeitig mit auftreten" (Aust-Claus, Hammer, 1999, S. 18).

ADHS: Aufmerksamkeitsdefizit-/Hyperaktivitätsstörung, meint das Gleiche.

HKS: Hyperkinetisches Syndrom, Betonung des Aspekts der Überaktivität, Übererregbarkeit und motorischen Unruhe.

MCD: Minimale cerebrale Dysfunktion, war früher die gebräuchlichste Bezeichnung für die Vielzahl der möglichen Störungen.

Die Definition der Begriffe ist abhängig vom Blickwinkel und vom theoretischen Hintergrund, von dem aus man die Störungen betrachtet. Auch findet eine ständige Weiterentwicklung der medizinischen und pädagogischen Erkenntnisse statt. Das Verhalten der betroffenen Kinder hat sich dagegen seit den Zeiten des „Zappelphilipps" und des „Hansguck-in-die-Luft" nicht verändert.

Eine aktuelle Definition lautet:

Definition

„Von einer *Aufmerksamkeits-Defizit-Störung (ADS)* spricht man, wenn ein Kind länger als sechs Monate sowohl im Kindergarten, in der Schule (Gruppensituationen) als auch zu Hause durch ausgeprägt unaufmerksames und impulsives Verhalten aufgefallen ist. Kommen motorische Unruhe und übermäßiger Bewegungsdrang (Hyperaktivität) hinzu, dann spricht man von einer ADHS *(Aufmerksamkeits-Defizit-Hyperaktivitäts-Störung).* Unaufmerksamkeit, Impulsivität und Hyperaktivität sind die Leitsymptome der Erkrankung.

Typisch ist, dass die Verhaltensweisen weder dem Alter noch dem Entwicklungsstand des Kindes entsprechen und sich nicht von allein wieder bessern. Das auffallende Verhalten tritt also nicht phasenweise auf, sondern ist zeitlich stabil."

(Hamburger Arbeitskreis, 2002, S. 10)

Diese Definition klingt auf den ersten Blick schlüssig, aber die Begriffe „ausgeprägt" und „übermäßig" bedürfen noch einer weiteren Erläuterung.

Forschungen gehen davon aus, dass die Reizverarbeitung im Gehirn bei Aufmerksamkeitsstörungen gestört ist. Die Liste der möglichen Ursachen für Wahrnehmungsstörungen ist lang und vielfältig:

- biologische (neurologische bzw. biochemische) Faktoren,
- Umweltreize,
- Allergien,
- Phosphate,
- Nahrungsmittelunverträglichkeiten,
- Giftstoffe,

- Reizarmut,
- Bewegungsmangel,
- Geburtsschädigungen,
- gestörtes Familiensystem,
- frühkindlicher Stress,
- Traumata,
- andauernde psychische Belastungen.

Neuere Forschungen gehen von einer genetischen Ursache aus, die darauf hindeutet, dass bestimmte genetische Faktoren ein Ausbrechen der Störung begünstigen. Zum tatsächlichen Auftreten des Krankheitsbildes tragen Umgebungsfaktoren jedoch in erheblichem Maße bei. Ein wichtiger Faktor ist die Familie. Hier stehen unklare, unzuverlässige und/oder schnell wechselnde Beziehungsbedingungen, ungeordnete Tagesabläufe sowie Vernachlässigung bis hin zur Misshandlung im Blickpunkt der Forscher. Dazu zählen aber auch Umgebungsbedingungen, die unüberschaubar, unstrukturiert, chaotisch und/oder unzuverlässig sind.

Die Behandlung von ADS ist abhängig von der genauen Diagnose und dem, was man den Eltern und der Familie zumuten kann.

Ebenso wie die Erklärungsansätze sehr vielfältig und unterschiedlich sind, gibt es sehr unterschiedliche Ansätze zur Behandlung von Wahrnehmungsstörungen und zur Bewältigung ihrer Folgen:
- Nahrungsumstellung: Verzicht auf z.B. Zucker oder Allergene etc.;
- Veränderung der Umwelt: z.B. enge Zusammenarbeit von Elternhaus und Schule, Reduktion von Hintergrundgeräuschen in der Schule, reizarme, konzentrationsfördernde Gestaltung des (Schul-)Arbeitsplatzes, Sitzordnung, Ordnung zu Hause.

Schulung und Verhaltenstraining der Eltern durch

- Strukturierung des Alltags in Richtung Vorhersagbarkeit,
- Konfliktmanagement,
- Erarbeiten klarer Kommunikation und realistischer Erwartungen,
- Förderung des kindlichen Selbstbewusstseins.

Schulung und Verhaltenstraining des Kindes durch

- Training sozialer Fertigkeiten,
- Strukturierung des Alltags durch Pläne, Listen, Rituale,
- Förderung des kindlichen Selbstbewusstseins,
- naturheilkundliche Behandlung mit homöopathischen Mitteln oder Bach-Blüten,
- medikamentöse Behandlung mit Stimulanzien,
- psychologische Beratung oder psychotherapeutische Behandlung von Eltern und/oder Kind,
- Sinnespflege auf anthroposophischer Grundlage.

Förderung der Sinneswahrnehmung, -integration, -koordination:

- sensorische Integration,
- Psychomotorik,
- Ergotherapie,
- therapeutisches Reiten,
- Tomatis-Therapie.

Der gewählte Ansatz hängt im Einzelfall sowohl von der Symptomatik als auch vom Verständnis der Krankheit ab. In der Praxis werden in der Regel verschiedene Ansätze gleichzeitig oder nacheinander angewandt und die wirkungsvollsten weitergeführt. Im Zuge der kindlichen Entwicklung kann sich die Wirksamkeit einzelner Ansätze verändern. Kinder mit Wahrnehmungsstörungen brauchen ein strukturiertes und vorhersehbares Lebensumfeld. Wo im Kind die Ordnung des Sinnessystems (noch) nicht entwickelt ist, muss die Umgebung eine Ordnung bereitstellen.

> „Von der modernen pädagogischen Überzeugung, ein Kind früh in die eigenverantwortliche Selbstständigkeit zu entlassen, müssen Eltern von ADS-Kindern komplett Abstand nehmen. [...] Das Kind/der Jugendliche braucht positiven und korrigierenden Kontakt zum Umfeld als Echo und Spiegel für die eigene Aktion, die eigenen Gedanken, da es syndrombedingt die Selbststeuerung und Selbstorganisation erst mühsam lernen muss."
>
> *(Neuhaus, 1999, S. 103)*

Auch die Behandlung des Kindes mit Medikamenten hat in der Therapie ihren berechtigten Stellenwert. Allerdings ist diese Form häufig in der öffentlichen Kritik. Tatsächlich stieg die Verordnung des marktführenden Medikamentes Ritalin stetig an. Denn mit dem Absatz von Medikamenten lässt sich Geld verdienen, während die Schulung und Beratung von Eltern und Pädagogen Geld kostet. Eine medikamentöse Behandlung hat wegen der Nebenwirkungen der Medikamente wie z. B. Angst, Depression, Appetitverlust unter strengster ärztlicher Kontrolle stattzufinden.

2.5.3   Pubertätsmagersucht

Diese Störung tritt meistens zwischen dem 12. und 18. Lebensjahr auf und betrifft vorwiegend Mädchen (95 %). Sie ist wegen der fehlenden Krankheitseinsicht eine langwierige und ernste Erkrankung.

Kriterien sind:

- Das Körpergewicht wird absichtlich unter dem der Körpergröße und dem Alter entsprechendem Minimum gehalten. Dabei kommt es zu einem starken Gewichtsverlust oder es kommt während der Wachstumsperiode zu einem Ausbleiben der erwarteten Gewichtszunahme.

- Das Selbstbild der Betroffenen ist häufig gestört, da sie eine starke Angst vor Gewichtszunahme oder vor dem Dickwerden haben, obgleich ihr Körper alle Anzeichen von Untergewicht zeigt.
- Es kommt zu einer Störung der eigenen Körperwahrnehmung hinsichtlich Gewicht, Größe oder Form, d.h. die Person berichtet, sich „dick zu fühlen", oder ist überzeugt, ein Teil des Körpers sei „zu dick".
- Bei Frauen tritt ein Aussetzen von mindestens drei aufeinanderfolgenden Menstruationszyklen ein.

2.6 Die Familie

2.6.1 Familie – was ist das?

„*Eine Familie (lat. familia ‚Hausgemeinschaft') ist soziologisch eine durch Heirat und/oder Abstammung begründete Lebensgemeinschaft, im westlichen Kulturkreis meist aus Eltern und Kindern bestehend, gelegentlich durch im gleichen Haushalt wohnende Verwandte erweitert. Die Familie ist demnach eine engere Verwandtschaftsgruppe.*"

(Wikipedia, 2009)

„*Familie ist eine Kleingruppe, bestehend aus einem Ehepaar und seinen gemeinsamen (unmündigen, unverheirateten) Kindern, die in dauerhafter Haushaltsgemeinschaft zusammenleben.*"

(Deutscher Verein für Öffentliche und Private Fürsorge, 1993, S. 322)

„*Definitionsgemäß sind alle Ehepaare und Alleinerziehenden mit ledigen Kindern im gleichen Haushalt eine Familie. Aber auch Ehepaare ohne Kinder und Ehepaare, deren Kinder bereits aus dem Haushalt ausgeschieden sind, lassen sich zweifelsfrei als eine Familie definieren.*"

(Integrierte Mediation e. V., 2006)

„*In meinen Augen kann eine nichteheliche Lebensgemeinschaft, egal ob hetero- oder homosexuell, keine Familie sein. Und zwar, weil in einer nichtehelichen Lebensgemeinschaft nur befristete Bindungen eingegangen werden, sozusagen mit begründungslosem und sofortigem Kündigungsrecht. Homosexuelle Paare, die heiraten, können dagegen sehr wohl eine Familie bilden.*"

(Renesse, 2000, S. 40)

„*Familie im Sinne des Grundgesetzes ist nicht jede beliebige Gruppe, die sich zu einer familienähnlichen Gemeinschaft zusammentut, sondern die Gemeinschaft von Eltern und Kindern, also die Kleinfamilie moderner Prägung … Das Grundgesetz sieht dabei die Ehe als alleinige Grundlage einer vollständigen Familiengemeinschaft an.*"

(Rüfner, 1989, S. 58)

Aufgaben

1. Durch welche Merkmale wird der Begriff Familie in den einzelnen Definitionen beschrieben?

2. Welche Definition würden Sie bevorzugen? Begründen Sie Ihre Antwort.

3. Erstellen Sie eine eigene Definition zu dem Begriff „Familie".

„Die Familie" gibt es heute nicht mehr, das soll heißen, dass es nicht mehr nur das klassische Familienbild Vater-Mutter-Kind gibt, sondern dass sich die Lebensform Familie in den letzten Jahrzehnten stark gewandelt hat. So existieren inzwischen vielfältige Möglichkeiten und Beziehungsgefüge, wie Menschen miteinander leben, z. B. Großfamilien, Kleinfamilien, Ein-Eltern-Familien, Stieffamilien, Patchwork-Familien, Adoptivfamilien, Pflege-familien, nichteheliche Lebensgemeinschaften, Wohngemeinschaften, Ehepaare ohne Kinder, Lebensabschnittspartnerschaften oder gleichgeschlechtliche Partnerschaften. Einige dieser Lebensformen werden in den nächsten Abschnitten näher erläutert.

2.6.2 Familienformen

Großfamilie

In einer Großfamilie leben mehrere Generationen zusammen: Großeltern, Eltern, Kinder und manchmal auch noch andere Verwandte. Oft übernehmen die Großeltern die Aufgaben der Kinderbetreuung oder die Versorgung des Haushaltes. Dafür werden sie dann von ihren Kindern und Enkelkindern im Alter gepflegt. Diese Familienform hat in den letzten Jahrzehnten stark abgenommen und man findet sie fast nur noch in der ländlichen Bevölkerung. Manchmal werden auch Familien mit mehr als drei Kindern Großfamilie genannt, aber auch diese Familienform findet man in den letzten Jahren immer seltener.

Kleinfamilie

Die Kleinfamilie unterscheidet sich von der Großfamilie dadurch, dass in einem Haushalt nur eine geringe Anzahl von Personen zweier Generationen leben, d.h. ein Elternpaar mit einem bis zwei Kindern.

Die Kleinfamilie entwickelte sich zur Zeit der Industrialisierung in den Städten und ist bis heute die am meisten verbreitete Familienform. Da Kinder in der heutigen Zeit nicht mehr im elterlichen Betrieb mithelfen müssen und auch nicht mehr die Altersversorgung der Eltern sichern, besteht keine wirtschaftliche Notwendigkeit mehr, viele Kinder zu bekommen. Im Gegenteil, Kinder bedeuten in unserer heutigen Zeit ein finanzielles Risiko, sodass die meisten Paare ihren Kinderwunsch auf ein bis zwei Kinder beschränken.

Ein-Eltern-Familie

Diese Familienform ist auch unter dem Begriff „alleinerziehend" bekannt. Immerhin 7 % aller Deutschen leben in einer „Zwei-Personen-Familie", in der die Mutter, seltener der Vater, alleine den Alltag mit dem Kind meistert.

Diese Familienkonstellation bringt oft eine hohe Anforderung für Eltern und Kinder mit sich. Die alleinige Erziehungsverantwortung stellt eine große psychische und physische Belastung für den alleinerziehenden Elternteil dar. Aber auch die Frage der Betreuung erfordert insbesondere für berufstätige Alleinerziehende ein hohes Maß an Organisationstalent. Zwar können Einrichtungen wie Kinderkrippe, Babysitter, Tagesmutter, Tagesstätte, Hort und Übermittagbetreuung Eltern unterstützen, trotzdem befinden sie sich oft im Spagat zwischen Familie und Beruf, z.B. wenn Kinder erkranken oder Einrichtungen Betriebsferien haben. Außerdem geraten alleinerziehende Mütter oder Väter oft in finanzielle Schwierigkeiten, da nicht selten der gesetzlich festgelegte Unterhalt für die Kinder vom anderen Elternteil nicht geleistet wird. Aber auch für Kinder kann das Aufwachsen in Ein-Eltern-Familien eine Belastung sein.

1. Welche Gründe kann es für die hohe Anzahl Alleinerziehender geben? Welche Probleme kann es in Ein-Eltern-Familien geben? Arbeiten Sie diese aus dem Text heraus.

2. Welchen Belastungen können Kinder in solchen Familienkonstellationen ausgesetzt sein?

3. Beschreiben Sie die Grafik Familienleben.

4. Welche Aussagen lassen sich daraus ableiten?

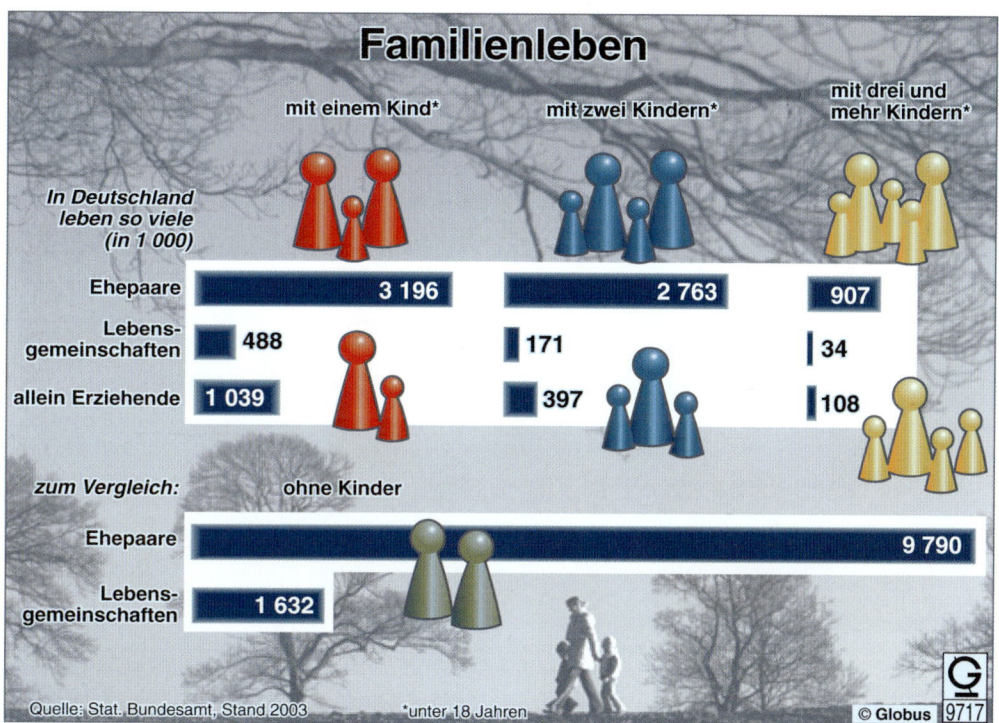

Stieffamilien

Stieffamilien haben eines gemeinsam: Zu den leiblichen Eltern kommt mindestens ein neuer Elternteil hinzu. In Stieffamilien kann es vielfältige Konstellationen geben, ähnlich wie in Patchwork-Familien. Sie können sich auch über mehrere Haushalte erstrecken. Die Kinder leben z.B. mit einem Elternteil zusammen, verbringen aber auch Zeit im Haushalt des anderen Elternteils. In beiden Haushalten können neue Elternteile hinzu kommen. Die neuen Lebenspartner können verheiratet sein oder nicht, sie leben entweder mit im Haushalt oder in getrennten Wohnungen.

Patchwork-Familien

Beispiel:

„Ich habe eine Mama, einen Papa und eine Schwester Pia und noch einen neuen Bruder Lukas. Da ist auch noch Klaus, der Freund meiner Mama, der wohnt jetzt bei uns und hat auch zwei Kinder, Lea und Laura, und er ist auch der Papa von Lukas, aber nicht der von Pia und von mir. Lea und Laura sind auch meine Schwestern, aber keine richtigen, sondern nur Halbschwestern und wir wohnen alle zusammen – außer Papa. Der wohnt mit seiner neuen Frau Susanne zusammen, da gehen Pia und ich alle zwei Wochen hin und in den Ferien. Pia und ich haben jetzt drei Omas und Opas, die anderen nicht!"
Max, 10 Jahre

Die Patchworkfamilie besteht aus verschiedenen Familien. Wie ein bunt zusammengewürfelter Teppich setzen sich diese Familien scheinbar zufällig zusammen. Die Eltern – die entweder verheiratet sind oder nicht – leben mit mehreren Kindern zusammen, wovon vielleicht nur eines ein gemeinsames ist. Die anderen wurden von der Mutter und/oder vom Vater aus der ersten Ehe mitgebracht. So oder so ähnlich sehen Patchwork-Familien aus. In Deutschland gibt es eine steigende Tendenz dieser Familienkonstellationen.

Pflegefamilien

Pflegefamilien sind Familien, die ein fremdes Kind, das aus unterschiedlichen Gründen nicht (mehr) bei seinen leiblichen Eltern leben kann, über einen längeren Zeitraum bei sich aufnehmen, es versorgen und erziehen.

Es kann ganz unterschiedliche Gründe geben, warum ein Kind nicht in seiner Herkunftsfamilie verbleiben kann, wie Überforderung z. B. bei alleinerziehenden Elternteilen durch Beruf, Haushalt und Kindererziehung. Aber auch der Verlust eines Elternteils, finanzielle Notlagen, psychische Probleme, Krankheiten oder Suchtproblematiken können dazu führen, dass Eltern in schwierigen Lebenssituationen Unterstützung bei der Erziehung, Versorgung und Betreuung ihrer Kinder benötigen.

In besonders schwerwiegenden Fällen reicht es dann nicht, wenn das Jugendamt ambulante Hilfen zur Verfügung stellt. In diesem Fall ist eine Unterbringung außerhalb der Familie zum Wohle des Kindes erforderlich. Diese Unterbringung kann kurzzeitig oder langfristig angelegt sein.

Gerade für jüngere Kinder bietet eine Pflegefamilie die Möglichkeit, im geschützten Rahmen einer Familie aufzuwachsen. Pflegekinder werden aber immer Kinder mit zwei Familien bleiben. Das bedeutet, sie leben in der Pflegefamilie, die auch Entscheidungen in Angelegenheiten des täglichen Lebens trifft. Bei anderen wichtigen Entscheidungen, z. B. über die Schullaufbahn oder über medizinische Eingriffe, haben die leiblichen Eltern jedoch ein Mitbestimmungsrecht.

Familien, die bereit sind, Pflegekinder aufzunehmen, müssen sich darüber im Klaren sein, dass sie sich mit unterschiedlichen Problemen auseinandersetzen müssen. So kann der Aufenthalt der Kinder innerhalb der Pflegefamilie befristet sein. Manche Pflegekinder bleiben nur für kurze Zeit in der Pflegefamilie, weil sich die Situation in der Herkunftsfamilie stabilisiert und normalisiert hat. Andere Kinder verbleiben unter Umständen bis zur Volljährigkeit in der Pflegefamilie.

Herkunftsfamilie und Pflegekinder haben in der Regel das Bedürfnis und das Recht, den Kontakt aufrechtzuerhalten. Vor allem die Regelung der Besuchskontakte lebt dabei von der Bereitschaft beider Familien, aufeinander zuzugehen. Voraussetzung dafür ist eine gegenseitige Akzeptanz und Wertschätzung zum Wohl des Kindes. Auch Kinder, die unangenehme Erfahrungen in ihrer Herkunftsfamilie gemacht haben, lieben ihre Eltern und haben starke Bindungen an diese. Oftmals haben sie diese auch nicht freiwillig verlassen, sondern unterliegen der Entscheidung des Jugendamtes.

Um diese schwierige Situation verarbeiten zu können, brauchen Pflegekinder ein großes Verständnis der Pflegefamilie. Es erfordert Zeit und Unterstützung, die neue Lebenssituation zu verstehen und zu akzeptieren, sich in der neuen Umgebung zurechtzufinden und zu lernen, neue Beziehungen einzugehen.

Aufgaben

1. Welche Gründe können dazu führen, dass Kinder in Pflegefamilien aufwachsen?
2. Welche Probleme können in Pflegefamilien auftreten?
3. Erkundigen Sie sich, wer in Ihrer Stadt zuständig ist für die Vermittlung von Pflegekindern. Sammeln Sie dort Informationen.

Adoptivfamilien

Eine Adoptivfamilie ist eine besondere Familie, denn das Kind ist nicht leiblich. Im Gegensatz zur Pflegefamilie ist jedoch das Adoptivkind dem leiblichen Kind rechtlich gleichgestellt, d.h. es hat den gleichen Namen wie die Adoptiveltern und -geschwister und auch sonst die gleichen Rechte und Pflichten.

> ### Definition
> „Adoption (von lat. adoptio) ist die rechtliche Begründung eines Eltern-Kind-Verhältnisses zwischen dem Annehmenden und dem Kind ohne Rücksicht auf die biologische Abstammung."
>
> *(Wikipedia, 2009)*

Seit dem 1976 verabschiedeten Adoptionsvermittlungsgesetz liegt die Aufgabe, für Adoptivkinder geeignete Eltern zu finden, bei den Jugendämtern.

> *„Ziel der Arbeit des Jugendamtes nach der neuen Konzeption ist es zu prüfen, ob die Adoptiveltern in der Lage sein werden, das Kind gefühlsmäßig als ihr eigenes anzunehmen und ihm möglichst gute Sozialisationsbedingungen zu bieten, was besonders bei schon größeren Kindern und bereits bestehenden Sozialisationsschäden von großer Bedeutung ist."*
>
> *(Wikipedia, 2009)*

Normalerweise haben das Kind und die Adoptiveltern eine angemessene Zeit (ca. ein Jahr), sich aneinander zu gewöhnen, diese Zeit wird auch „Adoptionspflege" genannt. In dieser Zeit werden Kinder und Eltern vom Jugendamt betreut und begleitet.

Es gibt unterschiedliche Formen der Adoption:

- **Inkognito-Adoption**: Hierbei gibt es keinerlei Verbindungen zwischen alter und neuer Familie. Jugendiche, die das 18. Lebensjahr vollendet haben, dürfen Nachforschungen über ihre Herkunft anstellen, d.h. Einsicht in ihre Vermittlungsakte nehmen. Jugendliche, die das 16. Lebensjahr vollendet haben, benötigen für die Einsichtnahme die Zustimmung ihrer Adoptiveltern. Für die seelische Entwicklung des Kindes ist es wichtig, dass es darüber informiert ist, adoptiert zu sein.
- **Halboffene Adoption**: Bei dieser Form der Adoption kann der Kontakt zwischen leiblichen Eltern und Kind mittels Briefen und Fotos über das Jugendamt oder die Vermittlungsagentur aufrechterhalten werden.
- **Offene Adoption**: Bei der offenen Adoption kennen sich die leiblichen und Adoptiveltern und

halten manchmal auch dauerhaft Kontakt. Ab und zu kommt es bereits vor der Geburt zu einem Kontakt zwischen abgebenden und aufnehmenden Eltern. Die leiblichen Eltern dürfen in manchen Fällen auch mitentscheiden, in welche Adoptivfamilie ihr Kind kommt. Sie haben so die Möglichkeit, sich über die weitere Entwicklung ihres Kindes zu informieren, die Adoptiveltern können sich ein realistisches Bild von den leiblichen Eltern und ihrer Situation machen und diese auch den Kindern vermitteln.

- **Auslandsadoption**: Eine Auslandsadoption ist eine Adoption eines Kindes aus dem Ausland, meist über ausländische Organisationen, Vereine oder anerkannte private Vermittlungsagenturen. Auslandsadoptionen sind umstritten, weil sie immer wieder mit Kinderhandel verbunden sind und die Einwilligung zur Adoption nicht immer freiwillig erfolgt, sondern aus großer finanzieller Not seitens der leiblichen Eltern heraus. Viele sind deshalb der Meinung, dass man mit dem Geld besser die Familien in den Heimatländern unterstützen sollte.
- **Stiefkind-Adoption**: Die Stiefkind-Adption ist die häufigste Art der Adoption. Dabei ist das Adoptivelternteil mit einem leiblichen Elternteil des Adoptivkindes verheiratet oder lebt mit ihm in einer Partnerschaft. Hier gilt ein vereinfachtes Verfahren, d.h. die Adoption ist nach Freigabe des Kindes durch den anderen leiblichen Elternteil beim Notar über das Vormundschaftsgericht möglich. Ab dem vierzehnten Lebensjahr ist auch die Einwilligung des Kindes selbst notwendig.

Im Jahre 2004 wurde auch die Adoptionsmöglichkeit durch gleichgeschlechtliche Lebenspartner (im Rahmen der Stiefkind-Adoption) eingeführt.

Aufgaben

1. Erläutern Sie die Unterschiede zwischen Pflegefamilien und Adoptionsfamilien.
2. Welche Formen von Adoption gibt es?
3. Worin unterscheiden sie sich?
4. Bearbeiten Sie das Arbeitsblatt im Arbeitsheft zu unterschiedlichen Lebens- und Familienformen.

2.6.3   Aufgaben der Familie

Die Aufgabe (Funktion), die die Familie in der heutigen Gesellschaft erfüllt, hat sich über die Jahre gewandelt. So war die Familie früher zuständig für die Bildung und Ausbildung der Kinder, als es noch keine Schulpflicht gab, oder auch für die Versorgung und Betreuung von alten und kranken Menschen, da man im Alter nicht durch eine Renten- und Pflegeversicherung abgesichert war.

Aber auch heute bündelt die Familie noch viele Funktionen:

- So ist die Familie bis heute die wichtigste Institution, in der Kinder geboren werden und aufwachsen. Auch wenn die Familie sich im Laufe der Jahre verändert hat, so werden die meisten Kinder immer noch in der „klassischen Familienkonstellation" geboren, d.h. Frau und Mann heiraten und bekommen dann Kinder. Diese Funktion nennt man **„Reproduktionsfunktion"**, d.h., dass eine Gesellschaft immer wieder neue Mitglieder hervorbringt (reproduziert), damit sie nicht ausstirbt. Inwieweit die Familie dieser Aufgabe noch gerecht wird, werden wir später sehen.

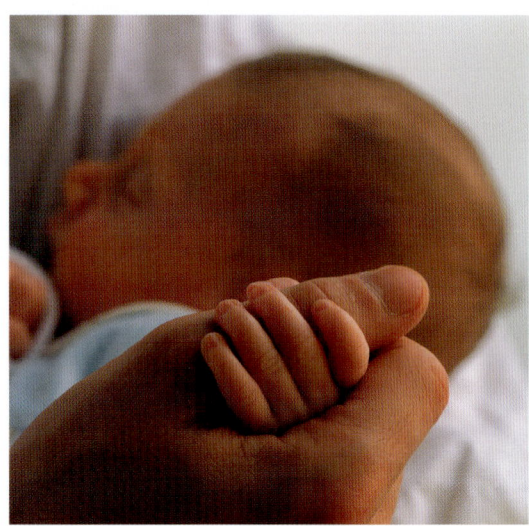

- Außerdem sorgen Eltern in Familien dafür, dass ihre Kinder das erhalten, was sie für das tägliche Leben benötigen: z.B. Nahrung, Kleidung, Wohnraum, Schutz vor Gefahren. Eltern sichern also die „materielle" Lebensgrundlage (Existenz) für sich und ihre Kinder. Die Familie hat also eine **„Existenzsicherungsfunktion"**.

- Aber Eltern kümmern sich nicht nur um die materielle Absicherung ihrer Kinder, sondern auch um eine soziale Förderung. Durch ihre Liebe und Erziehung sollen Kinder die Fähigkeiten entwickeln, zu selbstständigen und sozialen Menschen heranzuwachsen, die mit ihren Mitmenschen leben und umgehen können. Den Kindern werden Werte und Normen vermittelt, die in unserer Gesellschaft von Bedeutung sind. Diese Funktion nennt man **„Sozialisationsfunktion"**.

- Eine weitere Funktion ergibt sich daraus, dass die Familie ein privater und überschaubarer Raum ist, in dem die Beziehungen der Mitglieder untereinander besonders eng und vertraulich sein können. Eltern und Kinder können sich dahin zurückziehen, um Probleme und Spannungen zu besprechen, auszuleben und zu verarbeiten. Aus diesem Grund hat die Familie auch die **„Funktion des Spannungsausgleichs"**.

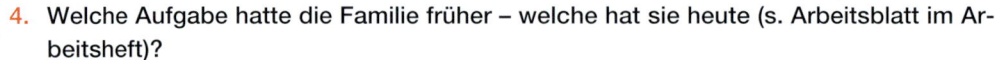

Aufgaben

1. Fassen Sie die Funktionen der Familie mit eigenen Worten zusammen.
2. Welche Bedeutung hat die Familie für Sie persönlich?
3. Bearbeiten Sie die Fragebögen zum Thema Familie im Arbeitsheft.
4. Welche Aufgabe hatte die Familie früher – welche hat sie heute (s. Arbeitsblatt im Arbeitsheft)?

2.6.4 Problemlagen in Familien

Familien sind aber auch mit unterschiedlichen Problemlagen konfrontiert, wie Geburtenrückgang, Scheidungszahlen oder Erziehungsschwierigkeiten.

Geburtenrückgang

Die Familie ist zwar der Ort, in den hauptsächlich Kinder hineingeboren werden, aber die Zahl der Geburten ist in den letzten Jahren stark rückläufig.

Hierfür gibt es verschiedene Gründe:

- spätere Eheschließung und damit verbundene spätere Familiengründung: 1961 lag das durchschnittliche Lebensalter der Mütter bei der Geburt ihres ersten Kindes noch bei 25 Jahren, 1999 betrug es schon 29 Jahre, 2006 lag es wieder bei 26 Jahren (vgl. Bundeszentrale für politische Bildung, 2006);
- Kinder stellen für Familien eine hohe finanzielle Belastung dar, sodass eine Familie im Durchschnitt nur noch 1,37 Kinder bekommt (vgl. Statistisches Bundesamt, 2007);
- eine steigende Zahl ungewollter Kinderlosigkeit aufgrund fehlender Partnerschaft oder medizinischer Probleme;
- Frauen haben eine bessere Berufsausbildung als früher und streben wie Männer eine berufliche Karriere an, sodass ein Kinderwunsch hinten angestellt wird.

Weniger Kinder – ältere Mütter

Geburten in Deutschland
und durchschnittliches Alter der Mütter bei der Geburt ihres ersten Kindes*

60er   70er   80er   90er   2000er

1 313 505 Geburten

1961: 24,9 Jahre

1971: 24,3 Jahre

1 013 396

1981: 25,3 Jahre

1991: 26,9 Jahre

862 100

830 019

2004: 29,5 Jahre

705 622

Quelle: Stat. Bundesamt   Altersangabe bis 1990 Westdeutschland   *ehelich geboren   © Globus 0314

Aufgaben

1. Beschreiben und erklären Sie die Grafik. Hinweise zur Auswertung und Bearbeitung von Schaubildern finden Sie im Arbeitsheft.
2. Welche Gründe sprechen für Sie persönlich für oder gegen Kinder? Erstellen Sie eine Gegenüberstellung mit Pro- und Contra-Argumenten.

Die Zahl der Scheidungen nimmt wieder zu

WIESBADEN – Der Trend zu sinkenden Scheidungszahlen ist gestoppt. Im vergangenen Jahr wurden 191 900 Ehen geschieden und damit 4800 oder drei Prozent mehr als 2007, wie das Statistische Bundesamt am Mittwoch in Wiesbaden mitteilte. In den Jahren 2004 bis 2007 war die Zahl zurückgegangen, zuvor war sie seit 1992 fast ausnahmslos gestiegen. 2008 wurden von 1000 Ehen elf geschieden, im Jahr 1993 waren es dagegen nur acht von 1000 Ehen. Die Scheidungsrate bezifferte das Bundesamt auf etwa 39 Prozent; aus statistischen Gründen werden dabei aber nur Ehen mit einer Dauer bis 25 Jahre betrachtet. [...]

2008 betrug die durchschnittliche Ehedauer bei der Scheidung 14,1 Jahre. Im Jahr zuvor waren die Partner im Schnitt 13,9 Jahre verheiratet, 1990 waren es 11,5 Jahre. „Die Wahrscheinlichkeit, dass die Ehe auseinandergeht, ist in den ersten Jahren am höchsten", berichtet Scheidungsforscher Ulrich Schmidt-Denter von der Universität Köln. Rund 85 Prozent der Ehen wurden im vergangenen Jahr nach einjähriger Trennung geschieden, das waren drei Prozent mehr als 2007. Nicht nach dem „verflixten siebten" Jahr, sondern nach dem vierten würden die meisten Ehen geschieden, wenn die Verliebtheit vom Alltagsmanagement abgelöst werde, an dem viele scheiterten. Manche stellten auch fest, dass sie nicht gemeinsam Kinder haben wollten: Mehr als die Hälfte der geschiedenen Ehen ist kinderlos. [...]

2008 kamen die Scheidungsanträge zwar weiter überwiegend von Frauen und nur in etwa jedem dritten Fall von Männern (37 Prozent). Doch holen die Männer auf: Um fünf Prozent stieg die Zahl der von ihnen gestellten Anträge.

(DW, DIE WELT, 09.07.09)

Aufgaben

1. Fassen Sie die wesentlichen Informationen des Zeitungsartikels in einem übersichtlichen Schaubild zusammen.

2. Welche Aussagen lassen sich daraus ableiten?

Die steigenden Scheidungszahlen seit den 1960er-Jahren können unterschiedliche Gründe haben:

Durch eine bessere Schulbildung und steigende Erwerbstätigkeit der Frauen ist die Ehe nicht hauptsächlich auf die Versorgung der Ehefrauen ausgerichtet. Frauen sind also nicht mehr unbedingt ökonomisch abhängig von ihren Ehemännern, wie es noch in früheren Jahren üblich war. Ehen wurden oft aus wirtschaftlichen und rationellen Gründen geschlossen.

Außerdem ist eine Scheidung nicht mehr mit den gravierenden sozialen und persönlichen Folgen wie noch in den 1960er-Jahren verbunden. Damals galt eine Scheidung noch als Makel und war sozial unerwünscht. Heute werden Scheidungen als problemlose Möglichkeit zur Auflösung einer unglücklichen Ehe akzeptiert.

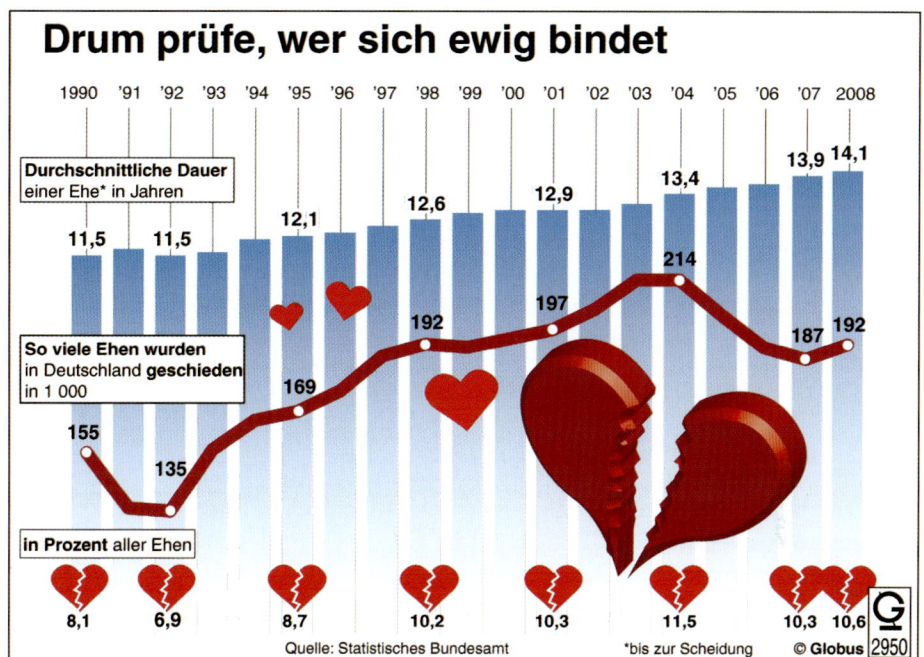

Drum prüfe, wer sich ewig bindet

| | 1990 | '91 | '92 | '93 | '94 | '95 | '96 | '97 | '98 | '99 | '00 | '01 | '02 | '03 | '04 | '05 | '06 | '07 | 2008 |

Durchschnittliche Dauer einer Ehe* in Jahren

11,5   11,5   12,1   12,6   12,9   13,4   13,9 14,1

So viele Ehen wurden in Deutschland **geschieden** in 1 000

155   169   192   197   214   187   192
135

in Prozent aller Ehen

8,1   6,9   8,7   10,2   10,3   11,5   10,3 10,6

Quelle: Statistisches Bundesamt   *bis zur Scheidung   © Globus 2950

Die Erwartungen an die Institution Ehe sind in den letzten Jahren aber auch dahingehend gestiegen, dass man eher „das große Glück" und damit verbunden eine hohe emotionale Befriedigung sucht. Falls dies nicht eintrifft, ist man leichter als früher dazu bereit, sich zu trennen und sich einen neuen Lebenspartner zu suchen.

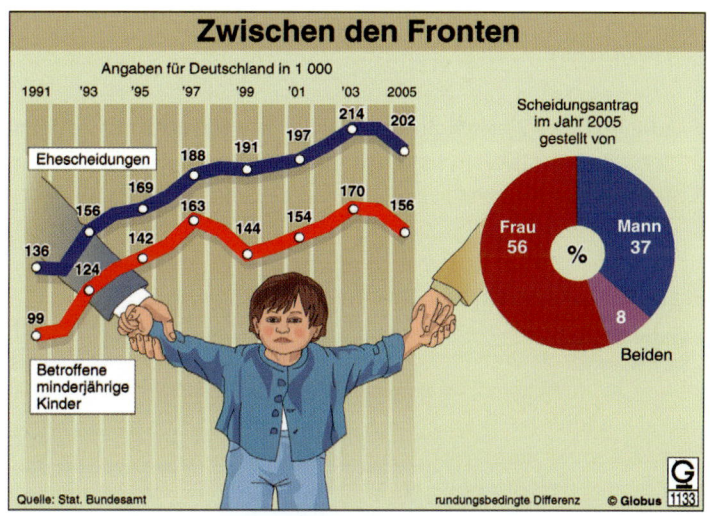

Zwischen den Fronten

Angaben für Deutschland in 1 000

| 1991 | '93 | '95 | '97 | '99 | '01 | '03 | 2005 |

Ehescheidungen
188   191   197   214   202
169
156   163   170   156
142   144   154
136
124
99

Betroffene minderjährige Kinder

Scheidungsantrag im Jahr 2005 gestellt von

Frau 56 %   Mann 37
8
Beiden

Quelle: Stat. Bundesamt   rundungsbedingte Differenz   © Globus 1133

Es ist heutzutage auch problemlos möglich, unverheiratet zusammenzuleben und Kinder zu bekommen.

Aufgaben

1. Beschreiben und erklären Sie die beiden Grafiken.
2. Welche Gründe gibt es für die steigenden Scheidungszahlen?
3. Diskutieren Sie den gesellschaftlichen Wandel der Institution Ehe.

Sonstige Probleme

Familien haben in den letzten Jahren aber auch vermehrt mit zusätzlichen Problemen zu kämpfen. Dazu gehören u.a.:

- finanzielle Probeme, z.B. durch plötzliche Arbeitslosigkeit, Trennung oder Scheidung;
- Erziehungsschwierigkeiten durch schwierige familiäre Konstellationen, Überforderungen, Verhaltensauffälligkeiten oder Suchtproblematiken;
- Gewalterfahrungen in Familien, z.B. Gewalt gegen den Lebenspartner, sexueller Missbrauch, Misshandlungen und Vernachlässigungen von Kindern.

2.7 Erziehung als Handlungskonzept

2.7.1 Was ist Erziehung?

Als **Erziehung** bezeichnet man alle bewussten und gezielten (intentionalen) Handlungen und Verhaltensweisen eines Erziehers, die einen Zu-Erziehenden zur selbstständigen Lebensführung befähigen sollen.

Erziehung nennt man also alle die Handlungen, durch die Menschen versuchen, die Persönlichkeit und/oder das Verhalten eines anderen Menschen in irgendeiner Hinsicht dauerhaft zu verändern.

> **Definition**
>
> „Erziehung ist die soziale Interaktion zwischen Menschen, bei der ein Erwachsener planvoll und zielgerichtet versucht, bei einem Kind gewünschtes Verhalten zu entfalten und zu stärken. Dabei berücksichtigt er die Bedürfnisse und die persönliche Eigenart des Kindes."
>
> *(Hagemann, 2009, S. 67)*

Erziehungsmodell: Merkmale von Erziehung

Bei Erziehung handelt es sich immer um einen Vorgang, der mindestens zwischen zwei Menschen geschieht, zwischen Erzieher und Zu-Erziehenden. Diesen Vorgang nennt man auch soziale Interaktion.

Definition

„Soziale Interaktion ist das wechselseitige Handeln und Reagieren von Menschen aufeinander." *(Hagemann, 2009, S. 474)*

Innerhalb dieser sozialen Interaktion beeinflussen sich die handelnden Personen, Erzieher und Zu-Erziehender, gegenseitig. Dies geschieht bewusst und unbewusst.

Beispiel:

Erziehung: Eine Situation

„Lala taufen", schreit der Kleine, gerade als die Mutter ihn in den Einkaufswagen hebt. Die Mutter schiebt los und wirft einen Blick auf den Einkaufszettel. Zielsicher greift sie in die vollen Regale. Der Wagen füllt sich.

Inzwischen wiederholt der Junge: „Lala taufen". Von seinem Sitz aus versucht er, ein Paket Reis zu greifen. Die Mutter erkennt das Manöver, zieht den Wagen in die Mitte des Ganges und steuert auf die nächsten Regale zu. Wütend trommelt der Kleine gegen den Wagen. Die Mutter drückt ihm einen runden, roten Dauerlutscher, den sie aus der Tasche zieht, in die Hand.

Der Wagen ist inzwischen gefüllt, das Kind fast versunken im Warenberg. Greifbar ist eine Packung mit Keksen. Das Kind lässt den Lutscher fallen, nimmt die Packung und fängt an, sie zu schütteln.

Die Mutter reißt dem Kind die Kekse aus der Hand. „Du weißt doch, dass du das nicht darfst!"

Er fängt wieder an, lauthals zu schreien. Die Mutter blickt sich nach allen Seiten um und holt einen neuen Lutscher aus der Tasche. Diesmal ist es ein gelber.

Sie reicht ihn dem Kind, das ihn wieder auszupacken beginnt. Die Mutter steht inzwischen an der Kasse, stapelt die Waren auf die Ablage, bezahlt und hebt zuletzt das Kind aus dem Wagen.

Aufgaben:

1. Überlegen Sie, inwieweit es sich hier um Erziehung handelt.
2. Wenden Sie die Merkmale von Erziehung auf die Situation an.

2.7.2 Handlungsweisen in der Erziehung, Erziehungskonzepte und -methoden

In der Ausbildung zur Erzieherin sind Handlungsweisen Methoden, mit denen geplant oder ungeplant auf die Zu-Erziehenden eingewirkt wird. Die geplanten Handlungsweisen nennt man Aktionsformen, die ungeplanten Reaktionsformen. Wir wollen den Begriff um den Bereich der bewussten Erziehung mithilfe verschiedener pädagogischer Maßnahmen und Mittel erweitern.

Spülmittel	Arzneimittel
Waschmittel	Lebensmittel

Aufgaben

1. Suchen Sie weitere Wörter, in denen das Wort Mittel vorkommt.
2. Wofür steht hier der Begriff Mittel?
3. Geben Sie eine erste Definition des Begriffes Erziehungsmittel.
4. Fragen Sie Ihre Eltern, welche Erziehungsmittel sie angewendet haben.
5. Fragen Sie Erzieherinnen, welche Erziehungsmittel sie anwenden.
6. Fragen Sie Lehrerinnen, welche Erziehungsmittel sie anwenden.
7. Erkundigen Sie sich, wofür in der Schule der Begriff „Erziehungsmaßnahmen" gebraucht wird.

Beispiel 1 „Erziehungsmaßnahmen" oder Kindesmisshandlung?

Das Kind ist den ganzen Tag schon quengelig, nervt die Mutter oder den Vater. Die Mutter und das Kind haben beide einen schlechten Tag gehabt. Die Mutter hat mit dem Kind „vernünftig" geredet. Als dies nichts half, geschimpft und geschrien. Die Situation gerät außer Kontrolle. Eine letzte Bemerkung, es knallt und schon ist es passiert. Das Kind plärrt. Die Mutter hat ein schlechtes Gewissen, weil sie ihr Kind geschlagen hat. Solche Situationen sind in deutschen Familien alltäglich.

Aus Kindern, die geschlagen wurden, entwickeln sich nach Ansicht von Fachleuten häufig wieder schlagende Eltern. Die Gewaltspirale nimmt ihren Lauf. Tragisch ist, dass viele Eltern, die als Kind geschlagen wurden, ihre seelischen Verletzungen nicht verarbeiten wollen und sich im Zweifelsfall wieder mit Gewalt durchsetzen. Durch körperliche und seelische Gewalt werden nicht nur die Gesundheit und das persönliche Wohlbefinden negativ geprägt, sondern auch das Sozialverhalten des Kindes und des späteren Erwachsenen.

Studie: Gewalt als Mittel der Erziehung nimmt ab

BERLIN. Gewalt als Mittel der Erziehung ist in Deutschland immer noch kein Tabu: Knapp fünf Prozent aller Kinder wurden im Jahr 2002 noch mit dem Stock verprügelt, wie eine am Montag veröffentlichte Untersuchung des Familien- und des Justizministeriums ergab. Immerhin ging die Gewalt der Befragung zufolge jedoch deutlich zurück: Vor zehn Jahren wurden noch 41 Prozent aller Kinder und Jugendlichen mit dem Stock geprügelt. Weniger als zehn Prozent der Eltern verteilen noch „schallende Ohrfeigen", wie die Befragung von 3.000 Vätern und Müttern ergab. 1996 war der Anteil noch doppelt so hoch.

(AFP, Berliner Zeitung, 23.03.2004, S. 5)

Aufgaben

1. Nehmen Sie Stellung zu den Beispielen.
2. Wie schätzen Sie den Zeitungsartikel ein?
3. Weitere Beispiele finden Sie im Arbeitsheft.

Neben der Erziehung im öffentlichen Raum, in dem eine gewaltfreie Erziehung eher selbstverständlich ist, wurde die gewaltfreie Erziehung auch im häuslichen Bereich erst mit der Änderung im BGB durchgesetzt:

Am 8. November 2000 ist die Neufassung des Paragraphen §1631 Absatz 2 BGB in Kraft getreten.

> „Kinder haben ein Recht auf gewaltfreie Erziehung. Körperliche Bestrafungen, seelische Verletzungen und andere entwürdigende Maßnahmen sind unzulässig."

Nach dem Bewusstseinswandel in Institutionen der Erziehung soll auch in der Bevölkerung ein Bewusstseinswandel eingeleitet werden. Gewaltfreie Erziehung wird zu einem Leitbild der Erziehung festgeschrieben.

Aufgaben

4. Nehmen Sie zu dem im Arbeitsheft dargestellten geschichtlichen Überblick über das Gesetz Stellung.
5. Wie begegnen Sie folgenden Sprüchen? „Ein Klaps hat noch niemandem geschadet!" „Ich bin auch geschlagen worden und aus mir ist auch etwas geworden!"

Die folgende Tabelle gibt eine Gesamtüberblick über das Thema Erziehung.

Wo	Wann	Wer	Warum/Wozu	Wie	Womit
Institutionen	Situationen	Instanzen	Ziele: Soll/Ist	Methoden	Mittel
Familie	am Tisch, beim Spielen, Schlafen- gehen, auf der Straße	Vater, Mutter, Geschwister, Verwandt- schaft, Nachbarschaft Wohnung, Spielzeug	Disziplin, Sauberkeit, Ordnung, Pünktlichkeit, Ehrlichkeit, Selbstständig- keit, Rücksicht- nahme, Mut, Spaß, Motivation	Vormachen, Zeigen, Machenlassen, Feiern und Feste, Ausflüge, Rituale, Körpersprache	Lob, Strafen, Geschenke, Anerkennung, Zuwendung/ Liebesentzug
Schule	Unterricht, Pause, Ausflug, Sprechstunde, Privatgespräch	Lehrer, Mitschüler, Direktor, Sekretär, Hausmeister, Klassenraum, Ausstattung, Pausenräume, Arbeitsge- meinschaften, Schulhof	Disziplin, Ordnung, Pünktlichkeit, Sauberkeit, methoden- und gruppenkonfor- mes Verhalten, Einordnen, Selbstständig- keit, Rücksicht- nahme, Mut, Spaß, Motivation	verschiedene Unterrichts- methoden, Schulordnung insbesondere: Projekttage, Exkursionen, Schulfeste, Rituale, Körpersprache	Lob – Tadel, Strafen, Noten, Anerkennung, Zuwendung, Ablehnung
Peer-Groups	Freizeit	Opinion- leaders, Gruppen- mitglieder	Gruppen- verhalten, Wertvor- stellungen, Lifestyle	Rangordnung, Rituale, Körpersprache	Gruppen- anerkennung, Gruppen- sanktionen
Medien/ Fernsehen	Freizeit	signifikante Figuren	Lifestyle, gesellschaft- liche Orientie- rungen	Modell-Lernen	Bewusstsein der Zuge- hörigkeit
Betrieb/ Beruf	Unterweisung, Arbeit, Pausen, Privat- gespräche, Streik, Mitarbeiter- gespräch	Ausbilder, Vorgesetzte, Kollegen, Untergebene, Kunden, Arbeitsplatz, Ausstattung, Arbeitszeit- regelung, Handlungs- kompetenzen, Freizeit- angebote	Disziplin, Pünktlichkeit, Ordnung, Loyalität, Kooperation, Rücksichts- nahme, Konkur- renzdenken, Wirtschaftlich- keitsdenken, Kunden- orientierung, Selbstständig- keit	Arbeits- Organisation, Betriebs- ordnung, Kollegen- gespräche, Konferenzen Mitarbeiter-/ Vorgesetzten- gespräche, Betriebsfeiern, Rituale, Körpersprache	Prämien, Beförderung, Strafen, Abmahnung, Lob, Anerkennung, Erfolg

Wo	Wann	Wer	Warum/Wozu	Wie	Womit
Institutionen	**Situationen**	**Instanzen**	**Ziele: Soll/Ist**	**Methoden**	**Mittel**
Alltags-institutionen	Straßen-verkehr, U-Bahn, Kaufhalle, Sportstadion, Urlaub, Fete, Tiere (Hunde, Katzen) etc.	Teilnehmer an Alltags-situationen, Organi-satorisch-technische Rahmen-bedingungen	Rücksicht-nahme – Aggression, Geduld – Ungeduld, Ausdauer, Frustrations-toleranz – Intoleranz	Betriebs-ordnung, Sicherheits-regeln, Verkehrsregeln (z. B. StVO) Rituale, Zuwendung, Interaktion, Körpersprache	Bitte-Drohung, Anerkennung Zurecht-weisung, Erfolg/Effizienz
Sonder-institutionen	z. B. Gefängnis, Krankenhaus, Kirche	Personal, Teilnehmer, Organisation, Ausstattung, Interaktions-angebote	wie oben	„Haus-ordnung" Rituale, Körpersprache	Strafen, Anerkennung, Erfolg, Drohung
Selbst-erziehung	permanent	Selbst	Selbstkontrolle	Selbst-suggestion, Selbstdisziplin	Selbst-anerkennung, Selbstwert

(vgl. Stiehl, S. 3)

Aufgaben

1. Welche Schlussfolgerungen/allgemeine Einsichten lassen sich aus der Tabelle ablei-ten? Worin unterscheidet sich Erziehung in der Institution Schule von den anderen Erziehungsinstitutionen?

2. In der Rubrik „Erziehungsmethoden" tauchen bei allen Institutionen folgende Begriffe auf: „Regeln", „Rituale" und „Körpersprache". Rituale sind gleichförmige Handlungs-muster, die in gleichen Situationen wechselseitig immer gleichförmig verwendet wer-den. Körpersprache beinhaltet u.a. Mimik, Gestik, Stimmmodulation, Raumverhalten. Suchen Sie bitte konkrete Beispiele für drei Phänomene aus der eigenen Erfahrung mit Schule.

3. Zwischen „Erziehung" und „Körpersprache" scheint es eine enge Beziehung zu ge-ben, insbesondere wenn man bedenkt, dass Erziehung über Personen und Bezie-hungen realisiert wird. Wie lässt sich diese enge Beziehung begründen?

4. Bearbeiten Sie im Arbeitsheft den Text „Wie wirken Erziehungsmittel?".

Die folgende Definition fasst die Aussagen der Tabelle zusammen und ist allgemein anerkannt:

> ### Definition
>
> **Erziehungsmittel** sind pädagogische Handlungen und Maßnahmen, um das Verhalten anderer, in der Hauptsache von Kindern und Jugendlichen, zu steuern. Sie können in der Familie, anderen Erziehungsinstitutionen, in der Berufsausbildung, in Gruppen, aber auch im Strafvollzug angewendet werden.
>
> Die Einsatz- und Wirkungsmöglichkeiten einer pädagogischen Maßnahme sind immer von den beteiligten Personen und der jeweiligen Situation abhängig. Sie können daher nicht verallgemeinert werden. Grundsätzlich können unterstützende und gegenwirkende Erziehungsmaßnahmen unterschieden werden.

Zu den unterstützenden Erziehungsmitteln gehören Bitte, Belohnung, Ermutigung, Erinnerung, Anerkennung, Lob, Gebot, Belohnung, Vorbild. Entgegenwirkende Erziehungsmittel sind: Liebesentzug, Körperstrafe, Tadel, Drohung, Verbot, Hausarrest, Strafe.

Grundsätze beim Einsatz von Erziehungsmitteln sollten Angemessenheit bzw. Verhältnismäßigkeit sowie Konsequenz sein. Ihre Auswahl sollte mit Überlegung und Einfühlsamkeit erfolgen.

Unterstützende Erziehungsmaßnahmen

Unter unterstützenden Erziehungsmaßnahmen verstehen wir alle beabsichtigten Mittel und Verfahrensweisen der Erziehung, durch die ein angenehmer Zustand herbeigeführt oder aufrechterhalten werden kann und dadurch eine Verhaltensweise aufgebaut und erlernt wird. Im Folgenden soll auf mögliche Wirkungen und Probleme von Lob, Belohnung und Erfolg sowie auf das Prinzip der Ermutigung eingegangen werden.

Lob und Belohnung

Jeder Mensch möchte für seine Taten Anerkennung erfahren. Das Lob oder die Belohnung sind in diesem Zusammenhang die häufigsten unterstützenden Erziehungsmaßnahmen, die in der Erziehungswirklichkeit vorkommen.

Belohnungen sind bewusst und absichtlich eingesetzte Anreize der Sozialhelferin, die eine angenehme Wirkung haben und erreichen sollen, dass das erwünschte Verhalten vom Zu-Erziehenden (s. S. 100 oben) häufiger gezeigt und damit erlernt wird. In diesem Sinne sind Lob und Belohnung positive Verstärker.

Das Lob ist ein sozialer Verstärker, eine Anerkennung, das kann eine freundlich-bestätigende Zuwendung sein, ein Lächeln, eine freundliche Geste, eine Aufmerksamkeit, die man jemandem schenkt, eine Zustimmung, eine Form der Wertschätzung, ein mündliches oder schriftliches Lob, ein Vertrauensbeweis, ein aufmunternder Blick, ein zustimmender Händedruck oder ein Kopfnicken (vgl. Domke, 1976, S. 44). Belohnungen sind meist materielle Verstärker wie Spielsachen oder Geschenke, Geld, aber auch immaterielle Verstärker, wie etwa die Erlaubnis zu einer beliebten Beschäftigung (z. B. Fernsehen) oder der Erlass einer unangenehmen Aufgabe. Das Lob ist demnach eine Art der Belohnung, ein immaterieller Verstärker.

Gerade für einen unsicheren Menschen bietet das Lob des Erziehers eine gewisse Sicherheit. Die positive Beurteilung durch den Erzieher ermuntert ihn, seine Handlungen positiv zu sehen. Diese Erfahrung schützt ihn vor eigenen Zweifeln. Er überwindet Hemmungen und Minderwertigkeitsgefühle und gewinnt Selbstvertrauen und Sicherheit.

> „Die anspornende Wirkung des Lobes kann aber noch weitaus größer sein. Lob setzt Maßstäbe, die von der Betrachtung bereits vorliegender Leistung auf zukünftige Leistungen übergreifen: die Erfahrung wird zur Erwartung. [...] Darüber hinaus bindet ein Lob den Gelobten immer in einer gewissen Weise, denn Erwartungen, die eigenen wie die fremden, zu enttäuschen, ist nicht nur im Verhältnis zu anderen unangenehm, sondern verletzt vor allem auch das Selbstwertgefühl."
>
> *(Geißler, 1982, S. 24)*

Die Zielsetzung eines Lobes ist, dass das erwünschte Verhalten vom Zu-Erziehenden häufiger gezeigt wird und dadurch auch die Lern- und Leistungsmotivation erhöht werden.

Die Steigerung des Selbstwertgefühls und eine verbesserte Selbstsicherheit führen zu einer positiven Weiterentwicklung der Persönlichkeit.

Problematisch wird das Erziehungsmittel Lob, wenn es nicht echt ist oder inflationär gebraucht wird. Wenn darüber hinaus der Gelobte lernt, das erwünschte Verhalten nur dann zu zeigen, wenn darauf eine Belohnung folgt, dann ist zu erwarten, dass das Lob seine beabsichtigte Wirkung verfehlt.

Wenn der zu Erziehende nicht mehr um der Sache, sondern um der Belohnung oder der Person willen das erwünschte Verhalten zeigt, weil das Lob nicht an das, was er tut, sondern an den Erzieher oder an die Belohnung gebunden ist, dann hat Lob seine positive unterstützende Wirkung verloren.

Häufig wird aber auch ein Lob an der richtigen Stelle nicht eingesetzt, weil die Gelegenheit dazu verpasst wird. Ein typisches Beispiel hierfür ist der ständig beim Essen störende Mensch mit Behinderung, der einmal nicht stört und gerade in diesem Augenblick verstärkt werden müsste. Die Sozialhelferin jedoch, die froh ist über diese ruhigen fünf Minuten des Störenfrieds, vermeidet es tunlichst, ihn anzusprechen, um ihn möglichst nicht aus seiner Ruhepause aufzuwecken.

Im pädagogischen Alltag wird oft ein erwünschtes Verhalten als selbstverständlich angesehen und deshalb nicht verstärkt. Hier wird die pädagogische Bedeutung des Lobes bzw. der Belohnung verkannt. Ein Lob wird häufig auch nicht eingesetzt, weil die Person nur selektiv wahrgenommen wird, beim Störenfried z. B. vorwiegend die störenden bzw. unerwünschten Verhaltensweisen gesehen werden. Damit werden negative Bilder bestätigt, erwünschte Verhaltensweisen bleiben meist unbemerkt.

Lob oder Belohnung ist nicht nur an die Sache gebunden, sondern auch an die Person, die dieses Lob ausspricht bzw. belohnt. Durch Lob bzw. Belohnung wird häufig ein nicht mit dem eigentlichen Verhalten in Zusammenhang gebrachtes Bedürfnis befriedigt. Da es vom Erzieher bewusst eingesetzt wird, ist es ein Zeichen des Wohlgefallens und auch der Macht. Es besteht die Gefahr, dass Lob und Belohnung von der Sozialhelferin und später von anderen Personen abhängig machen und damit selbstbestimmtes Verhalten behindern.

Aufgaben

1. Beobachten Sie an einem Tag, wie häufig Sie gelobt haben.

2. Erstellen Sie eine Liste mit verschiedenen Formen des Lobes: z.B. das hast du aber gut gelöst …, das finde ich sehr gut …, so ist es für alle eine gute Lösung …

3. Beobachten Sie, wie häufig der Lehrer in einer Stunde das Erziehungsmittel Lob angewendet hat.

Der Erfolg

Vorteilhafter ist es deshalb, wenn die Sozialhelferin alternativ zum Lob bzw. zur Belohnung durch bestimmte Angebote Erfolgserlebnisse ermöglicht.

> ### Definition
>
> Unter Erfolg wird eine angenehme Konsequenz verstanden, die unmittelbar aus einer bestimmten Verhaltensweise, Handlung oder einem Sachverhalt hervorgeht.

Dies kann, wie Wolfgang Metzger (1976, S. 57) ausführt, das Gelingen eines Unternehmens sein, das Zustandebringen eines Werkes, die unmittelbar als richtig erkannte Lösung einer Aufgabe, die Überwindung einer Schwierigkeit oder der erfreuliche Zustand eines Menschen, dem man geholfen hat.

Das Arrangieren von Erfolgserlebnissen bietet folgende Vorteile:
- Der Mensch handelt nicht um der Belohnung bzw. des Lobes, sondern um der Sache willen.
- Der Mensch kann dadurch eine sachbezogene Motivation aufbauen und macht bzw. lernt etwas aus „Freude an der Sache".
- Der Mensch ist nicht vom Wohlgefallen des Gegenüber abhängig.
- Eine Fremdbestimmung wird verhindert.
- Eine Motivation die „von der Sache ausgeht", führt von sich aus zu einem Lernbedürfnis. Der Betroffene lernt nicht, um ein Lob zu erhaschen, sondern das zu erlernende Verhalten selbst ist Beweggrund des Lernens. Der Zu-Erziehende bemüht sich aus Freude und eigenem Interesse am Problemlösen.

Das Prinzip der Ermutigung

Oft führen Minderwertigkeitsgefühle zu seelischen Konflikten und Fehlverhalten. Ein Minderwertigkeitsgefühl weist darauf hin, dass der Mensch entmutigt ist und deshalb – um seinen Fehlhaltungen ein Ende zu bereiten – ermutigt werden muss.

Das Fehlen von Ermutigung führt bei vielen Menschen zu einer Frustration und zu einem unangemessenen Verhalten. Ein „unartiges Kind" ist häufig auch ein „entmutigtes Kind".

Deshalb braucht es nämlich ermutigende Erfolgserlebnisse. Ständige Kritik vergrößert lediglich Entmutigung und Minderwertigkeitsgefühle.

Voraussetzungen für eine den Teufelskreis aufbrechende Ermutigung sind eine positive, partnerschaftliche und gleichwertige Beziehung zwischen dem Zu-Erziehenden und dem Erzieher sowie Anerkennung und Verstehen. Die Ermutigung erfolgt dann, wenn die Sozialhelferin z. B. dem Menschen mit Behinderung Aufgaben stellt, die diesem mit seinem Können und seinen Fähigkeiten einen Erfolg bescheren.

Das Prinzip der Ermutigung sollte angesichts seiner positiven Auswirkungen in der Erziehungspraxis viel mehr Berücksichtigung und Realisierung finden!

Entgegenwirkende Erziehungsmaßnahmen

Mit entgegenwirkenden Erziehungsmaßnahmen sind alle beabsichtigten Mittel und Verfahrensweisen gemeint, durch die einerseits ein unangenehmer Zustand verringert, vermieden oder beendet werden kann und dadurch eine Verhaltensweise aufgebaut und erlernt wird (= negative Verstärkung), andererseits eine Verhaltensweise vermindert bzw. abgebaut werden kann (= Bestrafung).

Erinnerung, Ermahnung, Tadel

Zu den gegenwirkenden Erziehungsmaßnahmen gehören Erinnerung, Ermahnung und Tadel. Sie sollen dem Zu-Erziehenden verdeutlichen, dass sein Verhalten in dieser Form nicht erwünscht ist und ihn anhalten, es in erwünschter Weise zu ändern. Während eine Erinnerung noch relativ neutral etwas ins Gedächtnis ruft, sind Ermahnung und Tadel nicht mehr wertfrei und beinhalten in der Regel bereits einen Vorwurf. Sie sollten daher nur bewusst eingesetzt werden, wenn sie tatsächlich angebracht scheinen.

Ermahnung, Tadel, Drohung und Strafe werden in der Erziehungspraxis angewendet,
a) um dem Menschen zu verdeutlichen, dass ein Verhalten unerwünscht ist,
b) um mittels dieser für den Menschen unangenehmen Konsequenzen dafür zu sorgen, dass der Mensch das unerwünschte Verhalten nicht mehr zeigt bzw. das erwünschte Verhalten zeigt, um die unangenehmen Konsequenzen zu vermeiden.

Der Tadel ist eine negative Äußerung über ein Verhalten des Zu-Erziehenden mit dem Ziel, dieses Verhalten zu ändern bzw. nicht wieder zu zeigen.

Sozialhelferinnen tadeln in der Hoffnung, durch den Tadel positive Verhaltensweisen zu erreichen, und sie sind sich nicht bewusst über die Wirkungen des Tadels.

Denn der Tadel:

- fordert nicht auf, sondern schreckt ab;
- weckt keine Lustgefühle, sondern Unlustgefühle;
- macht nicht froh und frei, sondern unsicher und mutlos;
- hemmt die Aktivität des Kindes und verstärkt die Minderwertigkeitsgefühle;
- verändert nicht das Verhalten, sondern unterdrückt es lediglich.

Vielen Sozialhelferinnen fällt es schwer, auf den Tadel zu verzichten, da sie oft nicht wissen, wie sie dem Menschen mit Behinderung auf andere Weise mitteilen können, dass seine Verhaltensweise unerwünscht ist.

Auf den Tadel sollte – wenn er schon angewendet wird- unbedingt eine Aufforderung folgen, es zukünftig besser zu machen. Damit wird dem Menschen mit Behinderung die Möglichkeit eingeräumt, sein unerwünschtes Verhalten durch erwünschtes auszugleichen und den Schaden wiedergutzumachen. Außerdem erfährt der Mensch mit Behinderung, dass ihn seine Sozialhelferin eines besseren Verhaltens für fähig hält und ihm dies auch zutraut.

Aufgabe

Bearbeiten Sie das Arbeitsblatt zu unterschiedlichen Erziehungsmaßnahmen im Arbeitsheft.

2.8 Familienunterstützende und -ergänzende Einrichtungen

Die Zahl der unterschiedlichen familienunterstützenden und -ergänzenden Einrichtungen in Deutschland ist in den letzten Jahren stark angestiegen. Dies hat einerseits mit einem steigenden Bedarf zu tun, weil Familien mit immer größeren Problemen zu kämpfen haben und so immer öfter auf Hilfen angewiesen sind. Auf der anderen Seite wünschen sich Familien auch flexiblere Formen der Betreuungsangebote für ihre Kinder, damit man Familie und Beruf besser vereinbaren kann.

2.8.1 Betreuungsangebote für Kinder

Tageseinrichtungen für Kinder

Der Beginn der Kindergartenbewegung liegt gegen Ende des 18. Jahrhunderts. Friederich Fröbel war der Begründer des ersten Kindergartens in Rudolstadt.

Als Kindergarten wird heute eine sozialpädagogische Einrichtung für Kinder im Alter zwischen drei und sechs Jahren bezeichnet, in Abgrenzung zur Kinderkrippe, in die Kinder zwischen null und drei Jahren gehen, und zum Hort, der Grundschulkinder aufnimmt.

Der Kindergarten hat einen Erziehungs-, Bildungs-, und Betreuungsauftrag und gilt als Elementarbereich des Bildungswesens.

Hinsichtlich der Öffnungszeiten gibt es drei unterschiedliche Modelle:

- **Teilzeitbetreuung**, am Vor- und am Nachmittag;
- **verlängertes Vormittagsangebot**, von morgens bis nach dem Mittagessen;
- **Ganztagsbetreuung**, von morgens bis zum Spätnachmittag. Diese Kindergärten werden in Deutschland als Kindertagesstätten mit altersgemischten Gruppen, kurz als KiTas, bezeichnet.

Die meisten Kindergärten werden durch örtliche kommunale oder kirchliche Träger und Träger der freien Wohlfahrtspflege unterhalten. Darüber hinaus gibt es auch andere freie Träger (wie Vereine oder Elterninitiativen) und mittlerweile auch privatwirtschaftliche Träger, die Kindergärten betreiben.

Zusätzlich bzw. ergänzend zu den Regelkindergärten gibt es heilpädagogische Kindergärten, die meist als integrative Kindergärten angelegt sind. Weitere besondere Formen von Kindergärten sind Waldkindergärten und Kindergärten, die nach speziellen pädagogischen Theorien arbeiten, wie z.B. Montessori- oder Waldorfkindergärten. Zunehmend werden die Einrichtungen nicht mehr nach Altersgruppen (Krippe, Kindergarten, Hort) oder nach Zielgruppen (Kinder mit besonderem Förderbedarf) getrennt betrieben, sondern in integrierter oder zumindest kombinierter Form.

Unter dem Einfluss der PISA-Studie hat sich auch die Arbeit in den Einrichtungen verändert. Der Bildungsauftrag des Kindergartens wird wieder stärker wahrgenommen und der interkulturellen Erziehung mehr Beachtung beigemessen.

Der Kindergarten ist in verschiedene Spielzonen eingeteilt. So gibt es den Rollenspielbereich, den Kreativbereich, den Frühstücksbereich, den Konstruktionsbereich, den Bewegungsbereich oder den Entspannungsbereich.

Aufgaben

1. Erkundigen Sie sich nach Kindergärten in Ihrer Stadt und füllen Sie auf einem gesonderten Blatt folgende Tabelle aus:

Name der Einrichtung	Träger	Art der Einrichtung	Anzahl der Gruppen	Pädagogisches Konzept	Personal
St. Ludger	Kirchengemeinde St. Ludger	Kindergarten und Hort	4	Situationsorientierter Ansatz, Integration, Spracherziehung	Heilpädagogen, Erzieherinnen, Kinderpflegerinnen

2. Zeichnen Sie den Grundriss eines Gruppenraums und markieren Sie die Spielzonen.

3. Listen Sie das im Kindergarten angebotene Spielmaterial nach Gruppen auf.

4. Schreiben Sie in Gruppen ein Referat über folgende pädagogische Konzepte:
   a. Montessoripädagogik
   b. Waldorfpädagogik (Rudolf Steiner)
   c. Situationsorientierter Ansatz
   d. Funktionsorientierter Ansatz
   e. Offener Angebotskindergarten
   f. Spielzeugfreier Kindergarten

Das neue Kinderbildungsgesetz (KiBiz)

Am 01. August 2008 ist das neue Kinderbildungsgesetz (KiBiz) in Kraft getreten. Es löst das alte seit 1992 geltende GTK (Gesetz über Tageseinrichtungen für Kinder) ab. Schwerpunkte vom KiBiz sind mehr Bildung, eine bessere Betreuung und frühe Förderung. Dies soll erreicht werden durch:

- einen Ausbau der Betreuungsangebote für unter Dreijährige,
- den Ausbau der Kindertagespflege,
- die gesetzliche Verankerung der zusätzlichen Sprachförderung,
- dem Ausbau von Familienzentren, in denen Betreuung, Bildung und Beratung von Familien mit Kindern gebündelt werden, sowie
- mehr Flexibilität für die Eltern bei der Wahl der Betreuungsdauer.

Auszug aus dem Gesetz zur frühen Bildung und Förderung von Kindern (Kinderbildungsgesetz – KiBiz)

§ 13
Grundsätze der Bildungs- und Erziehungsarbeit

(1) Tageseinrichtungen führen die Bildung, Erziehung und Betreuung nach einem eigenen träger- oder einrichtungsspezifischen Konzept durch.

(2) Die Bildungs- und Erziehungsarbeit zielt darauf ab, das Kind (...) in seiner Entwicklung zu einer eigenständigen und gemeinschaftsfähigen Person zu fördern, es zu Verantwortungsbereitschaft, Gemeinsinn und Toleranz zu befähigen, seine interkulturelle Kompetenz zu stärken, die Herausbildung kultureller Fähigkeiten zu ermöglichen und die Aneignung von Wissen und Fertigkeiten in allen Entwicklungsbereichen zu unterstützen.

(3) Die Einrichtungen haben ihr Bildungskonzept so zu gestalten, dass die individuelle Bildungsförderung die unterschiedlichen Lebenslagen der Kinder und ihrer Eltern berücksichtigt und unabhängig von der sozialen Situation der Kinder sichergestellt ist. Die Einrichtungen sollen die Eltern über die Ergebnisse der Bildungsförderung regelmäßig unterrichten.

(4) Die Kinder wirken bei der Gestaltung des Alltags in der Kindertageseinrichtung ihrem Alter und ihren Bedürfnissen entsprechend mit.

(5) Die Entwicklung des Kindes soll beobachtet und regelmäßig dokumentiert werden. (...)

(6) Zur Erfüllung des Bildungs- und Erziehungsauftrages gehört die kontinuierliche Förderung der Sprachentwicklung des Kindes im Sinne des § 22 Abs. 3 SGB VIII. Das pädago-

gische Konzept nach Absatz 1 muss Ausführungen zur Sprachförderung enthalten. Verfügt ein Kind nicht in altersgemäß üblichem Umfang über deutsche Sprachkenntnisse, hat die Tageseinrichtung dafür Sorge zu tragen, dass es eine zusätzliche Sprachförderung erhält. (...)

Aufgaben

1. Welche Aufgaben ergeben sich aus dem Kinderbildungsgesetz für Erzieherinnen?
2. Finden Sie konkrete Beispiele für Tätigkeiten in einer Kindertageseinrichtung.

Tagespflege

Neben den Betreuungsangeboten für drei- bis sechsjährige Kinder soll ein Ausbau der Betreuungsplätze für unter dreijährige Kinder stattfinden. Immer mehr Eltern haben den Wunsch und die Notwendigkeit, Familie und Beruf zu vereinbaren. Aus diesem Grund soll die Anzahl der sogenannten „U3-Plätze" in Kindertageseinrichtungen und bei Tageseltern  im Kindergartenjahr 2009/2010 in NRW auf insgesamt 86.000 erhöht werden.

Bei der Tagespflege handelt es sich um die familienähnlichste Form der Kindertagesbetreuung.

In der Regel wird das Kind in der Familie der Tagesmutter aufgenommen und wächst dort mit deren Kindern oder mit anderen Tagespflegekindern auf. Es hat somit eine feste Bezugsperson, die sich intensiv um das Kind kümmert, nach kurzer Zeit dessen Bedürfnisse und Eigenarten kennt und sich darauf einstellen kann.

Somit ähnelt die Situation in der Tagespflege der innerhalb einer Familie. Es kann aber auch vereinbart werden, dass das Kind zu Hause betreut wird und somit in seiner vertrauten Umgebung bleibt.

Seit 2005 gibt es wesentliche rechtliche Änderungen in der Tagespflege, sodass die Tagespflege als eine gleichwertige Betreuungsform neben den institutionellen Angeboten wie Krippe oder Kindergarten angesehen wird.

Tagespflege wird dabei vor allem von Eltern unter dreijähriger Kinder in Anspruch genommen.

Tagesmütter benötigen jetzt eine Pflegeerlaubnis, die auf die persönliche Eignung der Tagespflegeperson und die Räumlichkeiten der Kinderbetreuung abzielt. Eine Neuerung ist, dass die Pflegeerlaubnis bereits für das erste Kind beim Jugendamt beantragt werden muss und für maximal fünf Kinder gilt.

Das Jugendamt ist für folgende Bereiche der Tagespflege zuständig:
- Es erteilt die Pflegeerlaubnis,
- es vermittelt Tagesmütter,
- es zahlt das Tagespflegeentgelt an die Tagesmütter aus und
- es refinanziert sich aus Elternbeiträgen und gegebenenfalls staatlichen und kommunalen Förderungen.

Aufgabe

Suchen Sie das Jugendamt in Ihrem Wohnort auf und lassen Sie sich Informationen über Tagespflege geben. Werten Sie diese aus.

Zur Lage der Kinderbetreuung in Deutschland

Seit 1996 hat in Deutschland jedes Kind nach dem KJHG einen Rechtsanspruch auf einen Kindergartenplatz vom vollendeten dritten Lebensjahr bis zur Einschulung. Aber auch der Bedarf nach Betreuungsangeboten für unter Dreijährige ist weiter steigend und soll auch weiter ausgebaut werden.

„Bundesfamilienministerin Ursula von der Leyen berichtet dem Kabinett, dass der Ausbau der Kindertagesbetreuung in Deutschland voranschreitet. Das Ziel, bis 2010 rund 230.000 neue Plätze zu schaffen, scheint erreichbar: Es tut sich endlich etwas beim Ausbau der Kinderbetreuung. Heute hat im Bundesdurchschnitt fast jedes siebte Kind unter drei Jahren einen Platz, 2002 traf das nur für jedes zehnte Kind zu (...).“

(Bundesministerium für Familie, Senioren, Frauen und Jugend, 2006)

Kinder unter 6 Jahren in Kindertageseinrichtungen am 15. März 2008 nach Ländern

Land	0–3 Jahre	3–6 Jahre
Baden-Württemberg	11,5 %	93,7 %
Bayern	11,7 %	88,6 %
Berlin	36,8 %	92,2 %
Brandenburg	38,9 %	93,9 %
Bremen	10,6 %	85,7 %
Hamburg	18,1 %	77,9 %
Hessen	11,6 %	91,4 %
Mecklenburg-Vorpommern	34,4 %	92,2 %
Niedersachsen	7,6 %	85,6 %
Nordrhein-Westfalen	7,1 %	89,9 %
Rheinland-Pfalz	13,8 %	95,3 %
Saarland	13,2 %	92,5 %
Sachsen	33,0 %	94,4 %
Sachsen-Anhalt	52,1 %	93,6 %
Schleswig-Holstein	7,3 %	83,2 %
Thüringen	37,5 %	95,9 %
Deutschland gesamt	15,3 %	90,3 %

(vgl. Statistisches Bundesamt, 2009, S. 7)

Aufgaben

1. Fassen Sie die wesentlichen Aussagen der Statistik schriftlich zusammen.
2. Welche Auffälligkeiten stellen Sie fest?
3. Wie schneidet das Land Nordrhein-Westfalen bei der Kinderbetreuung ab?

Familienzentren

Seit 2007 beginnt Nordrhein-Westfalen mit dem Ausbau sogenannter Familienzentren als Unterstützungsangebot für Familien. Diese Familienzentren erwachsen meist aus bestehenden Kindertageseinrichtungen und werden durch das Gütesiegel „Familienzentrum NRW" zertifiziert. Dieses Gütesiegel gliedert sich dabei in vier Leistungsbereiche und vier Strukturbereiche. Die Leistungsbereiche geben die inhaltlichen Angebote und die Strukturbereiche organisatorische Aspekte des Familienzentrums wieder.

Teil A: Leistungsbereiche	Teil B: Strukturbereiche
1. Bereithalten von Beratungs- und Unterstützungsangeboten für Kinder und Familien	1. Ausrichtung des Angebotes am Sozialraum
2. Förderung von Familienbildung und Erziehungspartnerschaft	2. Aufbau einer verbindlichen Zusammenarbeit mit Einrichtungen und Diensten, deren Tätigkeit den Aufgabenbereich des Familienzentrums berührt
3. Unterstützung bei der Vermittlung und Nutzung der Kindertagespflege	3. Bekanntmachung des Angebotes durch zielgruppenorientierte Kommunikation
4. Verbesserung der Vereinbarkeit von Beruf und Familie	4. Sicherung der Qualität des Angebotes durch Leistungsentwicklung und Selbstevaluation

(Ministerium für Generationen, Familien, Frauen und Integration des Landes Nordrhein-Westfalen, 2008, S. 5)

Aufgabe

Besuchen Sie ein Familienzentrum in Ihrem Wohnort und informieren Sie sich über das dortige Angebot.

Hort, Übermittagbetreuung und Ganztagsschule

Da immer häufiger beide Elternteile ganztags berufstätig sind oder unterschiedliche Arbeitszeiten haben, wächst der Bedarf einer Betreuungsmöglichkeit auch für Grundschulkinder am Nachmittag. Hierfür werden unterschiedliche Betreuungsmöglichkeiten angeboten, u. a. der Hort, die Übermittagbetreuung und die Ganztagsschule.

Definition

Unter **Hort** versteht man eine Einrichtung, die meist von Grundschulkindern bis zur vierten Klasse besucht wird, also von Kindern im Alter von sechs bis zehn Jahren. Der Hort ist eine Einrichtung der Jugendhilfe und hat (wie der Kindergarten oder die Kindertagesstätte) einen Erziehungs-, Bildungs und Betreuungsauftrag. Der Schwerpunkt liegt dabei zumeist auf Hausaufgabenbetreuung und Freizeitgestaltung. Manchmal gibt es auch besondere Hilfsangebote für lernschwache Kinder. Neben der Betreuung wird auch ein Mittagessen für die Hortkinder angeboten.

Betreuungszeiten und Betreuungsumfang sind von Einrichtung zu Einrichtung unterschiedlich. Meist erstreckt sich die Betreuungszeit vom Ende des Schulunterrichts bis ca. 16:30 Uhr oder länger. Manche Einrichtungen bieten aber auch Betreuungsmöglichkeiten vor dem Unterricht an.

Horte gibt es als eigene Institutionen, sie können aber auch in Kindergärten, Kindertagesstätten oder Schulen untergebracht sein. Einige Einrichtungen bieten in den Schulferien ein spezielles Ferienprogramm an.

Die Betreuung wird in der Regel von Erzieherinnen oder Sozialpädagoginnen durchgeführt.

> **Definition**
>
> Die Übermittagbetreuung ist eine ähnliche Einrichtung wie der Hort, aber oft nicht an einen Kindergarten angebunden, sondern in freier Trägerschaft oder als Elterninitiative entstanden, sodass hier eine andere Finanzierung vorliegt. Die Kinder in der Übermittagbetreuung können bis vierzehn Jahre alt sein.

Neben dem Hort und der Übermittagbetreuung gibt es in den letzten Jahren eine steigende Zahl von Ganztagsschulen. Diese haben den Anspruch, die Schüler den Großteil des Tages zu betreuen, bis ca. 16:00 oder 17:00 Uhr. Diese Betreuungsform gibt es für Schüler der Klassen 5 bis 10.

Hierbei bieten die Lehrer einerseits eine Hausaufgabenbetreuung, aber auch spezielle Arbeitsgemeinschaften zu unterschiedlichen Themen im musischen, kreativen, sportlichen oder naturwissenschaftlichen Bereich an. Dadurch wird der Kontakt zwischen Lehrern und Schülern gefördert und man hat mehr Zeit für offene und alternative Lernformen. Ein Teil der Betreuung kann auch von Eltern oder älteren Schülern geleistet werden.

In Nordrhein-Westfalen wird die Offene Ganztagsschule (OGS) im Primarbereich weiter ausgebaut. So soll landesweit für jedes vierte Grundschulkind ein Platz in der Ganztagsschule zur Verfügung stehen.

Da die Betreuung nun an Grundschulen angebunden wird, befürchten private Initiativen und Kindergärten, dass sich seit Jahren bewährte Betreuungsmöglichkeiten auflösen, weil ihnen die Finanzierung entzogen wird.

Aufgaben

1. Wodurch unterscheiden sich diese Betreuungsmöglichkeiten? Welche Gemeinsamkeiten gibt es?
2. Suchen Sie eine der oben genannten Einrichtungen auf. Erstellen Sie einen „typischen" Arbeitsalltag der Einrichtung.

2.8.2 Hilfen zur Erziehung

Die Hilfen zur Erziehung sind in Deutschland staatliche bzw. kommunale Leistungen der Jugendhilfe für Familien mit Kindern und Jugendlichen. Gesetzlich geregelt sind diese Hilfen im § 27 des Kinder- und Jugendhilfegesetzes (KJHG/SGB VIII).

Die „Hilfe zur Erziehung" im Sinne des § 27 KJHG unterstützt die Personenberechtigten, also in der Regel die Eltern, wenn „(...) eine dem Wohl des Kindes oder des Jugendlichen entsprechende Erziehung nicht gewährleistet (...)" ist (Absatz 1).

Dies bedeutet, dass Eltern einen Antrag auf Hilfen zur Erziehung beim Jugendamt stellen können, wenn sie das Gefühl haben, dass sie Unterstützung benötigen.

Auch Kinder und Jugendliche können sich an das Jugendamt wenden, wenn sie Schwierigkeiten zu Hause haben. Sie können aber keinen Antrag auf Hilfen zur Erziehung stellen, dieser muss durch die Eltern bzw. Personenberechtigten erfolgen.

Wenn das Wohl des Kindes gefährdet ist, z. B. bei sexuellem Missbrauch, Vernachlässigungen oder Misshandlungen, kann das Jugendamt mithilfe des Familiengerichts auch ohne die Zustimmung der Eltern eingreifen.

In den §§ 28–35 des Kinder- und Jugendhilfegesetzes werden konkrete Erziehungshilfen genannt, die nach ambulanten, teilstationären und stationären Maßnahmen unterteilt werden können.

§ 27 Kinder- und Jugendhilfegesetz (KJHG) Hilfen zur Erziehung

Ambulante Hilfen	Teilstationäre Hilfen	Stationäre Hilfen
• § 28 KJHG Erziehungsberatung • § 29 KJHG Soziale Gruppenarbeit • § 30 KJHG Erziehungsbeistandschaft/ Betreuungshelfer • § 31 KJHG Sozialpädagogische Familienhilfe	• § 32 KJHG Erziehung in einer Tagesgruppe (auch in Form von Familienpflege möglich)	• § 33 KJHG Vollzeitpflege • § 34 KJHG Heimerziehung, sonstige betreute Wohnformen • § 35 KJHG intensive sozialpädagogische Einzelbetreuung

Teilweise können Hilfearten miteinander kombiniert werden.

Ambulante Hilfen

Ambulante Hilfen bedeuten Unterstützung der Familie und des betroffenen Kindes bzw. Jugendlichen, die an dem bisherigen Wohnort, also in der Regel im elterlichen Haushalt verbleibt.

§ 28 Erziehungsberatung

Von den Hilfen zur Erziehung ist die Beratung das niedrigschwelligste Angebot. Im Gegensatz zu den meisten anderen Hilfen zur Erziehung, wie soziale Gruppenarbeit oder Erziehungsbeistand, richtet sich das Angebot vornehmlich an die Eltern bzw. Personenberechtigten.

Ein Schwerpunkt in der praktischen Arbeit ist die Beratung von Personenberechtigten bei Trennung und Scheidung und die Beratung von Alleinerziehenden. Sehr häufig wird auch bei auffälligem Sozialverhalten und bei Aufmerksamkeitsproblemen von Kindern

Erziehungsberatung in Anspruch genommen. Die Erziehungsberatung ist immer vertraulich; die Berater unterliegen der gesetzlichen Schweigepflicht. Jugendliche können sich auch selbstständig an die Beratungsstellen wenden.

Erziehungsberatungsstellen können bei den Jugendämtern angegliedert sein oder bei freien Trägern wie z. B. Caritas oder Diakonie.

§ 29 Soziale Gruppenarbeit

Soziale Gruppenarbeit ist ein Angebot zum sozialen Lernen in Gruppen, das auf der Freiwilligkeit der Inanspruchnahme beruht und neben Jugendlichen auch zunehmend Kinder einbezieht.

Die sozialpädagogische Gruppenarbeit ist in der Regel für Kinder und Jugendliche im schulfähigen Alter ausgelegt, selten auch für jüngere bzw. ältere Jugendliche, da hier meist andere Maßnahmen geeigneter sind. Soziales Lernen in der Gruppe, Überwindung von Verhaltensauffälligkeiten und Entwicklungsschwierigkeiten stehen bei den ein- bis dreimal wöchentlichen zwei- bis dreistündigen Treffen im Vordergrund. Die Gruppenarbeit kann durch Gruppenfahrten und ähnliche Veranstaltungen ergänzt werden. Die Gruppengröße (min. drei bis in der Regel max. zwölf Personen) hängt u. a. von der Stärke des Hilfebedarfs ab.

Grundsätzlich können zwei Ansätze unterschieden werden:
- **Kursform**: Ein Kurs wird in der Regel für ein bis sechs Zeitstunden in der Woche geplant und dauert sechs bis zwölf Monate. Die Gruppentreffen sind dabei meist ein- bis dreimal in der Woche. Die Aufnahme in den Kurs erfolgt für alle Teilnehmer gleichzeitig. Die praktische Umsetzung kann hier relativ leicht nach gruppendynamischen Ansätzen gestaltet werden.
- **Fortlaufende Gruppen**: Die Gruppen werden für selten länger als zwei Jahre initiiert. Zu Beginn der Hilfe werden Zielvereinbarungen mit den Sorgeberechtigten getroffen und halbjährlich im Hilfeplanverfahren überprüft und gegebenenfalls verändert. Aufnahme der Teilnehmer kann zu jedem Zeitpunkt erfolgen, ebenso wie individuelle Beendigung. Die solchen Gruppen innewohnende Gruppendynamik ist zu denen der Kursform sehr verschieden.

Meist entstehen diese Gruppen unter bestimmten thematischen Gesichtspunkten, z. B. Gruppen für Scheidungskinder oder bei Verlust eines Elternteils.

§ 30 Erziehungsbeistandschaft/Betreuungshelfer

Der Inhalt des Gesetzestextes lautet:

> „Der Erziehungsbeistand und der Betreuungshelfer sollen das Kind oder den Jugendlichen bei der Bewältigung von Entwicklungsproblemen möglichst unter Einbeziehung des sozialen Umfelds unterstützen und unter Erhaltung des Lebensbezugs zur Familie seine Verselbstständigung fördern."

Der Schwerpunkt der Erziehungsbeistandschaft liegt auf der individuellen Arbeit mit dem jeweiligen Kind oder Jugendlichen. Zusätzliche Beratungen der Eltern bzw. gemeinsame Gespräche können ergänzend sinnvoll und möglich sein.

Bei dieser Hilfe steht dem Kind bzw. dem Jugendlichen eine Vertrauensperson zur Seite, die versucht, die Schwierigkeiten zu verstehen und zu beseitigen.

Die Erziehungsbeistandschaft wird häufiger bei Jugendlichen als bei Kindern eingesetzt.

§ 31 Sozialpädagogische Familienhilfe

Bei der Sozialpädagogischen Familienhilfe steht die Beratung der gesamten Familie im Mittelpunkt.

Durch die intensive Beratung und Begleitung der Familie werden Lösungen von Alltagsproblemen und Konfliktbewältigung probiert und geübt. In der Regel ist sie für einen längeren Zeitraum (ein bis zwei Jahre) gedacht.

Voraussetzungen für die Gewährung von Sozialpädagogischer Familienhilfe (SPFH) sind ein Antrag der Eltern und die Aufstellung eines Hilfeplans, in dem die Probleme und die Lösungsschritte einschließlich gemeinsamer Ziele und Überprüfungszeiträume festgelegt werden. Indikation für die intensive Hilfe sind Familien, in denen eine Multiproblematik vorliegt (emotionale, soziale und ökonomische Probleme).

In der Sozialpädagogischen Familienhilfe sollen Eltern bzw. Alleinerziehende mit ganz praktischen Hilfen bei Fehlern in der Kindererziehung (Vernachlässigung, Misshandlung), in der Versorgung des Haushalts und bei unangemessenem Ausgabeverhalten (bei knappen Einnahmen) unterstützt werden. Dies geschieht insbesondere bei einer gravierenden häuslichen Unterversorgung (Bildung, Hygiene, Wohnung usw.) oder bei unmittelbaren zeitlich befristeten Schwierigkeiten in vielen Lebensbereichen. Immer muss aber auch ein erhöhter erzieherischer Bedarf – also die Notwendigkeit der Erziehungshilfe – vorliegen.

Sozialpädagogische Familienhelferinnen besuchen Familien regelmäßig in ihrer Wohnung. Bei ihren Besuchen erleben Familienhelferinnen die vorliegenden Probleme unmittelbar und suchen vor Ort gemeinsam mit den Familien nach naheliegenden und passenden Lösungen. Den Familien soll die Verantwortung für die Bewältigung ihrer vielfältigen und gehäuften Probleme nicht abgenommen werden, sondern sie sollen durch SPFH nach dem Motto „Hilfen zur Selbsthilfe" zu eigenen Lösungen angeregt werden, um die vereinbarten Ziele zu erreichen.

Teilstationäre Hilfen

§ 32 Tagesgruppe

Die Tagesgruppe ist von ihrer Konzeption zwischen Sozialer Gruppenarbeit und Heimerziehung (aus der sie hervorgegangen ist) angesiedelt. Sie wird als teilstationäre Hilfe bezeichnet. Die Tagesgruppe ist in der Regel dann eine geeignete Hilfe, wenn ambulante Maßnahmen nicht mehr ausreichen und Heimunterbringung vermieden werden soll.

Kinder und Jugendliche, die in einer Tagesgruppe betreut werden, wohnen weiterhin bei ihren Eltern. Sie besuchen ihre normalen Schulen und verbringen auch ihre Wochenenden in der Familie. Die pädagogische Betreuungszeit beginnt mit Schulschluss und endet abends (gegen 18:00 Uhr).

Die Gruppen sind in der Regel gemischtgeschlechtlich und in ihrer Altersstruktur heterogen. Die höchste Altersstufe, die in Tagesgruppen betreut wird, ist die der 13- bis 17-Jährigen. Die Gruppengrößen liegen bei sechs bis zwölf Jugendlichen.

Soziales Lernen in der Gruppe, Überwindung von oft stark auffälligem Verhalten und/oder familiären Missständen sowie die schulische Förderung stehen im Vordergrund dieser Jugendhilfemaßnahme. Dabei spielt die intensive familientherapeutische Elternarbeit von Anfang an eine größere Rolle.

Stationäre Hilfen

§ 33 Vollzeitpflege

Die **Vollzeitpflege** gehört zu den lebensfeldersetzenden Hilfen zur Erziehung, dies bedeutet die zeitweise oder dauerhafte Unterbringung eines Kindes in einer Pflegefamilie oder Erziehungsstelle. Beide Formen der Fremdunterbringung ermöglichen das Aufwachsen des Kindes in einem Familiensystem.

Den Begriff „Vollzeitpflege" benutzt man auch in der Alten- bzw. in der Krankenpflege. Die Unterbringung eines Kindes in Vollzeitpflege kann verschiedene Gründe haben:
- In der Herkunftsfamilie ist das Kindeswohl dauerhaft oder zeitweise gefährdet.
- Kinder sollen die Möglichkeit haben, in einem intakten Familiensystem aufzuwachsen.
- Anstelle einer Adoption, um z. B. die Bedeutung der leiblichen Eltern zu stärken.

Erziehungsstellen sind eine relativ neue Form der Hilfe nach § 33 KJHG Vollzeitpflege. Die Hauptunterschiede zu Pflegefamilien sind:
- Erziehungsstellen werden von den freien Trägern der Jugendhilfe angeboten. Sie sorgen anstelle des Kinderpflegedienstes des Jugendamts für ein qualifiziertes Auswahlverfahren.
- Wer Erziehungsstelle werden will, muss eine pädagogische Ausbildung vorweisen.
- Die Erziehungsstelle wird regelmäßig und intensiv beraten und betreut.

Grundsätzlich haben alle Hilfen zur Erziehung die Rückführung in die Herkunftsfamilie zum Ziel. Nur wenn wesentliche Gründe gegen eine Rückkehr sprechen, sollen andere Perspektiven als Möglichkeit in Betracht gezogen werden.

Lebensfeldersetzende Maßnahmen bedeuten für die betroffenen Kinder eine große Belastung, insbesondere durch das Herauslösen aus dem gewohnten sozialen Umfeld, die Trennung von den bisherigen Bezugspersonen und die unklare Zukunftsperspektive.

Ein besonderes Problem ist, dass ein Kind sich in seiner neuen Umgebung einlebt und neue Bindungen aufbaut, die auch gewollt sind. Dadurch ist die Beendigung einer Vollzeitpflege nach einer gewissen Zeitspanne ohne Schädigung des Kindes kaum mehr möglich.

§ 34 Heimerziehung und betreute Wohnformen

> **Definition**
>
> Unter **Heimerziehung** werden alle stationären Angebote der Kinder- und Jugendhilfe verstanden, deren Konzepte sich aus der klassischen Form des Kinderheimes entwickelt haben, und durch die Kinder und Jugendliche Tag und Nacht pädagogisch betreut werden.

Heute stellt die Heimunterbringung die letzte Stufe der im (Kinder- und Jugendhilfegesetz KJHG) festgeschriebenen Hilfen zur Erziehung dar. Dies hängt neben dem Kostenfaktor vor allem mit der Einführung des Partizipationsprinzipes im KJHG zusammen. Heute soll das Heim nicht mehr die Familie ersetzen, sondern sie ergänzen mit dem Ziel, das Kind in die Herkunftsfamilie rückzuführen.

Das Wort Waisenheim ist seit Ende der 1940er-Jahre im deutschsprachigen Raum veraltet. Wie oben bereits erwähnt, ist die Heimerziehung (§ 34) eine Leistung des Kinder- und Jugendhilfegesetzes im Rahmen der Hilfen zu Erziehung nach § 27 des Sozialgesetz-

buches VIII (SGB VIII). Es handelt sich um eine stationäre Unterbringung eines Kindes oder Jugendlichen über Tag und Nacht in einer Einrichtung.

Die im KJHG festgelegten Hilfen zur Erziehung kann jeder in Krisensituationen als Rechtsanspruch geltend machen, um das Wohl des Kindes zu stärken bzw. zu schützen. Einen Rechtsanspruch auf Heimerziehung im Speziellen besteht aber nicht. Für diese Fremdunterbringung ist ein ordentliches Hilfeplanverfahren nach § 36 des SGB VIII nötig.

Im Rahmen des § 1666 BGB (Kindeswohlgefährdung) kann ein Familiengericht auf Initiative des Jugendamtes die Unterbringung in einem Heim (oder einer anderen Hilfe) auch gegen den Willen der Sorgeberechtigten anordnen. Dies geschieht bei Kindeswohlgefährdung und wenn die Sorgeberechtigten nicht in der Lage oder gewillt sind, die Gefahr abzuwenden.

Einrichtungen und Konzepte der Heimerziehung

Von *dem* Heim kann im Grunde nicht (mehr) gesprochen werden. Gemeinsam ist allen Formen, dass sie ein vollstationäres Angebot über Tag und Nacht darstellen. Die einzelnen Unterbringungsformen unterscheiden sich stark in Angebot, Zielgruppe, Betreuungsschlüssel, Lage und nicht zuletzt auch durch die Größe.

Kinder- und Jugendheim

Diese „klassische" Form ist meist eine Wohnung in einem größeren Haus, in dem ca. acht Kinder und/oder Jugendliche leben. Zur Seite stehen ihnen Erzieherinnen bzw. Sozial- und Diplompädagoginnen, die dort im Schichtdienst arbeiten und eine Versorgung und Betreuung rund um die Uhr gewährleisten. Es gibt auch Heime, die aus mehreren Häusern bestehen, in denen jeweils eine Gruppe lebt. Gesonderter Bestandteil kann auch ein zentraler Speisesaal, zentrale Wäscherei oder Küche sein. Ziel der pädagogischen Gestaltung der Gruppen ist es, eine familienähnliche Struktur herzustellen.

Es gibt auch Heime, die sich auf bestimmte Problemstellungen spezialisiert haben, wie z. B. Drogenkonsum, sexuelle Gewalt, dissoziales Verhalten, und über dementsprechendes fachliches Know-how verfügen.

Wenn die Betreuung von Erziehern/Erzieherinnen (öfter auch Paaren) gewährleistet wird, die selbst fest in ihrer Gruppe leben, spricht man von einer Familienwohngruppe oder einer familienähnlichen Wohngruppe.

Wohngruppen

Beim sogenannten betreuten Jugendwohnen wird in der Regel ebenfalls eine Rund-um-die-Uhr-Betreuung durch Erzieherinnen bzw. Sozialpädagoginnen gewährleistet. Zielgruppen sind eher etwas ältere Jugendliche, die z. B. in Verselbstständigungsgruppen leben. Ziel ist, die jungen Menschen an ein selbstständiges Leben heranzuführen. Jugendliche, die in einer Wohnung oder in einem Haus leben und nur noch stundenweise von Erziehern oder Sozialpädagogen aufgesucht werden, nennt man Jugendwohngemeinschaften. Es ist auch möglich, dass ein Jugendlicher alleine in einer Wohnung lebt. In diesem Fall wird von betreutem oder mobilem Einzelwohnen gesprochen.

Mutter-Kind-Betreuung

Verschiedene Kommunen bzw. Träger haben spezielle Projekte ins Leben gerufen, um z. B. minderjährigen Müttern ein betreutes Aufziehen ihrer Kinder zu ermöglichen und den Müttern selbst auch Betreuung zu gewährleisten.

Bei dieser Wohnform leben die Mütter zusammen mit ihren Kindern in einer Einrichtung; dabei kann es sich um ein betreutes Einzelwohnen der jungen Mutter oder auch um eine Wohngemeinschaft/Gruppe aus mehreren Müttern mit ihren Kindern handeln.

Geschlossene Unterbringung

Im Unterschied zu den oben genannten Gruppen kann ein Kind oder Jugendlicher nur auf richterliche Anordnung in einem geschlossenen Heim untergebracht werden. Es handelt sich um eine nach § 1631b BGB benannte „mit Freiheitsentziehung verbundene Unterbringung". Dort sind Fenster, Türen etc. gegen Flucht gesichert, was bei offenen Einrichtungen in der Regel nicht der Fall ist. Grund für die Unterbringung sind oft strafrechtliche Auffälligkeiten der Jugendlichen. Unter besonderen Umständen kann auch häufiges Entweichen aus „offenen" Einrichtungen oder Schuleschwänzen der Anlass sein oder wenn der Jugendliche mit seinen Auffälligkeiten über andere Betreuungsformen nicht zu erreichen ist. Formal können Jugendliche geschlossen untergebracht werden, wenn ansonsten erhebliches „eigen-" oder „fremdgefährdendes Verhalten" zu erwarten wäre und der/die Jugendliche also vor sich selbst oder die Gesellschaft vor dem/der Jugendlichen zu schützen ist. Diese Form der Unterbringung sieht sich nicht nur in der Vergangenheit heftiger Kritik ausgesetzt und wird in vielen Bundesländern nicht angewendet. In den letzten Jahren ist allerdings wieder eine größere Akzeptanz solcher Maßnahmen zu beobachten. Dies hängt auch mit der Berichterstattung der Medien über alternative Heimkonzepte zusammen.

Kurzzeitunterbringung, Clearing

Mitunter dient eine Heimunterbringung lediglich der räumlichen Trennung von Personensorgeberechtigten und Kind, um eine verfahrene Situation zu entspannen, einen Hilfebedarf abzuklären sowie eine mögliche Lösung zu finden. In solchen Fällen stehen in einigen Städten sogenannte Clearingstellen zur Verfügung, die konzeptionell auf diese stark wechselnden Gruppen eingerichtet sind. Kurzzeitunterbringung reicht von ein paar Tagen bis hin zu mehreren Wochen.

§ 35 Intensive sozialpädagogische Einzelbetreuung

Die intensive sozialpädagogische Einzelbetreuung wendet sich in der Regel an Jugendliche, die von anderen Angeboten der Jugendhilfe nicht mehr erreicht werden.

Die intensive sozialpädagogische Einzelbetreuung beschäftigt sich normalerweise mit nur einem Jugendlichen, wobei die Art der Betreuung nicht so stark eingeschränkt ist und die Ausgestaltung der Betreuung ein Resultat des jeweiligen Hilfeplanverfahren ist.

Jugendliche, die in diesem Angebot betreut werden, haben oft schon andere Maßnahmen durchlaufen.

Ein Ziel dieser Betreuungsform ist es, dem Jugendlichen Perspektiven für sein weiteres Leben anzubieten.

Die Hilfen können dabei ganz unterschiedlicher Ausrichtung sein, z. B. Anmieten einer geeigneten Wohnung, Auslandsaufenthalte oder erlebnispädagogische Angebote.

Die intensive sozialpädagogische Einzelbetreuung ist sehr zeitintensiv und mit vielen Kontakten verbunden, um eine vertrauensvolle Beziehung zwischen Betreuer und Klient aufbauen zu können. Aus diesem Grund sollte der Kontakt zwölf Wochenstunden nicht unterschreiten.

Sonstige Hilfeleistungen

Hilfe zum Lebensunterhalt

Die Hilfe zum Lebensunterhalt (HzLu) ist eine soziale Leistung in Deutschland, um das Existenzminimum zu sichern.

Die Hilfe zum Leben bildet seit dem 1. Januar 2005 neben dem Arbeitslosengeld II und der Grundsicherung im Alter die unterste Ebene im Netz der sozialen Sicherung.

Folgende Personen haben im Bedarfsfall Anspruch auf Hilfe zum Lebensunterhalt:

- Kinder unter 15 Jahren, die in einer Bedarfsgemeinschaft mit Beziehern von Grundsicherung (z.B. Großeltern) leben und ihren Lebensunterhalt nicht sicherstellen können,
- Personen, deren Anspruch auf Arbeitslosengeld II endet, weil sie sich voraussichtlich länger als 6 Monate in einer stationären Einrichtung aufhalten,
- Ausländer unter bestimmten Bedingungen,
- Bewohner von vollstationären Einrichtungen der Pflege, der Altenhilfe und der Eingliederungshilfe für Behinderte, deren eigenes Einkommen und Vermögen nicht ausreicht, die Kosten der Unterkunft zu zahlen.

Folgende Leistungen gehören u.a. zur Hilfe zum Lebensunterhalt:

- der Regelsatz beträgt seit Juli 2008 351 Euro im Monat, wobei es unterschiedliche Regelsätze für den Haushaltsvorstand, Ehe- bzw. Lebenspartner und Kinder gibt,
- die Unterkunftkosten für eine angemessen große Wohnung, die Quadratmeterzahlen sind vorgegeben,
- die Heizkosten und
- einmalige Leistungen z.B. für eine Erstausstattung des Haushalts, für Bekleidung oder mehrtägige Klassenfahrten.

2.8.3 Jugendfreizeiteinrichtungen

> **Definition**
>
> Unter **Kinder- und Jugendfreizeiteinrichtungen** versteht man Einrichtungen der offenen Kinder- und Jugendarbeit. Oft werden diese Einrichtungen auch Jugendhaus, Jugendzentrum, Jugendtreff oder Jugendclub genannt.

Sie bieten als Häuser der offenen Tür (HOT) Kindern und Jugendlichen unterschiedliche niederschwellige Angebote und Programme und die Möglichkeit eines Treffpunkts.

Manchmal spezialisieren sich Einrichtungen auf bestimmte Alters- oder Zielgruppen (z.B. Mädchenarbeit).

Die gesetzliche Grundlage für Kinder- und Jugendarbeit sind die §§ 11–15 des Kinder- und Jugendhilfegesetzes (KJHG). Die Träger von Jugendfreizeiteinrichtungen sind in der Regel Kommunen (Städte oder Gemeinden), Kirchen oder andere freie Träger der Jugendhilfe (z.B. AWO, DRK, Vereine).

Jugendfreizeiteinrichtungen haben meist unterschiedliche Angebots- und Arbeitsschwerpunkte, z. B.:

- Prävention und Freizeitpädagogik, Angebot abwechslungsreicher Programme (z. B. Discos, Ferienprogramme, Workshops) sowie unverbindlicher Möglichkeiten, sich zu treffen und zu spielen (z. B. Kicker, Dart, Billard, Tischtennis);
- Beratung und Einzelfallhilfe in schwierigen Lebenslagen und bei typischen Jugendproblemen (z. B. beim Übergang von Schule zu Beruf, bei Problemen mit Eltern oder der Familie, bei Drogenproblemen, Liebe und Sex, Rechtsfragen);
- jugendkulturelle Veranstaltungen, z. B. Konzerte, Theater, Workshops in unterschiedlichen Bereichen;
- Mitgestaltungs- und Mitwirkungsmöglichkeiten bei Programmen und Projekten oder in Gremien und Arbeitsgruppen;
- Vermietungen und private Raumnutzungen außerhalb der Öffnungszeiten für Jugendliche und junge Erwachsene.

Zielgruppen der offenen Kinder- und Jugendarbeit sind insbesondere benachteiligte und sozial schwächere Kinder und Jugendliche.

In Kinder- und Jugendeinrichtungen arbeiten hauptsächlich Sozialpädagoginnen und Sozialarbeiterinnen, aber auch Erzieherinnen oder andere pädagogische Fachkräfte. Ein Teil der Arbeit wird aber auch von Zivildienstleistenden oder ehrenamtlichen Mitarbeitern geleistet.

Im Gegensatz zum Rechtsanspruch auf einen Kindergartenplatz ist Jugendarbeit immer noch eine freiwillige Leistung der Kommune, sodass im Zuge „knapper Kassen" immer mehr Jugendfreizeiteinrichtungen geschlossen werden.

Aufgaben

1. Besuchen Sie eine Jugendeinrichtung in Ihrer Umgebung.
2. Sammeln Sie Informationen über Träger, Angebote, Besucherstruktur und Personal.
3. Stellen Sie die Einrichtung in Ihrer Lerngruppe vor.

4. Beachten Sie auch das Arbeitsblatt im Arbeitsheft.

2.9 Handeln im Lernfeld 2

2.9.1 Möglichkeiten zusätzlicher Lernsituationen

Die nachfolgenden Lernsituationen dienen nur als Anregung und müssen je nach Besonderheit des Umfeldes verändert werden. In einer genauen Analyse kann der Fall konkretisiert und eine eigene Aufgabenstellung erarbeitet werden.

Lernsituationen

Lernsituation 1

Die Sozialhelferin Petra soll in der Familie Meier, die drei Kinder hat, für einen Tag die Betreuung der Kinder übernehmen, da die Eltern für einen Tag einen Verwandtenbesuch (Trauerfeier) erledigen müssen. Die Arbeit erstreckt sich auf alle Bereiche (hauswirtschaftlich, sozialpädagogisch, sozialpflegerisch).
Die Kinder sind Paul, fünf Jahre, Tobias, acht Jahre, und Lena, drei Jahre. Kurz vor der Abfahrt stellt sich heraus, dass Lena Fieber und eine leichte Erkältung hat. Die Eltern haben vereinbart, dass im Notfall die Oma kurzfristig die Betreuung für ein paar Stunden übernehmen könnte.
Überlegen Sie sich, wie Sie den Tag gestalten können.

Lernsituation 2

Der Sozialhelfer Karl ist im Freispiel in der Kindertagesstätte heute für die Freispielsituation verantwortlich.
Planen Sie die Freispielsituation für die Kinder an diesem Tag.

Lernsituation 3

Silvia arbeitet in einer Familie, die regelmäßig die PEKIP-Gruppe besucht. Da die Leiterin der PEKIP-Gruppe einen Termin ausfallen lassen müsste, wird überlegt, ob nicht Silvia die PEKIP-Gruppe für einmal übernehmen kann.
Informieren Sie sich über das PEKIP-Modell und entwickeln Sie Aufgaben für eine Sitzung.

2.9.2 Praktische Anregungen

1. Thema Orientierung

Beschreiben Sie die Einrichtung, in der Sie Ihr Praktikum machen.

Dazu gehören folgende Aspekte:
- Name, Ort, Träger, Art der Einrichtung usw.
- Ziel der Einrichtung?
- Wer arbeitet dort? In welchen Tätigkeitsbereichen?

- Wie viele Kinder bzw. Jugendliche besuchen die Einrichtung? Wie viele Kinder sind in Ihrer Gruppe bzw. mit wie vielen Jugendlichen haben Sie Kontakt? …

2. Aufgaben und Tätigkeiten

Erstellen Sie ein Raster mit allen täglich wiederkehrenden Aufgaben (z.B. Frühstück bereiten, spielen, Stuhlkreis, Angebote machen (usw.) und allen besonderen Aufgaben (z.B. Kindergeburtstag feiern, Elternnachmittag, Spielzeug reinigen, Ausflüge).

Nachdem Sie alle Aufgaben notiert haben, ordnen Sie diese bitte in einer Tabelle nach sozialpädagogischen Tätigkeiten, sozialpflegerischen Tätigkeiten und hauswirtschaftlichen Tätigkeiten.

3. Aktivität

Führen Sie ein Spiel bzw. mehrere Spiele mit den Kindern bzw. Jugendlichen durch. Diese können aus unterschiedlichen Bereichen sein, z.B. Bewegungsspiel, Kooperationsspiel, Denkspiel o.Ä. Brettspiele sind davon ausgenommen!

Bei den Vorbereitungen zu den Spielen sollten Sie überlegen:
- Für welche Kinder/Jugendlichen bieten Sie die Spiele an?
- Warum gerade diese Spiele?
- Welches Material brauchen Sie dafür?
- Welche Vorbereitungen müssen Sie treffen?
- An welchem Ort findet das Angebot statt?
- Wie viel Zeit benötigen Sie dafür?

4. Reflexion

Im Anschluss an das Angebot fertigen Sie bitte eine schriftliche Reflexion über das Angebot an. Folgende Fragen sollen Sie dabei berücksichtigen:
- War das Angebot (Spiel) für die Kinder/Jugendlichen interessant und ansprechend?
- Gab es Kinder/Jugendliche, die nicht erreicht wurden? Wie äußerte sich das? Woran lag das?
- Welche Ziele haben Sie sich gesetzt? Wurden diese erreicht?
- Waren die Vorbereitungen ausreichend? Was fehlte?
- War das Angebot genügend durchdacht?
- Wurden die Planungsschritte so durchgeführt, wie sie geplant waren?
- Was wurde geändert und warum?
- Gab es Situationen, in denen Sie sich als Spielleiterin unwohl bzw. unsicher gefühlt haben? Woran lag das?

3

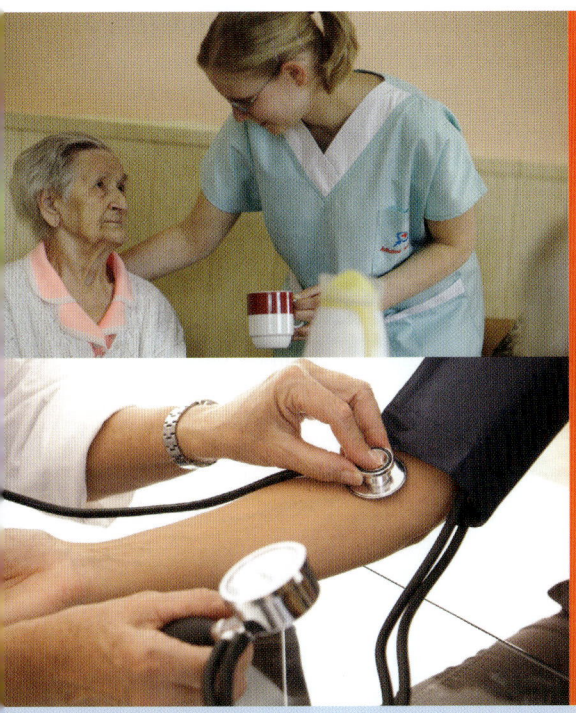

Lernfeld 3: Menschen mit alters- und/oder krankheitsbedingten Beeinträchtigungen unter angemessener Berücksichtigung vorhandener Ressourcen betreuen, versorgen und pflegen

„Das größte Übel der heutigen Jugend besteht darin, dass man nicht mehr dazugehört."   *(Salvador Dali (1904–1989), Maler)*

„Man wird alt, wenn die Leute anfangen zu sagen, dass man jung aussieht."   *(Karl Dall, Entertainer, Sänger, Kabarretist)*

„Alt werden ist natürlich kein reines Vergnügen. Aber denken wir an die einzige Alternative."   *(Robert Lembke (1913–1989), Journalist)*

3.1 Lernsituation: „Susanne will sich um Frau Schmidt kümmern."

Susanne Kehl (18) befindet sich in der Ausbildung zur Sozialhelferin. Während der zweijährigen Ausbildung wohnt sie noch bei ihren Eltern.

In der Nachbarwohnung, einer 3-ZKB-Wohnung im zweiten Stock eines historischen Mehrfamilienhauses (mit Stuckdecken, einer schönen geschwungenen Holztreppe und einer antiken Badewanne auf Füßen) wohnt Elisabeth Schmidt (80 J.).

Frau Schmidt ist seit einem halben Jahr verwitwet. Ihr Sohn lebt aus beruflichen Gründen mit seiner Familie 500 km entfernt und kommt nur selten zu Besuch.

Seit dem Tod ihres Mannes zieht sich Frau Schmidt immer mehr zurück. Sie verlässt kaum noch die Wohnung. Früher traf sie sich einmal in der Woche mit vier Frauen aus der Nachbarschaft zum Kaffeetrinken und Kartenspielen. Außerdem war sie im Kirchenkreis aktiv und besuchte mehrere Altenkreise. Nun pflegt sie nur noch zu ihren direkten Nachbarn, den Kehls, regelmäßigen Kontakt. Für Susanne Kehl ist Frau Schmidt eine Art „Ersatzoma", weil ihre eigenen Großeltern früh verstorben sind.

Aufgrund einer Arthrose im rechten Knie fällt Frau Schmidt das Laufen schwer. Sie trägt eine Brille, die ihre Sehschwäche aber nicht vollständig ausgleicht. Das ärgert sie sehr, da sie für ihr Leben gerne Kreuzworträtsel löst. Frau Schmidts ganzer Stolz sind ihr sprechender Papagei Benno und ihre vielfältigen üppigen Balkon- und Zimmerpflanzen, um die sie sich mit viel Freude und Ausdauer kümmert.

Als neulich nach langer Zeit mal wieder Frau Schmidts Sohn zu Besuch bei seiner Mutter war, traf er Susanne Kehl auf dem Flur und sprach diese an. Er berichtete ihr, wie erschrocken er gewesen ist, als seine Mutter ihm die Tür öffnete:

> *„Früher wäre sie nie ohne Zahnprothese an die Tür gegangen. Und erst ihre Kleidung. Sie war immer geschmackvoll und ordentlich gekleidet. Gestern passte ja gar nichts zusammen. Und ihre Haut! Sie bat mich, ihr beim Haarewaschen zu helfen, dabei fiel mir auf, wie trocken und schuppig ihre Haut am gesamten Körper ist. Sie benutzt ja auch immer nur ihre stark duftende Seife. Ich habe auch den Eindruck, dass sie das Wasser nicht immer halten kann, denn sie riecht irgendwie etwas nach Urin. Aber Muttern spricht ja nicht über solche Dinge!"*

Besorgt bat er Susanne, sich an den Wochenenden um seine Mutter zu kümmern. Außerdem erhofft er sich von Susanne Informationen bezüglich eines geeigneten zukünftigen Wohn-, Betreuungs- und Pflegekonzepts für seine Mutter. Unter den derzeitigen Gegebenheiten kann sie so nicht langfristig in ihrer Wohnung verbleiben, meint er.

Susanne versprach, sich bis zum nächsten Besuch zu informieren und ihm dann ein mögliches Betreuungskonzept für seine Mutter vorzulegen.

Nachdem Frau Schmidts Sohn wieder abgereist ist, wird Susanne bewusst, auf was sie sich eingelassen hat.

Aufgaben

1. Sammeln Sie umfassende Informationen über mögliche Wohn-, Betreuungs- und Pflegeformen für Senioren in Ihrem jeweiligen Heimatort.

2. Überlegen Sie, welche der Angebote für Frau Schmidt geeignet sind.

3. Entwickeln Sie mithilfe der Ihnen vorliegenden Informationen ein Wohn-, Betreuungs- und Pflegekonzept für Frau Schmidt. Berücksichtigen Sie dabei Frau Schmidts individuelle Bedürfnisse und ihre derzeitige Lebenssituation.

4. Bis das Wohn-, Betreuungs- und Pflegekonzept vollständig verwirklicht ist, unterstützt Susanne ihre Nachbarin Frau Schmidt an den Wochenenden.

5. Erstellen Sie einen Plan über die notwendigen pflegerischen und hauswirtschaftlichen Tätigkeiten und über Aktivitäten.

Angestrebte Kompetenzen im Lernfeld 3

Ihre Handlungen im Lernfeld 3 beziehen sich auf einen Kompetenzzuwachs für die Arbeit mit Menschen mit alters- und/oder krankheitsbedingten Beeinträchtigungen.

Dazu müssen Sie als Sozialhelferin wissen, welche alters- und/oder krankheits- und situationsbedingten Fähigkeiten, Bedürfnisse und Gewohnheiten Menschen haben. Außerdem müssen Sie Kenntnisse darüber erwerben, welche körperlichen, geistigen und sozialen Veränderungen im Alter zu erwarten sind, damit Sie angemessen beruflich handeln können.

Fachkompetenzen:

- Kenntnis körperlicher, geistiger und sozialer Veränderungen im Alterungsprozess
- Bereitschaft zur Auseinandersetzung mit der Lebenssituation von alten Menschen in Familie und Gesellschaft
- Kenntnis und sachgerechte Zuweisung von Einrichtungen und Angeboten der Altenhilfe und Altenpflege
- Kenntnis und sachgerechter Einsatz der für die Arbeit wichtigen Materialien, Geräte und Hilfsmittel
- Betreuung älterer Menschen unter Berücksichtigung ihrer Lebenssituation in der häuslichen Umgebung
- Unterstützung und Förderung der Selbstständigkeit älterer Menschen
- Bedarfsgerechte Verpflegung älterer Menschen
- Gestaltung kreativer Ernährungsangebote für ältere Menschen

Methoden- und Lernkompetenzen:

- Beschaffung und Anwendung von Informationen
- Fähigkeit des aktiven Zuhörens

- Kenntnis und zielgerichtete Anwendung von Präsentationsmethoden
- Anwendung von Planungsschemata
- Planung, Durchführung und Reflexion von Angeboten, Aktionen bzw. Präsentationen

Human- und Sozialkompetenzen:

- Bereitschaft und Fähigkeit, in einem Team zu arbeiten
- Übernahme von Verantwortung für das eigene Handeln
- Selbstständige Bewältigung von Teilaufgaben
- Entwicklung von Einfühlungsvermögen für die Lebenssituation
- Fähigkeit zu situationsgerechter Kommunikation

3.2 Die Rolle der Sozialhelferin im Lernfeld 3

Im Rahmen der Ausbildung zur Sozialhelferin lernen Sie auch den Arbeitsbereich der Altenhilfe kennen. Einige werden schon Erfahrungen mit älteren Menschen in ihrem privaten Umfeld oder in vorhergehenden Praktika gemacht haben. Viele haben sicherlich bereits konkrete Vorstellungen über die Arbeit in der Altenhilfe.

Aufgaben

1. Erstellen Sie ein Mind-Map mit Tätigkeiten, die für Sie „typische" Tätigkeiten in der Altenhilfe sind.

2. Schildern Sie zwei positive und zwei negative Erlebnisse, die Sie mit älteren Menschen gemacht haben.

3. Überlegen Sie, welche Erfahrungen Ihr „Bild" vom älteren Menschen geprägt haben.

Sie werden als angehende Sozialhelferin im Arbeitsfeld der Altenhilfe mit unterschiedlichen Berufsgruppen zusammenarbeiten.

Berufsgruppen, mit denen die Sozialhelferin zusammenarbeitet

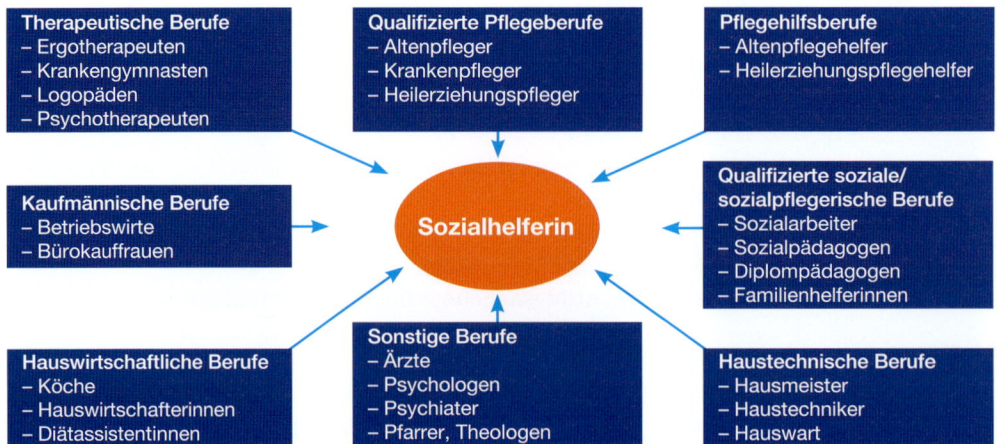

In Ihrem Praktikum werden Sie zu einem Großteil mit Altenpflegerinnen zusammenarbeiten und diese in ihrer Arbeit unterstützen. Aus diesem Grund ist es von Bedeutung, sich die Tätigkeitsbereiche der Altenpflegerin etwas genauer anzuschauen.

Gesetz über die Berufe in der Altenpflege (Altenpflegegesetz – AltPflG)

Abschnitt 2 – Ausbildung in der Altenpflege

§ 3 Altenpflegegesetz von 2003

Die Ausbildung in der Altenpflege soll die Kenntnisse, Fähigkeiten und Fertigkeiten vermitteln, die zur selbstständigen und eigenverantwortlichen Pflege einschließlich der Beratung, Begleitung und Betreuung alter Menschen erforderlich sind.
Dies umfasst insbesondere:

1. die sach- und fachkundige, den allgemein anerkannten pflegewissenschaftlichen, insbesondere den medizinisch-pflegerischen Erkenntnissen entsprechende, umfassende und geplante Pflege,
2. die Mitwirkung bei der Behandlung kranker alter Menschen einschließlich der Ausführung ärztlicher Verordnungen,
3. die Erhaltung und Wiederherstellung individueller Fähigkeiten im Rahmen geriatrischer und gerontopsychiatrischer Rehabilitationskonzepte,
4. die Mitwirkung an qualitätssichernden Maßnahmen in der Pflege, der Betreuung und der Behandlung,
5. die Gesundheitsvorsorge einschließlich der Ernährungsberatung,
6. die umfassende Begleitung Sterbender,
7. die Anleitung, Beratung und Unterstützung von Pflegekräften, die nicht Pflegefachkräfte sind,
8. die Betreuung und Beratung alter Menschen in ihren persönlichen und sozialen Angelegenheiten,
9. die Hilfe zur Erhaltung und Aktivierung der eigenständigen Lebensführung einschließlich der Förderung sozialer Kontakte und
10. die Anregung und Begleitung von Familien- und Nachbarschaftshilfe und die Beratung pflegender Angehöriger.

Darüber hinaus soll die Ausbildung dazu befähigen, mit anderen in der Altenpflege tätigen Personen zusammenzuarbeiten und diejenigen Verwaltungsarbeiten zu erledigen, die in unmittelbarem Zusammenhang mit den Aufgaben in der Altenpflege stehen.

Aufgaben

1. Welche Tätigkeiten gehören zur Ausbildung als Altenpflegerin?

2. Fassen Sie die Tätigkeiten in einer Tabelle zusammen. Unterscheiden Sie dabei nach sozialpädagogischen, sozialpflegerischen und hauswirtschaftlichen Tätigkeiten.

Sozialpädagogische Tätigkeiten	Sozialpflegerische Tätigkeiten	Hauswirtschaftliche Tätigkeiten

3. Sammeln Sie weitere Informationen über die Ausbildung zur Altenpflegerin.
   – Voraussetzungen für die Ausbildung   – Ausbildungsvergütung
   – Dauer der Ausbildung   – Weiterbildungsmöglichkeiten
   – Inhalte der Ausbildung   – Besonderheiten
   – Ziele der Ausbildung

3.2.1   Erwartungen und Bedürfnisse im Lernfeld 3

In der Altenhilfe werden die angehenden Sozialhelferinnen mit unterschiedlichen Erwartungen und Bedürfnissen konfrontiert, die die älteren Menschen an das Pflege- und Betreuungspersonal stellen.

Selig, die Verständnis zeigen

„Selig, die Verständnis zeigen für meinen stolpernden Fuß und meine erlahmende Hand.

Selig, die begreifen, dass mein Ohr sich anstrengen muss, um alles aufzunehmen, was man mit mir spricht.

Selig, die zu wissen scheinen, dass meine Augen trübe und meine Gedanken träge geworden sind.

Selig, die mit freundlichem Lächeln verweilen, um ein wenig mit mir zu plaudern.

Selig, die niemals sagen: Diese Geschichte haben Sie mir heute schon zweimal erzählt.

Selig, die es verstehen, Erinnerungen an frühere Zeiten in mir wachzurufen.

Selig, die mich erfahren lassen, dass ich geliebt, geachtet und nicht allein gelassen bin.

Selig, die in ihrer Güte die Tage erleichtern, die noch bleiben auf dem Weg in die ewige Heimat."

(Opitz/Roth, 1992, S. 38)

Aufgaben

1. Welche Erwartungen drückt der alte Mensch in diesem Text aus?
   a. Welchen Tätigkeiten in der Altenpflege entsprechen diese Erwartungen?
   b. Sind die Erwartungen erfüllbar?

Aber nicht nur die alten Menschen haben Erwartungen an die angehenden Sozialhelferinnen, sondern auch andere Personen.

2. Welche anderen Personengruppen haben sonst noch Erwartungen an die angehenden Sozialhelferinnen?
   a. Welche Erwartungen sind das?
   b. Zu welchen Konflikten kann es dabei kommen?
   c. Suchen Sie Beispiele.

3.2.2   Konflikte und Arbeitsbelastungen im Lernfeld 3

Die Arbeit mit Menschen bringt immer besondere Freude, aber auch große Belastungen mit sich. Das liegt einerseits daran, dass man sich ständig auf neue Situationen einlassen und einstellen muss, und andererseits daran, dass man Gefühle und Gedanken nicht einfach ausschalten kann, wenn man nach Hause geht.

Die Arbeitsbelastungen in der Altenhilfe lassen sich in drei große Bereiche unterteilen:

Körperliche Belastungen

- Tragen und Heben
- Lärm
- Arbeiten unter Zeitdruck
- Wechseldienst
- Ungewohnte Arbeitszeiten

Psychische Belastungen

- Zeitmangel
- Personalmangel
- Hektik, Stress
- Unzufriedenheit
- Umgang mit verwirrten und dementen Patienten/Bewohnern
- Konflikte mit Kollegen oder Bewohnern

Seelische Belastungen

- Konfrontation mit Tod und Sterben
- Erfahren von Grenzsituationen
- Leiderfahrungen
- Abschied und Trauer
- Erleben eigener Grenzen

Ein weiterer wichtiger Aspekt in der Arbeit im sozialpädagogischen oder sozialpflegerischen Bereich – also auch in der Altenhilfe –, der zu Belastungen führen kann, ist das Problem von **Nähe und Distanz**.

> ### Merke!
>
> **Nähe:** Emotionale Zuwendung zur zu betreuenden Person, Teilnahme an und Auseinandersetzung mit ihren Problemen, Bereitschaft, sich für sie einzusetzen, an ihrer Welt teilzunehmen.
>
> **Distanz:** Abstand zum zu Betreuenden, sich nicht vereinnehmen lassen, sich in seine Professionalität zurückziehen.

Es ist wichtig, ein gesundes Maß an Nähe und Distanz zu finden. Ein zu distanzierter Umgang mit den zu Betreuenden wirkt kalt und gefühllos, der zu Betreuende fühlt sich als Objekt, als Person nicht angenommen und bedeutungslos.

Zu viel Nähe kann aber auch schaden, da der zu Betreuende sich bedrängt, vielleicht sogar ausgenutzt fühlen kann. Die betreuende Person wird durch zu viel Nähe vereinnahmt, kann nicht mehr abschalten, der nötige Abstand fehlt. Dadurch kann sie handlungsunfähig werden.

Eine weitere Gefahr ist das sogenannte „**Helfersyndrom**". Darunter versteht man eine Person mit einem aufopferungsvollen, überfürsorglichen Charakter, die ihre Identität und ihr Selbstverständnis nur über das Helfen bezieht. Gerade in der Altenpflege kann dies dazu führen, dass man den älteren Menschen alles abnimmt und sie dadurch abhängig und unselbstständig macht.

Um nicht an den Arbeitsbelastungen zu scheitern, ist es wichtig, dass man für sich Strategien entwickelt, um sich selber zu entlasten. Folgende Aspekte können dazu beitragen, dass Belastungen abgebaut werden:

- Zeit und Vorhaben ausreichend planen, sich genug „Lücken" lassen, Pausen einplanen
- sich in schwierigen Situationen Unterstützung und Hilfe holen
- Wichtiges von Unwichtigem trennen
- sich auf schwierige Situationen vorbereiten
- eigene Ansprüche hinterfragen
- eine realistische Selbsteinschätzung entwerfen
- Distanz schaffen, sich einen Ausgleich suchen
- „Nein-sagen-Können" zu überzogenen Erwartungen und Anforderungen

Aufgaben

1. Finden Sie mindestens drei Beispiele zu den oben genannten Entlastungsmöglichkeiten.

2. Suchen Sie weitere Entlastungsmöglichkeiten, die Ihnen persönlich helfen könnten, Belastungen besser auszuhalten

3.3 Der Mensch im Alter

3.3.1 Das Bild vom alten Menschen in der Gesellschaft

Die konkreten Vorstellungen über die Arbeit in der Altenhilfe hängen stark vom Bild des alten Menschen ab. In unserer heutigen Gesellschaft gibt es eher ein negatives Bild, das durch viele Stereotypen (eingebürgerte Vorurteile mit festen Vorstellungsklischees innerhalb einer Gruppe) geprägt wird.

Meist sind dies negative Vorurteile, wie z. B. dass ältere Menschen unter körperlichem und seelischem Verfall, nachlassenden intellektuellen Fähigkeiten und zunehmender Hilfsbedürftigkeit leiden. Jüngere Menschen haben meist ein negativeres Bild von älteren Menschen. Je älter man wird, desto positiver wird die Einschätzung. Auch kommt es darauf an, ob man engen Kontakt zu Älteren hat und/oder mit ihnen zusammenlebt. Dann wird die Vorstellung vom älteren Menschen eher differenzierter und meist auch positiver. Weiterhin hängt es von den eigenen Erfahrungen ab, ob man eine positive oder negative Einstellung zum Alter hat. Grundsätzlich lässt sich aber sagen, dass positive Stereotype „vom eher freundlichen, weisen, abgeklärten und ausgeglichenen alten Menschen, der sorgenfrei den Herbst seines Lebens genießt und seinen Interessen nachgehen kann" (Wirsing, 2000, S. 60) seltener sind.

Auffallend ist, dass Selbst- und Fremdbild des alten Menschen gravierende Unterschiede aufweisen. Der ältere Mensch schätzt sich wesentlich positiver ein als seine Außenwelt. Viele ältere Menschen vermeiden auch, sich selbst als alt zu bezeichnen. So kann es vorkommen, dass selbst 80-Jährige von „den alten

Menschen" sprechen, sich selber aber nicht meinen. Ein alter Mensch mit positivem Selbstbild nimmt eher die positiven Anteile des Älterwerdens wahr, während jemand mit negativem Selbstbild eher die negativen Seiten sehen wird.

70 % der 55- bis 70-Jährigen sind der Ansicht, das gesellschaftliche Ansehen der Älteren müsste dringend verbessert werden. Jeder Dritte dieser Altersgruppe fürchtet sich vor dem Älterwerden.

Aufgaben

1. Beschreiben Sie die oben abgebildete Karikatur. Hinweise zur Bearbeitung von Karikaturen finden Sie im Arbeitsheft.
2. Welche Aussagen lassen sich über die Einstellung zum eigenen Alter treffen?

Gründe für das „Verleugnen" des eigenen Altwerdens können sein:
- man selber fühlt sich nicht alt, sodass man auf gar keinen Fall als alt gelten will;
- eine Strategie, das eigene Älterwerden hinauszuschieben und zu verdrängen;
- Angst vor Krankheit, Hilfsbedürftigkeit und Sterben;
- Versuch, das eigene Selbstvertrauen aufrechtzuerhalten;
- das eigene Gefühl von Leistungsfähigkeit, das mit dem Bild vom alten Menschen nicht übereinstimmt.

Man kann auf jeden Fall festhalten, dass die Lebensphase „Alter" sich nur schwer auf einen Nenner bringen lässt. Es gibt einerseits die kranken und gebrechlichen Alten, aber genauso die 80-Jährigen, die noch fit und aktiv sind.

Keine andere Lebensphase ist so facettenreich und vielfältig wie das Alter, von daher ist es verwunderlich, dass unser Bild vom Alter so einseitig geprägt ist.

Erst in den letzten Jahren entwickelte sich ein positiveres Altersbild in unserer Gesellschaft. So haben Werbung und Fernsehen die ältere Generation als Wirtschaftsfaktor entdeckt. Immer häufiger werden Produkte für ältere Menschen angeboten, mit älteren Menschen geworben oder Fernsehsendungen für ältere und mit älteren Menschen gezeigt. Das Bild des „jungen Alten" setzt sich immer mehr durch, auch wenn dieses Bild ebenfalls von zahlreichen Stereotypen geprägt ist.

Aufgaben

1. Wie wird der alte Mensch in unserer Gesellschaft vorwiegend gesehen?
2. Wie sieht sich der alte Mensch selbst?
3. Was bedeutet ein negatives Altersbild für den, der alt wird?

Demografische Entwicklung

Der demografische Wandel in der Bundesrepublik Deutschland wird einerseits durch eine steigende Lebenserwartung und andererseits durch eine sinkende Geburtenrate beeinflusst. Die durchschnittliche Lebenserwartung ist in den vergangenen 100 Jahren um über 30 Jahre angestiegen und wird bis zum Jahr 2050 voraussichtlich um weitere sechs Jahre wachsen. „Ein um 1900 geborenes Mädchen hatte seinerzeit eine durchschnittliche Lebenserwartung

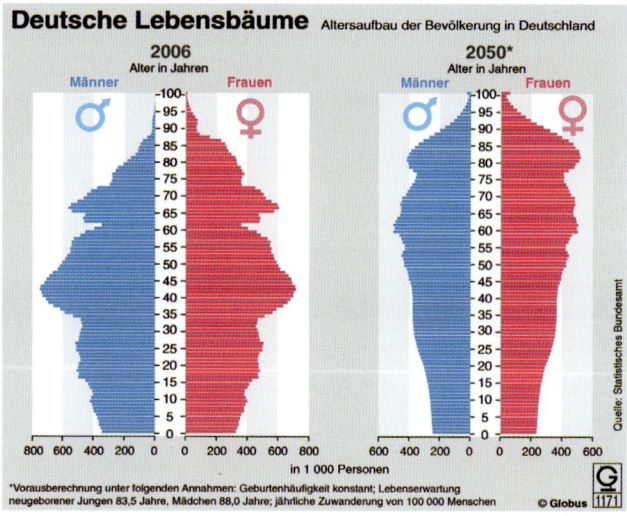

von gut 48 Jahren, ein neugeborener Junge von 45 Jahren" (vgl. Dritter Bericht zur Lage der älteren Generation, 2001). Besonders stark wird die Zahl der Hochbetagten (Menschen über 80 Jahre) anwachsen. Zur Zeit sind ca. 4 % aller Menschen in Deutschland hochbetagt, im Jahre 2050 werden es schon 12 % sein.

Gründe für die steigende Lebenserwartung sind:
- Verminderung der Säuglings- und Kindersterblichkeit,
- gesündere Lebensweise,
- steigender wissenschaftlicher und medizinischer Fortschritt,
- wachsender Wohlstand,
- langanhaltende Friedensphase.

Immer mehr alten werden immer weniger junge Menschen gegenüberstehen. Das Durchschnittsalter der Gesamtbevölkerung steigt um fast 10 Jahre. Während aktuell auf 100 Personen im Erwerbsalter 44 Rentner kommen, werden es im Jahr 2050 gut 80 sein.

Der Geburtenrückgang in Deutschland begann vor etwa 35 Jahren. Die Geburtenrate liegt zur Zeit bei 1,3 Kindern pro Frau. Die niedrige Geburtenrate ist das Ergebnis eines hohen Anteils an Kinderlosen von etwa einem Drittel und eines Rückgangs von Mehrkinderfamilien.

Die Gründe für den Geburtenrückgang sind dabei sehr vielschichtig:

- Empfängnisverhütung,
- Veränderung der Geschlechterrollen,
- Wandel der Lebensverläufe wegen längerer Ausbildungszeiten und höherer Bildungsabschlüsse,
- Probleme bei der Vereinbarkeit von Kindern und Beruf,
- Kinder sind nicht mehr Altersvorsorge, sondern eher „Armutsrisiko",
- geringe gesellschaftliche Anerkennung für Elternschaft,
- Angst vor der Verantwortung,
- verbreitete Unsicherheiten in Bezug auf Zukunftsaussichten.

Aufgaben

1. Beschreiben Sie die Alterspyramide auf S. 136. Welche Aussagen lassen sich treffen?
2. Setzen Sie die Aussagen mit den Aussagen des Textes in Verbindung.
3. Welche Probleme können steigende Lebenserwartung und Geburtenrückgang mit sich bringen?

Wahrnehmung des Alters

Wie bereits oben erwähnt, hat sich die Lebenserwartung in den letzten Jahren erheblich erhöht und das Auftreten von Krankheit und Pflegebedürftigkeit verschiebt sich immer mehr jenseits der Grenze von 75 bis 80 Jahren. Damit wird die Altersphase – Eintritt ins Rentenalter bis zum Tod – immer länger. Es stellt sich die Frage, wie ältere Menschen diese Lebensphase wahrnehmen und gestalten.

Dabei kann man unterscheiden zwischen kalendarischem Alter, biologischem Alter und sozialem (auch psychologischem) Alter.

Kalendarisches Alter

Unter kalendarischem Alter versteht man die Anzahl der Lebensjahre. Bestimmte Gesetze, Vorschriften und Normen sind mit dem kalendarischen Alter verbunden, z.B. Wahlrecht, Strafmündigkeit, Renteneintritt. Das kalendarische Alter ist aber kein Maßstab für die körperliche und geistige Verfassung eines Menschen.

Biologisches Alter

Das biologische Alter wird meist mit dem Satz: „Man ist so alt, wie man sich fühlt" umschrieben. Manch ein 70-Jähriger fühlt sich eher wie 60 Jahre und manch ein 50-Jähriger eher wie 70 Jahre.

Das biologische Alter bezieht sich auf die körperliche Verfassung eines Menschen. Im Laufe des Lebens altern unsere inneren Organe, Knochen, Gelenke und Muskeln. Ob dieser Vorgang langsamer oder schneller vor sich geht, kann unterschiedliche Ursachen haben:

- berufsbedingte Ursachen, z.B. vorzeitiger Verschleiß von Knochen und Gelenken durch körperlich schwere Arbeit und/oder Herz-Kreislauf-Erkrankungen durch Stress;
- falsche Lebensweise, z.B. Organschädigungen durch Alkohol oder Medikamente, vorzeitige Hautalterung durch UV-Strahlen, Übergewicht und/oder ungesunde Ernährung;
- umweltbedingte Ursachen, z.B. hohe Schadstoffbelastungen und/oder Umweltgifte;
- genetisch bedingte Ursachen.

Bei jedem Menschen steigt mit dem Alter die Wahrscheinlichkeit, dass Krankheiten auftreten und die Leistungsfähigkeit der Sinnesorgane nachlässt. Das biologische Alter sagt wenig über die geistigen Fähigkeiten aus.

Soziales Alter

Das soziale Alter wird hauptsächlich durch unsere Gefühle und Empfindungen bestimmt. Ein eher optimistischer Mensch wird in der Regel eine eher positive Lebenseinstellung haben als ein Pessimist.

Insgesamt kann man zwar sagen: „Man ist so alt, wie man sich fühlt", aber diese Gefühle sind auch abhängig davon, wie die Umwelt mit älteren Menschen umgeht. Der Eintritt des Rentenalters ist ein wichtiger Einschnitt im Leben eines Menschen, insbesondere von Männern. Damit es nicht zu einem Funktionsverlust kommt, ist es wichtig, dass ältere Menschen sich frühzeitig sinnvolle Beschäftigungen und Freizeitaktivitäten suchen. Dies können z.B. sein:

- Bildungsangebote, wie Kurse an der Volkshochschule oder ein Seniorenstudium;
- Senior-Experten-Dienste (ältere Menschen im Rentenalter beraten jüngere Firmeninhaber und geben ihr Wissen weiter);
- neue oder alte Hobbys;
- Besuche von Veranstaltungen in Altentagesstätten oder Altenclubs.

Aufgaben

1. Was versteht man unter kalendarischem, biologischem und sozialem Alter?
2. Was bedeutet der Satz: „Man ist so alt, wie man sich fühlt"?
3. Informieren Sie sich über Bildungsangebote für ältere Menschen.

Freizeitmobilität älterer Menschen

Alte Menschen sind nach einer repräsentativen Studie in ihrer Freizeit mobiler als bislang vermutet. Im Durchschnitt sei jeder Rentner mehr als einmal am Tag freizeitmäßig unterwegs, wie das in Bonn vorgestellte Forschungsprojekt „Freizeitmobilität älterer Menschen" unter Federführung der Universität Bonn ergab.

„Die Bandbreite der Aktivitäten sei groß, sagte Projektleiter Georg Rudinger. Mit 98 Prozent unternehmen Senioren am häufigsten soziale Aktivitäten wie Verwandtenbesuche oder Auswärtsessen. Am zweithäufigsten sind mit 92 Prozent sportliche Tätigkeiten wie Spaziergänge, Wanderungen und Radtouren. Tagesausflüge werden von 83 Prozent, Kulturaktivitäten von 71 Prozent der Befragten unternommen. Knapp die Hälfte geht Vereinsaktivitäten oder einem Ehrenamt nach. Für die vom Bundesforschungsministerium in Auftrag gegebene Erhebung wurden knapp 4 500 Menschen zwischen 60 und 101 Jahren befragt. Bislang gab es zu dem Thema keine wissenschaftlichen Untersuchungen. Zwei Drittel aller Freizeitunternehmungen spielen sich im eigenen Ortsteil ab, wie aus der Untersuchung hervorgeht. Nur zwei Prozent der Freizeitwege führen aus der Region heraus. Das am stärksten von älteren Menschen genutzte Verkehrsmittel sind die eigenen Füße. 60 Prozent der Wege werden zu Fuß zurückgelegt, auf dem Land sogar 70 Prozent. Jede vierte Strecke bewältigen Senioren laut Studie mit dem Auto. Am höchsten sei der Anteil der Pkw-Nutzung an den Stadträndern. Öffentliche Verkehrsmittel werden in der Stadt zu 11 Prozent genutzt, auf dem Land und in der Peripherie hingegen nur zu zwei und einem Prozent, so die Forscher. Dabei verfügen ‚bei weitem nicht alle älteren Menschen' über ein Auto. In der Stadt leben fast 40 Prozent unmotorisiert, im suburbanen Raum 20 Prozent und auf dem Land 30 Prozent. Das wirke sich nicht auf die Zufriedenheit der Befragten aus, hieß es. Diese werde vielmehr von guter Gesundheit, hohem Einkommen und einem dichten sozialen Netz bestimmt. Die Forscher empfehlen Politikern, bei der Raumplanung die fußläufige Erreichbarkeit stärker zu berücksichtigen. Dabei sollten Senioren stärker in die Überlegungen einbezogen werden. Junge Menschen, die etwa in Häuser am Stadtrand ziehen wollten, müssten frühzeitig über die Probleme der Mobilität im Alter aufgeklärt werden.

Ein großes Problem der Zukunft sei die Überalterung in den Vororten, hieß es. Diese seien nur schwer mit öffentlichen Verkehrsmitteln zu erreichen und auch die Grundversorgung etwa mit Geschäften und Freizeiteinrichtungen sei schwer zu gewährleisten."

(Rudinger, 2000/2001)

Aufgaben

1. Fassen Sie die Kernaussagen des Textes zusammen.
2. Erstellen Sie eine Grafik, die die wesentlichen Zahlen des Textes zusammenfasst.

Problemlagen im Alter

Einsamkeit und Isolation

Viele ältere Menschen leben allein, aber nicht jeder, der allein lebt, d.h. ohne Lebens- oder Ehepartner, empfindet dies so und fühlt sich einsam. Es gibt aber auch ältere Menschen, die über Einsamkeit klagen oder zurückgezogen und isoliert leben. Die Begriffe Einsamkeit und Isolation sind jedoch nicht identisch. Unter Einsamkeit versteht man die subjektive Beurteilung der eigenen sozialen Situation (einsam ist, wer sagt, er sei es), unter Isolation die tatsächliche, objektiv fassbare Einschätzung der Sozialkontakte. Man spricht meist dann von Isolation, wenn die Sozialkontakte sich auf bloße Begrüßungsfloskeln beschränken und kein qualitativer Austausch stattfindet. Nur 3–5 % der Personen über 65 Jahre stellten sich in einer Befragung als sozial isoliert heraus.

Ob man einsam oder isoliert ist hängt von ganz unterschiedlichen Faktoren ab.

Ergebnisse in Bezug auf die Einsamkeit alter Menschen

> „1. Frauen klagen häufiger über Einsamkeitsgefühle als Männer.
> 2. Über 75-Jährige klagen häufiger als 65-Jährige.
> 3. Personen, denen es gesundheitlich schlechter geht, klagen mehr als jene, denen es gut geht.
> 4. Je inaktiver, je ‚langweiliger‘ das Leben, desto größer die Einsamkeit im Alter.
> 5. Ein eingeschränkter Interessenradius begünstigt Einsamkeit im Alter.
> 6. Geringe Zielgerichtetheit begünstigt Einsamkeit im Alter.
> 7. Eingeschränkte Zukunftsorientierung begünstigt Einsamkeit im Alter.
> 8. Geringes Selbstvertrauen begünstigt Einsamkeit im Alter."   *(Wingenbach, 2009)*

Folgende Aussagen lassen sich zu Einsamkeit und Isolation im Alter treffen:

> „Alleinstehende stellen den höchsten Anteil an Vereinsamten dar. Frauen dominieren ebenfalls. BLUME stellte fest, dass doppelt soviel Frauen wie Männer unter Vereinsamung leiden. Meist sind es verwitwete Frauen, gefolgt von den Ledigen und einem geringen Prozentsatz Verheirateter. Vereinsamung war auch dort festzustellen, wo Kinder im Haushalt leben. Bei alten Menschen zeigte sich, dass Vereinsamte eher sagen, ihr Verhältnis zu den Kindern sei nicht gut und dass daraus der Wunsch, alleine zu leben, entsteht. Je besser das Verhältnis zu den Kindern ist, desto weniger tritt Vereinsamung auf.
>
> Vereinsamung steht in Wechselbeziehung mit einem schlechten Gesundheitszustand. Vereinsamte haben einen schlechteren Gesundheitszustand, sind häufiger bettlägerig und gehen öfter zum Arzt.
>
> Einsamkeit tritt v. a. bei kürzlich Verwitweten auf. Die Umstellung der Lebenssituation wird als Krise empfunden, auf die man häufig mit Vereinsamung reagiert. Dies gilt auch für den Tod anderer Nahestehender. Für Ältere ist der Verlust schwerer zu bewältigen, da es an ‚Ersetzbarkeit‘ eher mangelt. Etwa doppelt soviel Witwen als Ledige sind vereinsamt. ‚Desolation‘ bezeichnet die Vereinsamung, die aus dem emotional-psychischen Verlust von Personen resultiert. Sie ist um so mehr mit Vereinsamung verbunden, je stärker die Partnerverbindung war und je kürzer der Verlust zurückliegt.
>
> BLUME und TEWS fanden heraus, dass je höher das Einkommen ist, um so weniger tritt Vereinsamung auf. Dies gilt auch für die Schulbildung. Daraus ergibt sich auch ein Zusammenhang mit der Schichtzugehörigkeit. Je niedriger die Schicht, um so geringer der Kontakt, der besonders bei Alleinstehenden durch niedriges Einkommen bedingt wird. Vereinsamte haben nach BLUME den Wunsch nach mehr Freunden und Bekannten. Je größer die Diskrepanz zwischen Wunsch und Realität ist, um so stärker tritt Vereinsamung auf. Vereinsamte sind zudem weniger zufrieden mit ihrem Leben. Je vereinsamter die Individuen sind, um so eher wünschen sie sich eine Veränderung der Lebenssituation. Hinzu kommen Persönlichkeitsmerkmale: fühlt man sich alleine wohl, tritt seltener Vereinsamung auf."   *(Wingenbach, 2009)*

Aufgaben

1. Fassen Sie die wichtigsten Aussagen zu Einsamkeit und Isolation zusammen.
2. Welche Faktoren begünstigen Einsamkeit und Isolation im Alter?
3. Was könnte man unternehmen, um Einsamkeit und Isolation entgegenzuwirken?

Altersdepression

Der Begriff „Depression" hat schon länger Einzug in unsere Umgangssprache gehalten. So gibt es häufig den Ausspruch: „Bist Du heute wieder depressiv!", wenn man traurig oder bedrückt ist. Um von einer Depression zu sprechen, müssen aber unterschiedliche Faktoren vorliegen.

> ### Definition
>
> Unter **Depression** versteht man eine affektive Störung, d. h. eine Störung der Gefühlswelt. Depression (lat. Lustlosigkeit, Bedrücktheit) bedeutet u. a. Traurigkeit, Besorgnis, Lustlosigkeit, gedrückte Stimmung, Verlust an Interesse und Freude, Verminderung des Antriebs mit erhöhter Ermüdbarkeit, Einschränkung der Aktivitäten, häufig sozialem Rückzug sowie Durchschlafstörungen mit Schlafverkürzungen, Appetit- und Verdauungsstörungen.

Man kann verschiedene Arten von Depressionen unterscheiden:

- psychogene (psychisch bedingte) Depressionen, die auf seelische Ursachen zurückzuführen sind, z. B. Reaktionen auf Schicksalschläge wie Todesfälle, Krisen, finanzielle Probleme;
- somatogene (körperlich bedingte) Depressionen, die eine körperliche Ursache haben, z. B. schwere Krankheiten wie Aids oder Krebs;
- besondere Lebenslagen, ein bestimmter Altersabschnitt (z. B. Jugend oder Alter) oder bestimmte Ereignisse können ausschlaggebend für eine Depression sein;
- außerdem gibt es noch endogene (im Körperinneren entstehende) Depressionen, die keine klar erkennbare Ursache haben, sondern z. B. auf Wahnvorstellungen beruhen.

Man kann sagen, dass mit zunehmenden Alter die Zahl der depressiven Erkrankungen zunimmt und Frauen häufiger betroffen sind als Männer.

Es kann unterschiedliche **Auslöser** und **Ursachen** für Depressionen geben, z. B.

- psychologische Auslöser, wie krisenhafte Ereignisse, anhaltende Konflikte in der Partnerschaft oder im Beruf, Stress im privaten Bereich oder am Arbeitsplatz o. Ä.;
- biologische Auslöser, wie Veränderungen des Hormonhaushaltes (z. B. Wochenbettdepressionen oder Wechseljahre), Überbelastung, Stress, o. Ä.;
- genetische Faktoren (die Neigung zu affektiven Störungen kann vererbt sein);
- psychologische Faktoren (z. B. Erfahrungen in der Kindheit) oder
- biologische Faktoren (z. B. ein veränderter Neurotransmitterhaushalt).

Altersdepressionen sind die häufigste psychische Erkrankung im Alter. Bei ungefähr 10–15 % aller älteren Menschen werden heute depressive Symptome festgestellt. In Alters- oder Pflegeheimen liegt der Anteil schon bei 30 %. Die Lebensumstände alter Menschen, z. B. der Verlust geliebter Menschen, die nachlassende körperliche Gesundheit, mangelnde Bewegungsfreiheit, Vereinsamung und Isolation, Umzug in eine neue, ungewohnte Umgebung, machen depressive Verstimmungen nur allzu verständlich. Auf der anderen Seite stellt sich die Frage nach der Abgrenzung zwischen einer „normalen" und einer krankhaften Entwicklung.

> „Zu einer Depression im Sinne einer Erkrankung gehören:
> - Gedrückte Stimmung über mehrer Tage (Tagesschwankungen mit ‚Morgentief‘ oder ‚Abendtief‘ sind denkbar)
> - Interessensverlust: Themen und Aktivitäten, die früher einen wichtigen Lebensinhalt bildeten, werden als langweilig empfunden
> - Verminderte Fähigkeit, sich über eine freundliche Umgebung und günstige Ereignisse zu freuen
> - Vermindertes Selbstwertgefühl und Selbstvertrauen (Einstellungen wie ‚Jetzt bin ich sowieso zu nichts mehr nütze‘, ‚Die jüngeren Menschen langweilen sich bloß mit mir‘, ‚Dafür bin ich sowieso zu alt, das schaffe ich nie‘)
> - Sterbewunsch
> - Weigerung, eigene Wünsche aktiv zu äußern oder sich dafür einzusetzen (‚Mir ist ja alles egal‘, ‚Die anderen sollen es mal machen, wie sie es wollen‘)." *(Harms, 2001)*

Da aber bei älteren Menschen diese Symptome entweder versteckt auftreten oder als „vorübergehende Befindlichkeitsstörung" diagnostiziert werden, werden Altersdepressionen oft nicht als ernstzunehmende Erkrankung erkannt und deswegen auch nicht fachgerecht behandelt. Meistens werden nur die körperlichen Symptome wie Kopf- und Gliederschmerzen, Schlafstörungen, Konzentrations- und Gedächtnisstörungen, Appetitlosigkeit, Gewichtsverlust und Antriebsarmut diagnostiziert.

Wie man mit depressiven Menschen umgehen sollte:
- sich in die Personen einfühlen und versuchen, die Situation nachzuvollziehen;
- die Personen verständnisvoll akzeptieren und ihnen aktiv zuhören;
- die Personen aktivieren durch eine Atmosphäre, in der sie sich angenommen und angeregt fühlen;
- eine freundliche Umgebung schaffen, z. B. durch helle Farben, Blumen und Bilder;
- die Personen ermutigen, einen Tagesplan mit kleineren Aufgaben aufzustellen und kurzfristige Ziele zu erarbeiten; sie brauchen das Gefühl, noch nützlich zu sein;
- die Personen mit sinnvollen Tätigkeiten beschäftigen und an frühere Interessen anknüpfen;
- sie in eine Gruppe integrieren und motivieren, an Aktivitäten, z. B. Ausflügen, Spaziergängen und Festen, teilzunehmen, um Kontakte aufzufrischen oder neu zu knüpfen;
- über Gefühle und Ängste sprechen;
- mit kleinen Schritten zufrieden sein, nicht zuviel auf einmal wollen.

Was man im Umgang mit depressiven Menschen auf jeden Fall vermeiden sollte:
- die Personen auffordern, sich zusammenzureißen und sich nicht gehen zu lassen;
- sie zu Aktivitäten anzutreiben, die sie überfordern;
- sie zu wichtigen Entscheidungen aufzufordern bzw. unter Druck zu setzen;
- Gefühle oder Befürchtungen ausreden;

- sie bei Suizidgefahr alleine lassen;
- ihnen einreden, es gehe ihnen schon besser;
- ihnen Vorwürfe machen.

Die Einnahme von Antidepressiva kann zwar ein wirksames Mittel zur Behandlung von Altersdepressionen sein, muss aber vom Arzt genau dosiert werden, da eine Überdosierung zu Verwirrtheitszuständen führen bzw. mit anderen Medikamenten Nebenwirkungen haben kann. Als zusätzliche Behandlungsmöglichkeiten haben sich in einigen Fällen Entspannungsübungen (z. B. autogenes Training), Massagen, Atemübungen, Sport, Musiktherapie, Gesprächstherapien, Selbsthilfegruppen, Lichttherapien oder Psychotherapien bewährt.

Beispiel:

Frau Müller (82 Jahre) wohnt seit vier Wochen im Altenheim. Ihr Mann ist vor einem halben Jahr verstorben und ihre Kinder wohnen weit entfernt, sodass sie sich kaum kümmern können. Da Frau Müller in den letzten Wochen stark abgenommen hat und nur noch selten aus dem Haus geht, haben ihre Kinder den Umzug in das Altenheim entschieden, da sie sie dort besser versorgt wissen.

Frau Müller war immer eine sehr selbstständige Frau und kümmerte sich sehr gerne um ihren großen Garten. Besonders mag sie Blumen jeder Art. Da sie es aber nicht mehr geschafft hat, den Garten zu bewirtschaften, haben ihre Nachbarn die Gestaltung und Pflege des Gartens übernommen. Seit dem Tod ihres Mannes ist sie wie verwandelt und spricht häufig über das Sterben und man merkt, dass sie selber keinen Lebensmut mehr hat.

Sie arbeiten während Ihres Praktikums in dem Altenheim, lernen dort Frau Müller kennen und haben regelmäßigen Kontakt zu ihr.

Aufgaben

1. Welche Gegebenheiten könnten eventuell darauf hinweisen, dass Frau Müller unter einer Altersdepression leidet?
2. Entwickeln Sie ein Konzept, um Frau Müller in ihrem Alltag zu unterstützen.
3. Planen Sie ein Angebot für Frau Müller, in dem Sie ihre augenblickliche Situation berücksichtigen.

Alterssuizid

„Der Alterssuizid in Deutschland nimmt zu: Von den jährlich etwa 13 000 Suizid-Toten ist fast jeder dritte älter als 65 Jahre. Nach Angaben des Münsteraner Psychologen Norbert Erlemeier stieg die Suizidrate bei Männern über 75 Jahren seit 1975 um 13,5 %. Seit einigen Jahren sind auch zunehmend ältere Frauen betroffen – fast jeder zweite Suizid einer Frau ist mittlerweile der einer Frau über 60 Jahre."

(Richter, 2004)

Insgesamt kann man sagen, dass die Suizidgefährdung im Alter dramatisch ansteigt. Alterssuizid ist ein eher männliches Problem, Frauen begehen generell seltener Suizid als Männer. In der Altersgruppe über 65 Jahren nehmen sich Frauen wie Männer doppelt bzw. mehr als doppelt so häufig das Leben wie die weibliche bzw. männliche Gesamtbevölkerung. Männer führen Selbstmord eher durch Erhängen, Schlaftabletten oder Sturz aus der Höhe herbei, Frauen eher durch Tabletten, seltener durch Erhängen oder Ertränken.

Da der Alterssuizid immer noch ein Tabuthema ist, gibt es nur teilweise gesicherte Erkenntnisse über die Gründe, die zum Selbstmord führen.

- So können gesellschaftliche Faktoren den Alterssuizid fördern. Ältere Menschen nehmen sich das Leben, weil sie anderen nicht zur Last fallen wollen. Ältere Menschen werden in unserer Gesellschaft als finanzielle und psychische Belastung gesehen. Sie leisten nichts mehr und sind nutzlos – dieses Bild wird oft von unserer Gesellschaft vermittelt.
- Das Selbstwertgefühl ist stark beeinträchtigt, weil sich ältere Menschen minderwertig oder hilflos fühlen oder den eigenen hohen Anforderungen und Erwartungen nicht gerecht werden.
- Beziehungsstörungen mit dem Partner oder den Kindern, das Gefühl verlassen oder abgeschoben zu sein, fördern den Suizidgedanken.
- Schmerzen und Krankheiten bzw. die Angst davor können zum Suizid führen.
- Psychische Erkrankungen, Sucht, Einsamkeit und Isolation, Verlust eines Angehörigen, Schicksalsschläge, Armut und Aggressionen können dazu beitragen, dass ältere Menschen Selbstmord begehen.

Die Gefahr eines Selbstmordes kann man nicht unbedingt erkennen, aber es lässt sich festhalten, dass Ältere ein höheres Suizidrisiko haben, wenn sie psychisch krank, besonders depressiv sind, eine chronische, unheilbare Krankheit haben, arm und isoliert leben und sich einsam fühlen.

Bei suizidgefährdeten Menschen ist ein ähnlicher Umgang wie mit depressiven Menschen sinnvoll, d. h.:

- Man sollte ihnen die Gelegenheit geben sich auszusprechen.
- Man sollte ein ehrliches Gefühl der Akzeptanz vermitteln.
- Man sollte versuchen, die Ursache der Selbstmordabsicht zu erkennen.
- Man sollte ihre Gefühle und Bedürfnisse ernst nehmen.
- Man sollte mögliche Bezugspersonen mobilisieren, um mögliche Kränkungen zu klären.
- Man sollte sie ermutigen, wieder einen Lebenssinn zu finden.
- Man sollte mit ihnen andere Möglichkeiten suchen, um Probleme und Konflikte zu lösen.
- Man sollte professionelle Hilfen in Anspruch nehmen und diese dem suizidgefährdeten Menschen anbieten.

Auf jeden Fall sollte man vermeiden:

- das Thema zu tabuisieren;
- Androhungen zu bagatellisieren: „Ach, das ist schon nicht so ernst gemeint!" oder „Ach, es wird schon nichts passieren!";

- sich erpressen zu lassen: „Wenn Sie immer da wären …";
- sich Schuldgefühle einreden zu lassen: „Es kümmert sich ja auch keiner um mich …";
- Ratschläge zu geben bzw. das Problem vorschnell zu lösen: „Wenn Sie das so machen würden …!", „Machen Sie doch das und das …";
- sich provozieren zu lassen;
- übertrieben vorsichtig zu reagieren, z. B. gefährliche Gegenstände wegräumen, Tabletten und andere Medikamente wegschließen. Das ist eher ein Zeichen dafür, dass man der Person den Selbstmord zutraut;
- sich selber zu überfordern und meinen, alleine helfen zu müssen.

(vgl. Grond, 1990, S. 137)

Eine Prävention im Zusammenhang mit Alterssuizid ist sehr schwierig. Oft erkennt man mangels Wissen und Erfahrung Ankündigungen und Anzeichen für einen Suizid nicht bzw. interpretiert diese falsch. Vielleicht müsste man in unserer Gesellschaft eine größere und umfassendere Akzeptanz des alten Menschen, aber auch seiner speziellen Nöte erreichen.

Beispiel:

„Eine 79-jährige Dame, früher Sekretärin, hat nach einem Schlaganfall vor zehn Jahren eine Schwäche im linken Bein behalten, der linke Arm zittert häufig. Sie wird mit der Behinderung gut fertig, versorgt sich zu Hause selbst, das Einkaufen hat bisher die Tochter miterledigt. Sie war immer fröhlich und hatte häufig Bekannte geladen, um Kaffee zu trinken, zu plaudern oder Karten zu spielen. Seitdem ihre Tochter verzogen ist – das Einkaufen besorgt jetzt eine Freundin –, sitzt sie nur noch im Sessel, weint oft, lädt ihre Bekannten nicht mehr ein. Wenn sie von selbst kommen, lässt sie diese nicht herein. Sie will von den anderen nichts mehr wissen. „Mein Leben ist doch sinnlos, ich habe ja niemanden mehr, für den ich sorgen könnte. Solange meine Tochter noch da war, musste ich jeden Tag auf den Enkel aufpassen, da hatte ich ständig Abwechslung. Jetzt bin ich doch überflüssig! Es kräht doch kein Hahn danach, wenn ich tot bin", erklärte sie. Sie unternahm einen Selbstmordversuch mit 20 Schlaftabletten. Nach erfolgreicher Behandlung der Schlafmittelvergiftung in einem Krankenhaus lässt sie sich schnell entlassen. Es sei doch nicht so ernst gemeint gewesen, argumentiert sie. Drei Tage später hängt sie sich an der Türklinke ihrer Wohnung auf, sie wird erst eine Woche später – so isoliert war sie – aufgefunden."

(Grond, 1990, S. 137)

Aufgaben

1. Inwieweit kann man bei der Frau „typische" Merkmale einer Suizidgefährdung erkennen?

2. Welche Maßnahmen hätte man vielleicht ergreifen können? Machen Sie Vorschläge.

Alter und Sucht

Bei älteren Menschen wurden im Gegensatz zu jüngeren lange Zeit Sucht und Abhängigkeit kaum thematisiert. Erst seit der Zunahme älterer Menschen an der Gesamtbevölkerung wurde diesem Aspekt in den letzten Jahren mehr Beachtung geschenkt.

Im Gegensatz zu jüngeren Menschen sind ältere Menschen seltener nach Heroin, Kokain oder anderen illegalen Drogen süchtig, vielmehr können Alkohol und Tabletten zum Problem werden. Um einen ungesunden Alkoholkonsum geht es eher bei Männern, Frauen neigen eher dazu, Tabletten zu nehmen. Bei Frauen und bei Männern entwickelt sich die Sucht meist schleichend und der Konsum von Alkohol und Tabletten wird in der Regel langsam gesteigert.

Etwa jeder zehnte Mensch über 60 Jahre zeigt „ein problematisches Trinkverhalten", bei einem Drittel von alkoholabhängigen Personen liegt der Beginn des Missbrauchs über dem 65. Lebensjahr. Die Sucht nach Tabletten, wie Valium oder Schlaftabletten, entsteht häufg unter den Augen der Hausärzte oder während eines Krankenhausaufenthaltes. Viele dieser Medikamente wurden sachgerecht verordnet.

Ursachen für Sucht im Alter können sehr unterschiedlich sein:
- Aufgabe des Arbeitsplatzes (Verrentung)
- Verlust des Partners
- Vereinsamung und Isolation
- Krankheit und Schmerzen
- finanzielle Probleme

Folgen dieser Abhängigkeiten sind oftmals häufige Stürze, blaue Flecken, ungenügende Ernährung, Verkehrsunfälle, später Führerscheinentzug oder hochgradige Verwirrtheit. Oft werden all diese Phänomene als Alterserscheinungen abgetan.

3.3.2 Wohnen im Alter

Wohnsituation von Menschen im Alter

Knapp 12 Millionen der über 65-Jährigen leben in Privathaushalten nur etwa 5 % (661 000) in Heimen (Zweiter Altenbericht, S. 94). Natürlich auch um Kosten zu sparen, möchte man den Anteil derjenigen älteren Menschen, die in ihrem eigenen Zuhause bleiben wollen, erhöhen. Aus diesem Grund unterstützt die Pflegeversicherung die vielen ambulanten Maßnahmen für Ältere.

> „Im Dezember 2007 waren 2,25 Millionen Menschen in Deutschland pflegebedürftig im Sinne des Pflegeversicherungsgesetzes (SGB XI); die Mehrheit (68 %) waren Frauen. 83 % der Pflegebedürftigen waren 65 Jahre und älter; 35 % 85 Jahre und älter.
>
> Mehr als zwei Drittel (68 % bzw. 1,54 Millionen) der Pflegebedürftigen wurden zu Hause versorgt. Davon erhielten 1 033 000 Pflegebedürftige ausschließlich Pflegegeld, das bedeutet, sie wurden in der Regel zu Hause allein durch Angehörige gepflegt. Weitere 504 000 Pflegebedürftige lebten ebenfalls in Privathaushalten. Bei ihnen erfolgte die Pflege jedoch zum Teil oder vollständig durch ambulante Pflegedienste. 32 % (709 000) wurden in Pflegeheimen betreut."
>
> *(Statistisches Bundesamt, 2008, S. 4)*

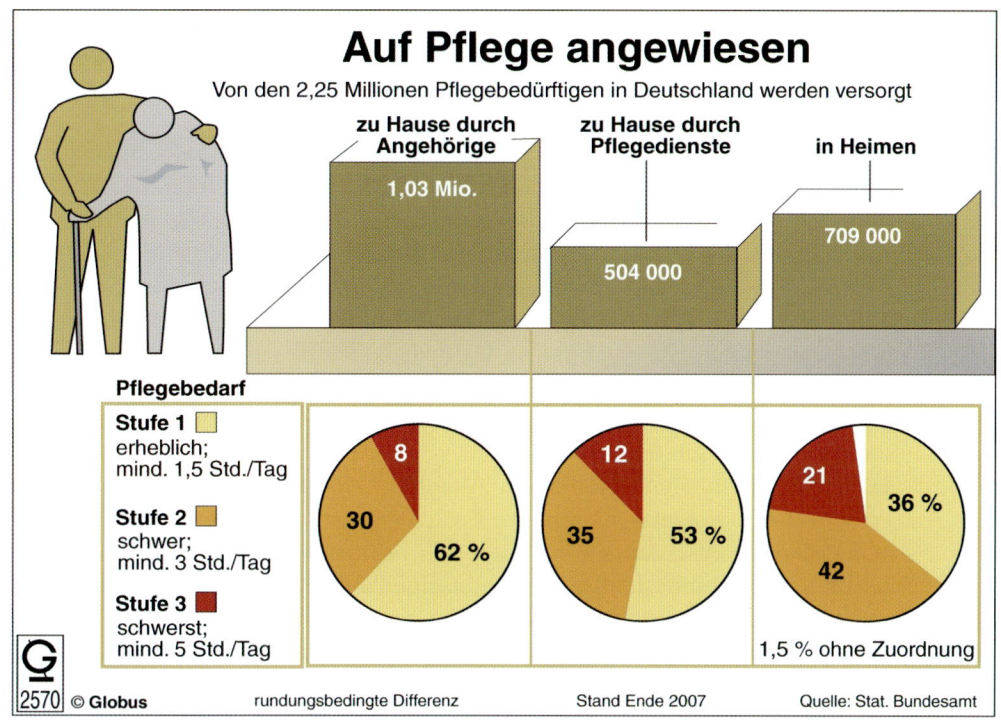

Auf Pflege angewiesen

Von den 2,25 Millionen Pflegebedürftigen in Deutschland werden versorgt

zu Hause durch Angehörige

1,03 Mio.

zu Hause durch Pflegedienste

504 000

in Heimen

709 000

Pflegebedarf

Stufe 1
erheblich;
mind. 1,5 Std./Tag

Stufe 2
schwer;
mind. 3 Std./Tag

Stufe 3
schwerst;
mind. 5 Std./Tag

8 — 30 — 62 %

12 — 35 — 53 %

21 — 42 — 36 %

1,5 % ohne Zuordnung

2570 © Globus   rundungsbedingte Differenz   Stand Ende 2007   Quelle: Stat. Bundesamt

---

Aufgaben

1. Beschreiben Sie die oben abgebildete Grafik.
2. Welche Aussagen lassen sich in Bezug auf Wohnen und Pflegebedürftigkeit im Alter treffen?
3. Sammeln Sie Informationen über die Pflegeversicherung und ihre Leistungen.
4. Beachten Sie auch das Arbeitsblatt im Arbeitsheft.

Menschen im Alter in der häuslichen Umgebung

Die meisten älteren Menschen, immerhin 93 %, leben bis an ihr Lebensende in ihrer eigenen Wohnung bzw. bei ihren Kindern.

Damit ältere Menschen aber zu Hause ihren Lebensabend verbringen können, werden unterschiedliche Hilfemöglichkeiten angeboten.

- **Angebote für ältere Menschen, die zu Hause leben,** aber keine Unterstützung von außen benötigen, sind z. B. Sport- und Weiterbildungsangebote, Selbsthilfegruppen, Interessensverbände und Netzwerke. Diese Maßnahmen können helfen, einer Vereinsamung bzw. Isolierung vorzubeugen.
- **Angebote der offenen Altenhilfe** sind alle Angebote außerhalb einer stationären Einrichtung, die ältere Menschen selber aufsuchen können. Bei den Einrichtungen der offenen Altenhilfe handelt es sich meist um Treffpunkte, die soziale Kontakte der älteren Menschen fördern und Freizeitangebote unterbreiten. Meist sind dies Altentagesstätten, Altenbegegnungsstätten, Seniorentreffs, Altenclubs. Die Angebotspalette reicht hierbei von Gesprächsgruppen, unterschiedlichen Kursen, Spielen, Gymnastik, Musik- und Liedergruppen bis hin zu Ausflügen und Weiterbildungsmöglichkeiten.

  Meist bieten diese Einrichtungen einen Fahrdienst an, um gehbehinderte Personen oder Rollstuhlfahrer abzuholen.

  In den Einrichtungen der offenen Altenhilfe arbeiten ganz unterschiedliche Personen, z. B. Sozialarbeiterinnen, Zivildienstleistende, ehrenamtliche Mitarbeiter. Diese Einrichtungen befinden sich in kommunaler oder freier Trägerschaft. Je nach Bundesland gibt es unterschiedliche Richtlinien zur Einrichtung so einer Begegnungsstätte.
- **Angebote der ambulanten Altenhilfe** sind Hilfen, die älteren Menschen in ihrer Wohnung angeboten werden. Dazu gehören u. a.:
  - Grundpflege,
  - Behandlungspflege,
  - Haushaltshilfen,
  - „Essen auf Rädern",
  - Vermittlung von Pflegehilfsmitteln,
  - Psychosoziale Betreuung,
  - Unterstützung der pflegenden Angehörigen.

Durch offene und ambulante Hilfen soll älteren Menschen ermöglicht werden, solange es geht, im eigenen Haushalt leben zu können.

Aufgaben

1. Suchen Sie eine Einrichtung der „offenen Altenhilfe" auf.
2. Sammeln Sie Informationen über die Angebote der Einrichtung.
3. Informieren Sie sich über die Besucherstruktur.

Stationäre Altenpflege

Unter stationären Einrichtungen versteht man Altenwohnheime, Altenheime und Pflegeheime. Häufig befinden sich die drei Wohnformen unter einem Dach, sodass man mit steigender Pflegebedürftigkeit nicht die Einrichtung wechseln muss. Nach Informationen des Zweiten Altenberichtes zum Thema „Wohnen im Alter" gibt es in Deutschland 8 335 stationäre Altenhilfeeinrichtungen mit insgesamt 661 000 Wohn- und Pflegeplätzen.

Darin leben ungefähr 5,3 % der über 65-Jährigen. In den letzten Jahren haben sich die traditionellen Alteneinrichtungen verändert und sich auf die Bedürfnisse und Wünsche der älteren Menschen immer mehr eingestellt.

So gibt es inzwischen:

- Betreutes Wohnen innerhalb der Alten- und Seniorenzentren;
- Altenheime, die für ältere Menschen gedacht sind, die nicht „pflegebedürftig" sind, sondern nur „heimbedürftig". Damit ist gemeint, dass sie ihren Haushalt nicht mehr alleine führen können oder wollen bzw. nicht mehr alleine leben wollen;
- Wohnheime, Wohnstifte oder Seniorenresidenzen, die einen besseren und gehobenen Service für ein höheres Entgelt anbieten;
- Altenpflegeheime, die sich auf die Pflege und Betreuung pflegebedürftiger Menschen spezialisiert haben;
- Seniorenzentren als vielfältige Versorgungsinstitutionen der stationären Altenhilfe, die oftmals alle oben genannten Angebote umfassen. Meistens sind auch Einrichtungen der teilstationären Altenhilfe Kurzzeit- und Tagespflege angeschlossen;
- Hospize als Einrichtungen, die sich um unheilbar kranke und sterbende Menschen kümmern.

1. Beschreiben Sie die auf S. 149 abgebildete Grafik.
2. Fassen Sie die wesentlichen Informationen schriftlich zusammen.

Teilstationäre Altenpflege

Die teilstationäre Altenpflege ist das Bindeglied zwischen eigener Wohnung und stationärer Altenpflege. Hierunter versteht man Einrichtungen, die nur vorübergehend und nicht auf Dauer die Betreuung und Pflege des älteren Menschen übernehmen. Der Lebensmittelpunkt liegt immer noch im häuslichen Bereich. Zur teilstationären Altenpflege gehören Einrichtungen der Tagespflege, aber auch Reha-Kliniken oder Krankenhäuser.

3.4 Handlungskonzepte in der Altenhilfe

3.4.1 Wohn- und Pflegekonzepte für Menschen im Alter

Alten- und Pflegeheime

Vielen älteren Menschen fällt es wegen ihres Alters oder wegen des schlechten gesundheitlichen Zustandes schwer, einen eigenen Haushalt zu versorgen. Dies gilt insbesondere, wenn keine Angehörigen mehr vorhanden sind und auch die ambulante Pflege nicht mehr ausreicht. Für diese Menschen besteht die Möglichkeit der Aufnahme in ein Alten- und Pflegeheim.

Es gibt eine Reihe unterschiedlicher Heimarten:

- **Altenwohnheime:** Bei Altenwohnheimen steht eine altengerechte Wohnumgebung im Vordergrund und bei Bedarf findet auch Verpflegung und häusliche Versorgung statt, die Bewohner sind jedoch in der Regel nicht pflegebedürftig.
- **Altenheime:** Bewohner eines Altenheims sind in der Regel nicht mehr in der Lage, einen eigenen Haushalt zu führen und bedürfen der Verpflegung und Betreuung, sie sind aber nicht pflegebedürtig.
- **Altenpflegeheim:** Altenpflegeheime bieten eine umfassende Betreuung, Versorgung und Pflege der Bewohner.

Meist findet man alle drei Wohn- und Pflegemöglichkeiten in einer Einrichtung.

Alten- und Pflegeheime sind sinnvoll,

- wenn eine eigenständige Wohnungsführung nicht mehr möglich ist;
- wenn die Pflege und Betreuung in der häuslichen Umgebung nicht mehr ausreichen oder sichergestellt werden können;
- bei starker Pflegebedürftigkeit oder Demenz, wenn eine Rund-um-die-Uhr-Betreuung gewährleistet werden muss;
- wenn die pflegebedürftige Person keine Kontakte hat und droht zu vereinsamen;
- wenn die räumlichen Gegebenheiten in der Wohnung keine häusliche Pflege zulassen und das Wohnumfeld auch nicht verbessert werden kann.

In Alten- und Pflegeheimen werden alle **Leistungen** erbracht, die für eine dauerhafte Rund-um-die-Uhr-Versorgung erforderlich sind. Dies umfasst u.a.:

- alle Leistungen, die zur **Unterkunft** gehören, d.h. Zimmer mit der erforderlichen Vollausstattung, sanitäre Anlagen, Pflegebad, Reinigung des Zimmers und der Wäsche,
- alle Leistungen, die zur **Verpflegung** gehören, d.h. alle Mahlzeiten (Frühstück, Mittagessen, Nachmittagskaffee, Abendessen), Getränke, Diät- oder Schonkost und eventuell Zwischenmahlzeiten,
- alle Leistungen, die zur **Betreuung und Pflege** gehören, d.h. allgemeine Pflegeleistungen, soziale Betreuung, Behandlungspflege, Gruppenveranstaltungen, therapeutische Angebote und Sterbebegleitung. Die Pflegefachkräfte sind rund um die Uhr anwesend,
- eventuelle Zusatzleistungen, z.B. Friseur, Fußpflege oder Cafébesuche, die jedoch von den Heimbewohnern extra bezahlt werden müssen.

Kurzzeitpflege

Das Angebot der Kurzzeitpflege zielt darauf ab, pflegende Angehörige zeitweise von den pflegerischen Aufgaben zu entlasten. Unter Kurzzeitpflege ist die zeitlich befristete, also nur vorübergehende vollstationäre Versorgung und Betreuung pflegebedürftiger Menschen in einer Pflegeeinrichtung zu verstehen (Pflegeheim für einen maximal vierwöchigen Aufenthalt).

Es gibt zwei Formen der Kurzzeitpflege: diejenige bei Verhinderung der Pflegeperson und diejenige, wenn die häusliche Versorgung vorübergehend nicht gewährleistet oder ausreichend ist.

Verhinderungspflege: Wenn die Pflegeperson verreist oder aus anderen Gründen (z.B. Krankheit) verhindert ist, hat der Pflegebedürftige einen Anspruch auf eine Verhinderungspflege für bis zu vier Wochen im Jahr. Die Pflegekassen übernehmen hierfür einen bestimmten Betrag, dieser kann sowohl für die häusliche Versorgung durch einen ambulanten Pflegedienst als auch für die Betreuung im Rahmen der Kurzzeitpflege verwendet werden.

Kurzzeitpflege: Wenn die häusliche Pflege nicht in ausreichendem Umfang sicherge-stellt werden kann, ist die Aufnahme in eine Kurzzeitpflegeeinrichtung möglich.

In einem Kalenderjahr können sowohl vier Wochen Verhinderungspflege als auch die „normale" Kurzzeitpflege in Anspruch genommen werden. Insgesamt besteht also die Mög-lichkeit, für bis zu acht Wochen Kurzzeitpflege Leistungen der Pflegekassen zu beziehen.

Kurzzeitpflege ist sinnvoll,

- wenn die Pflege im häuslichen Bereich für einen vorübergehenden Zeitraum nicht möglich ist,
- wenn pflegende Angehörige aufgrund von Überforderung oder Erkrankung entlastet werden müssen,
- wenn die Hauptpflegepersonen im Urlaub oder in der Kur sind,
- wenn sich der Gesundheitszustand des Pflegebedürftigen kurzfristig verschlech-tert und die Pflegeperson damit überfordert ist,
- als Krankenhausnachsorge, z. B. aufgrund der sozialen Situation (alleine le-bend), zur Mobilisierung und Rehabilitation,
- zur Abklärung, ob eine stationäre Versorgung auf Dauer erforderlich wird oder andere Lösungen möglich sind,
- zur Überbrückung, bis ein geeigneter oder gewünschter Dauerpflegeplatz in einem Alten- und Pflegeheim zur Verfügung steht.

In der Kurzzeitpflege werden alle Leistungen eines Alten- und Pfle-geheims geboten.

Kurzzeitpflege und vollstationäre Versorgung in einem Alten- und Pflegeheim unterscheiden sich lediglich dadurch, dass die Un-terbringung in der Kurzzeitpflege auf einen Zeitraum von vier Wo-chen befristet ist, während die Aufnahme in ein Alten- und Pfle-geheim unbefristet ist.

Tagespflege

Die Tagespflege ist ein teilstationäres Betreuungsangebot, bei dem alte und kranke Men-schen tagsüber in einer Einrichtung gepflegt, versorgt und betreut werden. Diese Betreu-ung kann je nach Bedarf an einem, mehreren oder allen Wochentagen stattfinden. Vo-raussetzung ist, dass die Betreuung und Versorgung in der übrigen Zeit, also morgens, abends, nachts und an den Wochenenden zu Hause sichergestellt ist. Die Tagespflege ist somit ein Bindeglied zwischen der häuslichen Versorgung durch Angehörige oder ambu-lante Pflegedienste und einer stationären Betreuung in einem Pflegeheim. Sie kann dazu beitragen, dass ältere Menschen möglichst lange zu Hause in ihrer gewohnten Umge-bung leben können, ohne auf eine angemessene Betreuung und Pflege zu verzichten.

Tagespflege ist sinnvoll,

- wenn Angehörige berufstätig sind bzw. eine angemessene Betreuung und Versorgung nicht mehr leisten können,
- um pflegende Angehörige zu entlasten,
- wenn nur tagsüber eine zusätzliche Betreuung nötig ist,
- damit Pflegebedürftige so lange wie möglich in der häuslichen Umgebung bleiben können,
- für Pflegebedürftige, die nicht dauernd bettlägerig oder transportunfähig sind.

Folgende **Leistungen** werden in der Tagespflege angeboten:

- ein Fahrdienst, damit Tagespflegegäste morgens und abends zur Tagespflegestätte und zurück gebracht werden können,
- unterschiedliche Mahlzeiten, wie Frühstück, Mittagessen und Kaffee trinken, die in der Regel gemeinsam in der Gruppe eingenommen werden,
- sämtliche erforderliche Pflege- und Betreuungsleistungen, z. B. Grundpflege,
- ein breites Freizeit- und Beschäftigungsprogramm, z. B. Leserunden, Spiele, Bastelangebote, Gedächtnistraining, Gymnastik, Ausflüge.

Außerdem stehen in fast allen Tagespflegestätten Ruheräume mit Sitz- und Schlafgelegenheiten zur Verfügung.

Aufgaben

1. Informieren Sie sich, wo es in Ihrer Stadt Tagespflegeeinrichtungen gibt und welche Leistungen diese anbieten.
2. Welche Kosten kommen in der Tagespflege auf die Pflegebedürftigen zu?
3. Überlegen Sie, für wen die Tagespflege eine sinnvolle Einrichtung ist.

Ambulante Pflege

Hauptmerkmal der ambulanten Pflege ist, dass sämtliche Leistungen in der gewohnten Umgebung, also zu Hause, erbracht werden. Häufig kommt es vor, dass nach Krankheit oder bei Pflegebedürftigkeit längere Zeit oder sogar dauerhaft pflegerische oder hauswirtschaftliche Hilfen benötigt werden. Können diese nicht oder nicht ausreichend von Angehörigen oder anderen nahestehenden Personen übernommen werden, so kommt ein ambulanter Pflegedienst in Betracht.

Ambulante Pflegedienste erbringen sowohl pflegerische und betreuerische als auch hauswirtschaftliche und sonstige Leistungen, je nach Bedarf des Pflegebedürftigen oder Kranken.

Ambulante Pflege ist sinnvoll,

- wenn der Pflegebedürftige noch in der Lage ist, im eigenen Haushalt zu leben, entweder alleine oder mit Angehörigen, die die Pflege und Betreuung gemeinsam mit dem ambulanten Pflegedienst sicherstellen,
- wenn die häusliche Wohnsituation eine angemessene ambulante Pflege räumlich zulässt,
- um die pflegenden Angehörigen zu entlasten und zu unterstützen,
- um die Aufnahme in ein Alten- und Pflegeheim zu vermeiden oder hinauszuschieben.

Ambulante Pflegedienste erbringen folgende **Leistungen**:

- Grundpflege, d. h. individuelle Körperpflege, Hilfe beim An- und Auskleiden, Lagern und Betten,
- Hauswirtschaftliche Hilfen, das sind Hilfen bei der Nahrungszubereitung und -aufnahme, Reinigung, Wäschepflege oder beim Einkauf,
- Behandlungspflege, die sich im Gegensatz zur Grundpflege auf die krankheitsbedingte Versorgung des Pflegebedürtigen bezieht; dazu gehören Injektionen, Wundversorgung, Verbandswechsel, Blutzuckerkontrollen, medizinische Einreibungen und Medikamtenüberwachung.

Neben der ambulanten Pflege gibt es noch viele unterschiedliche Dienste, die die Betreuung, Versorgung und Pflege ergänzen und erleichtern. Dazu gehören:

- Mahlzeitendienste (Essen auf Rädern),
- Fahr- und Begleitdienste,
- Hausnotruf,
- Angehörigenarbeit, Angehörigengruppen,
- Pflegekurse zur Unterstützung pflegender Personen,
- Hilfsmittelverleih (Verleih von Pflegebetten, Rollstühlen, Gehhilfen usw.).

Aufgaben

1. Suchen Sie einen ambulanten Dienst in Ihrem Wohnort auf.
2. Informieren Sie sich über die angebotenen Leistungen.

Betreutes Wohnen

Die meisten Menschen möchten auch im Alter ihre Selbstständigkeit erhalten. Gleichzeitig sollen jedoch auch ihre Betreuung und Versorgung bei Bedarf gewährleistet sein. Diesen Erwartungen kommt das Wohnkonzept des betreuten Wohnens entgegen. Grundgedanke ist, soviel Selbstständigkeit wie möglich in der Wohnung zu erhalten und soviel Betreuung, Verpflegung und Pflege wie nötig zu bieten.

Betreutes Wohnen bietet folgende Angebote:

- eine barrierefreie und altengerechte Wohnung (Wohn- und Schlafraum, Bad, Küche),

- Grundleistungen, für die eine monatliche Pauschale entrichtet werden muss (z.B. Beratung, Vermittlung von Hilfen und Diensten, Hausmeisterdienste, Freizeitangebote),
- zusätzliche Wahlleistungen, die bei Bedarf in Anspruch genommen werden können und auch nur dann bezahlt werden müssen (z.B. Essens- und Getränkeversorgung, Hausnotruf, Wohnungsreinigung, Wäschedienst, Hol- und Bringdienst, ambulante Pflege).

Unter den Begriffen „betreutes Wohnen" oder auch „Wohnen mit Service" oder „Wohnen Plus" verbergen sich unterschiedlichste Konzepte und Leistungen – die Begriffe sind bislang nicht verbindlich definiert. Der Umfang reicht dabei von einem geringen Service bis hin zur Vollversorgung, fast wie in einem Heim.

Betreutes Wohnen kann sinnvoll sein für Personen,
- die jetzt und voraussichtlich noch längere Zeit gesund und aktiv sind,
- die eine altengerechte Wohnung suchen,
- die sich ein Leben und eine Atmosphäre wie in einer „normalen" Wohnanlage wünschen,
- die zu einer selbstständigen Lebensführung fähig und nicht dauernd pflegebedürftig sind,
- die einen Umzug in ein Alten- und Pflegeheim vermeiden möchten,
- die ihre räumliche Umgebung auch bei steigendem Pflegebedarf nicht wechseln wollen,
- die schon jetzt an ihre Sicherheit im Alter (Vorsorge-Gedanke) denken,
- die eine sichere und „behütete" Wohnumgebung suchen.

Da es große Unterschiede in Bezug auf die Leistungen des betreuten Wohnens gibt, werden im Folgenden die fünf grundlegenden Modelle vorgestellt:

„Hausmeister"-Modell: Diese Wohnform unterscheidet sich kaum von einer „normalen" Wohnung. Es gibt aber einen Hausmeister, der sich um „technische Probleme" rund um die Wohnung kümmert, z.B. Wartung und Reinigung von Fluren, Gemeinschaftsräumen und Grünanlagen, Schnee räumen oder kleinere Reparaturen. Um alle anderen Betreuungsleistungen, die die Verpflegung und Pflege betreffen, müssen sich die Mieter selbst kümmern. Bei einer steigenden Pflegebedürftigkeit muss der Mieter die Wohnung wechseln und in der Regel in ein Alten- und Pflegeheim umziehen.

Betreutes Wohnen mit Ansprechpartner, aber ohne eigenen sozialen und/oder pflegerischen Dienst: Hier gibt es neben einem Hausmeister auch einen Ansprechpartner, der berät und die notwendigen Hilfen vermittelt (z.B. Mahlzeitenservice oder ambulanten Pflegedienst). Diese Hilfen werden von außerhalb erbracht. Die Anlage selbst verfügt über keinen sozialen oder pflegerischen Dienst. Bei steigender Pflegebedürftigkeit ist ein Umzug ins Pflegeheim häufig nicht zu vermeiden.

Betreutes Wohnen mit einem Ansprechpartner und eigenem sozialen und/oder pflegerischen Dienst: Meistens gibt es in solchen Anlagen – über die im obigen Modell genannten Angebote hinaus – die Möglichkeit einer „Rund-um-die-Uhr-Betreuung", wie sie auch aus Alten- und Pflegeheimen bekannt ist. Dadurch bleibt auch bei schwerer Pflegebedürftigkeit meist ein Umzug in ein Pflegeheim erspart.

Betreutes Wohnen in einer Einrichtung mit spezieller Pflegeabteilung: Hier liegt der Schwerpunkt noch stärker auf der Pflege. Der Verbleib in der Einrichtung ist deshalb auch bei Schwerstpflegebedürftigkeit garantiert. Allerdings muss dann unter Umständen ein Umzug von der betreuten Wohnung in die Pflegeabteilung in Kauf genommen werden.

Betreutes Wohnen in Anbindung an ein Alten- und Pflegeheim: Hier können in der Regel alle Dienstleistungen in Anspruch genommen werden, die auch den Pflegeheimbewohnern angeboten werden. Oft ist allerdings die an das Heim angegliederte Pflege nur für eine begrenzte Zeit möglich. Bei dauerhafter schwerer Pflegebedürftigkeit ist dann ein Umzug ins Heim notwendig.

Aufgaben

1. Informieren Sie sich über Einrichtungen des betreuten Wohnens in Ihrer näheren Umgebung.
2. Welches Modell des betreuten Wohnens wird dort angeboten?

Alternative Wohnkonzepte

Im Alter allein leben oder in ein Alten- und Pflegeheim ziehen? Viele ältere Menschen suchen eine Alternative zu diesen Möglichkeiten. Das Gefühl von Selbstbestimmung, selbstständige Lebensführung und trotzdem die Einbindung in eine vertraute Gemeinschaft machen für viele Menschen ein Stück Lebensqualität aus. Da ein Großteil der Deutschen (54 %) zu Hause alt werden möchte, aber nicht alleine leben will, hat sich in den letzten Jahren ein immer größeres Interesse an alternativen Wohnkonzepten entwickelt. Haus- und Wohngemeinschaften gewinnen dabei immer mehr an Bedeutung. Insgesamt gibt es bundesweit 200–300 solcher Wohngemeinschaften. Der Grundgedanke dieser Wohnform besteht darin, dass vier bis acht Senioren zusammenleben und ambulant betreut werden. Es gibt jedoch unterschiedliche Konzepte.

Eine der ältesten Wohngemeinschaften befindet sich in Göttingen. Dort wohnen zur Zeit elf Frauen zwischen 71 und 89 Jahren in einer alten Villa zusammen (nähere Informationen unter: www.freiealtenarbeitgoettingen.de).

„Wohnen für Hilfe' ist ein Selbsthilfeprojekt, das Studentenwerk München und Seniorentreff Neuhausen zum Wintersemester 1996/97 in München gestartet haben. Dabei stellen Senioren Wohnraum für Studierende zur Verfügung, diese stehen dem Vermieter dafür in Dingen des täglichen Lebens zur Seite. Studierenden soll dadurch bei der Lösung finanzieller Probleme und bei der Wohnungssuche geholfen werden. Die hilfsbedürftigen Menschen können länger in der eigenen Wohnung und in gewohnter Umgebung bleiben.
Die Hilfe, die zwischen Vermieter und Studierenden vereinbart wird, kann alle Bereiche des täglichen Lebens betreffen, wie:

- Einkaufen
- Behördengänge
- Haushaltshilfe
- Arztbesuche
- Spaziergänge
- Kommunikation

Ein Quadratmeter kostet eine Stunde.
Die Gegenleistung für die Hilfe kann in kostenlosem Wohnen, in Geld oder in einer Mischung aus beidem bestehen. Als grobe Richtschnur für den Umfang der Tätigkeit kann die Faustregel gelten: Pro Quadratmeter Wohnfläche des überlassenen Zimmers eine Stunde Hilfe pro Monat. Bei einem Zimmer von 20 qm wären das also 20 Stunden pro Monat, sodass das Zimmer bei einem Stundensatz von 8 Euro 160 Euro ‚kostet‘.“

(Studentenwerk München, 2009)

Gemeinschaftliches Wohnen

Selbstständig, aber nicht allein im Alter

„Es gibt eine wachsende Zahl älterer Menschen, die im Alter bewusst ihre Wohnsituation verändern und eine neue Lebensform ausprobieren wollen. Es sind zum einen jüngere Seniorinnen und Senioren, die nach Abschluss der Familien- und Berufsphase eine neue Orientierung suchen. Zum anderen sind es ältere Menschen, die im Fall von Hilfe- und Pflegebedürftigkeit Vorsorge treffen wollen. Gemeinschaftliches Wohnen wird von diesen älteren Menschen als passende Lösung für ein selbstbestimmtes Leben und Wohnen im Alter angesehen. Es bietet die Möglichkeit, selbstständig zu leben, ohne allein zu sein, unabhängig zu sein, aber mit Verantwortung für andere, und im Notfall auf jemand zurückgreifen zu können, ohne dafür aber ‚rundum‘ versorgt zu sein.

Breites Spektrum gemeinschaftlicher Wohnprojekte

Hinter dem Begriff ‚gemeinschaftliches Wohnen‘ verbirgt sich ein Spektrum unterschiedlicher Konzepte. Neben den Wohn- und Hausgemeinschaften verfolgen auch Projekte des Mehr-Generationen- bzw. des integrierten Wohnens das Ziel des gemeinschaftlichen Wohnens. In Wohn- und Hausgemeinschaften hat jede Bewohnerin und jeder Bewohner einen eigenen Wohnbereich – mindestens ein Zimmer, aber meistens eine abgeschlossene Wohnung – und es gibt Räume, die gemeinschaftlich genutzt werden. Häufig werden diese Wohnprojekte von privaten Personen bzw. Gruppen in eigener Regie gegründet und geführt. Die Bewohnenden organisieren das Gemeinschaftsleben selbst oder sind zumindest aktiv an der Organisation beteiligt.

Beim Mehrgenerationen- und integrierten Wohnen leben Menschen verschiedener Generationen bzw. Menschen mit unterschiedlichen Bedarfen wie Alleinerziehende, Menschen mit Behinderung oder Migrantinnen und Migranten meist in größeren Wohnkomplexen zusammen, die vorrangig von sozialen Trägern initiiert werden. Sie haben zum Ziel, nachbarschaftliche Hilfen zu verbessern. Es soll gerade denen, die im besonderen Maße auf Nachbarschaftshilfe und Betreuung angewiesen sind, helfen, Isolation zu überwinden und Unterstützung zur gegenseitigen Hilfe zu finden.

In Deutschland gibt es ca. 250 dieser gemeinschaftlichen Wohnprojekte, die sehr viele und zum Teil auch sehr unterschiedliche bauliche und organisatorische Facetten haben. Einen bundesweiten Überblick über gemeinschaftliche Wohnprojekte gibt es bislang nicht. Die Hausgemeinschaft mit Wohnungen ist das Modell, das sich beim gemeinschaftlichen Wohnen vorrangig durchgesetzt hat. Es ist davon auszugehen, dass der Bedarf und die tatsächliche Nachfrage nach dieser Wohnform größer ist als das verfügbare Angebot. Interessanterweise ist die Nachfrage dort besonders groß, wo das Angebot bereits relativ weit entwickelt ist wie in Hamburg, Nordrhein-Westfalen und München.

Kontakt und Eigenständigkeit

Gemeinschaftliches Wohnen im Alter unterscheidet sich von anderen Wohnangeboten in der Art des Zusammenlebens und in der aktiven Rolle der Bewohnerinnen und Bewohner: Die gemeinschaftlichen Wohnprojekte legen besonders großen Wert auf das Zusammenleben bei gleichzeitiger Wahrung der Selbstständigkeit. Das gemeinschaftliche Leben beginnt bereits vor dem Einzug. Es werden Kontakte zwischen den zukünftigen Bewohnerinnen und Bewohnern geknüpft, um gemeinsame Vorstellungen über das Zusammenleben zu entwickeln. Darüber hinaus verfolgen gemeinschaftliche Wohnprojekte häufig das Ziel, soziale Kontakte auf das umgebende Wohnquartier auszudehnen. Wesentlich für die nachbarschaftliche Einbindung ist ein offenes Veranstaltungsangebot. Die eigenständige Rolle zeichnet sich durch ihre Beteiligung als Initiierende oder Mitwirkende an der Projektentwicklung und als (Mit-)Organisierende des Zusammenlebens aus.

Gegenseitiges Unterstützen

Ein weiteres Merkmal der gemeinschaftlichen Wohnprojekte ist, dass sie professionelle Hilfe und Betreuung nicht oder nur in geringem Umfang einbinden. Das Konzept besteht vielmehr darin, aus dem gemeinschaftlichen Zusammenleben eine Basis für Nachbarschaftshilfe zu schaffen und im Bedarfsfall ambulante Dienste wie in „normalen" Wohnungen in Anspruch zu nehmen. Die gemeinschaftlichen Wohnprojekte unterscheiden sich jedoch in Umfang und Verbindlichkeit der gegenseitigen Unterstützung und im Einbinden professioneller Hilfen. Insgesamt steht die Entwicklung von Lösungen bei erhöhtem Betreuungsbedarf noch in den Anfängen. Es gibt aber inzwischen erste Projekte, die ganz gezielt das Thema ‚Pflege' in ihren gemeinschaftlichen Wohnkonzepten berücksichtigen."

(Scholl, 2005)

Weitere Informationen kann man unter folgender Adresse finden:
Forum Gemeinschaftliches Wohnen (FGWA) e. V.: www.nwia.de

Aufgaben

1. Sammeln Sie Informationen über weitere alternative Wohnkonzepte für Senioren.
2. Entwerfen Sie Ihr eigenes alternatives Wohnkonzept.
3. Stellen Sie dieses Konzept möglichst anschaulich in der Klasse vor.
4. Lesen Sie im Arbeitsheft den Text zu Sun-City und beantworten Sie die Fragen.

Hospiz

„Das Hospiz ist eine Lebensstätte für Sterbende."

Die Hospizbewegung ist eine weltweite Bewegung, die das Ziel verfolgt, Kranke und deren Angehörige während des Sterbeprozesses zu begleiten und den Sterbenden einen menschenwürdigen Tod zu ermöglichen. Als Hospiz (lat. Gastfreundschaft, Herberge) wurden ursprünglich christliche Herbergen für Pilger oder Reisende bezeichnet. Die ersten Sterbehäuser wurden in England für todkranke Krebspatienten eingerichtet. Es gibt ambulante und stationäre Hospize. Im Gegensatz zu den sogenannten Palliativstationen in Krankenhäusern, in denen Kranke im Endstadium symptomlindernd betreut werden, sind Hospize eigenständige Einrichtungen.

Im Hospiz werden alle Maßnahmen ergriffen, die zu einer optimalen Reduktion der physischen und psychischen Beschwerden des Kranken erforderlich sind, sofern eine ambulante Versorgung im Haushalt nicht möglich ist.

Ziel der Behandlung im Hospiz ist die palliative (also sorgende, aber nicht heilende) Pflege und Beschwerdelinderung der Patienten bis zum Tod und der Erhalt bzw. die Wiederherstellung ihrer Lebensqualität im Sinne von Schmerzfreiheit und Zuwendung.

Hospize eignen sich für Menschen, die

- eine unheilbare Krankheit haben und deren Lebensende sich abzeichnet,
- ihren Lebensabend nicht im Krankenhaus bzw. auf der Intensivstation verbringen möchte,
- zeitweise nicht zu Hause von den Angehörigen gepflegt werden können, da diese Entlastung und Unterstützung benötigen,
- eine persönliche pflegerische, medizinische und psychosoziale Betreuung wünschen,
- mit den bisherigen Unterstützungsmöglichkeiten ihren Lebensabend nicht erträglich gestalten können.

Hospize bieten:

- eine würdevolle Sterbebegleitung,
- medizinische, pflegerische und psychosoziale Betreuung,
- Berücksichtigung der persönlichen Wünsche und Bedürfnisse der Sterbenden,
- Schmerztherapien,
- Unterstützung und Hilfen für Angehörige, auch über den Tod des Patienten hinaus.

Hospize sind keine „typischen" Einrichtungen der Altenhilfe, sondern Häuser für Sterbende jeden Alters. So gibt es z. B. spezielle Kinderhospize, in den todkranke Kinder und ihre Eltern betreut werden.

Aufgaben

1. Worin unterscheiden sich Hospize von anderen Einrichtungen der Altenhilfe?
2. Worin bestehen die Vorteile eines Hospizes gegenüber einem Krankenhaus?

3.4.2   Angebote und Aktivitäten für Menschen im Alter

Aktivität und Beschäftigung sind neben Pflege und Betreuung ein wesentlicher Bestandteil in der Arbeit mit älteren Menschen. Durch die geplante und zielgerichtete Beschäftigung werden Ressourcen erkannt, Interessen geweckt und Fähigkeiten gefördert. Angebote und Beschäftigungen fördern die Kommunikation zwischen Pflegenden und zu Betreuenden und dienen der Informationsgewinnung. Außerdem können sie ein Anknüpfungspunkt für die Angehörigenarbeit sein.

Beispiel:

Stellen Sie sich vor, Sie sind in einem Altenpflegeheim in der sozialen Betreuung eingesetzt. Nach einiger Zeit sollen Sie ein Beschäftigungsangebot für zwei Bewohnerinnen machen. Um Informationen über Interessen und Gewohnheiten zu gewinnen, können Sie einen Fragebogen für die Bewohnerinnen und ihre Angehörigen entwickeln.

Entwerfen Sie so einen Fragebogen. Mögliche Inhalte könnten sein: Lieblingsmusik, Hobbys, Vereinszugehörigkeiten, Vorlieben, Haustiere, o. Ä.

Es gibt viele Möglichkeiten und Ideen für die Beschäftigung mit älteren Menschen, einige werden hier näher erläutert.

Gruppenarbeit mit Senioren

Unter Gruppenarbeit versteht man die Arbeit mit einer bestimmten Anzahl von Menschen („Gruppe"), die sich regelmäßig zusammenfinden. Die Teilnahme an Gruppenveranstaltungen gibt älteren Menschen die Möglichkeit, Kontakte zu knüpfen, soziale Beziehungen aufzubauen, sich auszutauschen, neue Erfahrungen zu sammeln und Fertigkeiten zu fördern. Die Durchführung von Gruppenstunden erfordert eine sorgfältige Planung und Vorbereitung. Die Gruppenleitung muss sich ein möglichst genaues Bild über die Teilnehmer machen können, d. h. sie muss Informationen einholen über Interessen, Probleme, Fähigkeiten und Kompetenzen der Teilnehmer, um sie nicht zu unter- bzw. überfordern. Die Zahl der Teilnehmer ist abhängig von der Art des Angebots, so können z. B. an einem Gedächtnistraining mehr Personen teilnehmen als an einer Kochgruppe.

Man unterscheidet zwischen offenen, halboffenen und geschlossenen Gruppen.

Offene Gruppen stehen für jeden Interessierten offen und bieten die Möglichkeit des Ausprobierens. Dadurch wird einerseits die Hemmschwelle, einer solchen Gruppe beizutreten, herabgesetzt, andererseits bleibt die Beziehung zwischen den Teilnehmern weniger intensiv und die Gruppenleitung weiß nie genau, welche Personen an der Gruppenstunde teilnehmen.

Geschlossene Gruppen zeichnen sich dadurch aus, dass alle Mitglieder gemeinsam beginnen und gemeinsam aufhören. Wenn Mitglieder ausscheiden, werden sie in der Regel nicht durch andere ersetzt. Geschlossene Gruppen eignen sich besonders für die therapeutische Arbeit oder Gesprächsgruppen.

Halboffene Gruppen haben zwar einen festen Mitgliederstamm, aber sobald Gruppenmitglieder ausscheiden, können andere nachrücken, sodass die Gruppengröße erhalten bleibt.

Die Gruppenleitung muss folgende Aspekte in ihre Planung miteinbeziehen:

- Auswahl eines passenden Raumes (z.B. bei der Seniorengymnastik wird viel Platz benötigt, beim Gedächtnistraining Ruhe und beim Werken ein unempfindlicher Fußboden),
- gute Beleuchtung des Raumes, bequemes angemessenes Mobiliar, passende Raumtemperatur und genügend Frischluft,
- Festlegung der Häufigkeit und Dauer der Treffen (man sollte die zeitlichen Abstände nicht zu groß wählen, damit eine kontinuierlich Arbeit gewährleistet werden kann, die Dauer der Gruppenstunden sollte nicht zu lang sein, weil sich ältere Menschen nur begrenzt konzentrieren können und schneller ermüden),
- Planung des Programms (Inhaltes) nach den Interessen, Bedürfnissen und Fähigkeiten der alten Menschen,
- Einteilung der Gruppenstunde in unterschiedliche Phasen: Aufwärmphase (dient zur Orientierung), Aktivitätsphase (eigentliche „Arbeitsphase"), Ausklangphase (es können z.B. nächste Aktivitäten besprochen werden, Termine, Wünsche, etc.),
- zur Förderung der Motivation mit einfacheren Aufgaben anfangen und nach und nach den Schwierigkeitsgrad steigern – „vom Leichten zum Schweren" (z.B. beim Gedächtnistraining),
- Schaffung eines stabilen, äußeren Rahmens, d.h. Zeit, Raum, Gruppenleitung als feste Größen etablieren – Unregelmäßigkeiten verwirren nur,
- Teilnehmer zu möglichst viel eigenem Handeln aktivieren,
- auf die Gesamtgruppe eingehen, aber auch jeden Einzelnen im Blick haben und ihm gerecht werden,
- Teilnehmer mit Namen angesprechen, dabei können Namensschilder hilfreich sein.

Alle Regeln, die für die Gruppenarbeit gelten, gelten auch für die weiteren beschriebenen Aktivitätsbereiche!

Beispiel für ein methodisch-didaktisches Raster zur Planung von Angeboten

1. Vorplanung
1.1 Ausgangslage der Teilnehmer
1.2 Themenfindung
1.3 Ziele

2. Vorbereitung
2.1 Ort und Zeit
2.2 Information und Absprache
2.3 Material
2.4 Praktische Vorbereitung

3. Durchführung
3.1 Arbeitsplatzvorbereitung
3.2 Sitzordnung
3.3 Programmablauf
3.4 „Lückenfüller"
3.5 Nachbereitung

4. Reflexion und Auswertung

(Dunkhorst, 2001, S. 36)

Spielen

Das Spiel ist das Gegenteil von Arbeit, es ist zweckfrei, soll der Unterhaltung dienen und Spaß machen.

Gerade für ältere und pflegebedürftige Menschen, kann Spielen ein wichtiger Aspekt zur Förderung des Selbstbewusstseins und der Lebensfreude sein.

> *„Spiel lässt den Menschen üben und lernen, und das in jedem Alter. Das Spiel bietet eine große Bandbreite an Anregungen für den Körper (bewegen, reagieren, handeln), für den Geist (wahrnehmen, denken) und für die Seele (fühlen, empfinden).“*
>
> *(Dunkhorst, 2001, S. 50)*

Spielen fördert:
- die Gemeinschaft und das Miteinander,
- die Kommunikation untereinander,
- das Zugehörigkeitsgefühl,
- die Möglichkeit, Empfindungen und Gefühle zu zeigen,
- das Denken,
- Spaß und Freude,
- Gedächtnis und Konzentration,
- körperliche Aktivität.

Grundsätzlich eignen sich für ältere Menschen alle Spielformen, die wir aus unserem täglichen Leben kennen. Dazu gehören: Kennenlernspiele, Bewegungsspiele, Darstellungsspiele/Pantomimen, Brettspiele, Wahrnehmungsspiele, Paarspiele, Denk- und Konzentrationsspiele, Ratespiele, Kreisspiele, Schreibspiele, Gesellschaftsspiele, Kartenspiele, Wortspiele usw. Teilweise ist es sinnvoll, das Spielmaterial oder die Spielregeln den Bedürfnissen der älteren Menschen anzupassen, z. B. durch große Karten oder Spielfiguren, vereinfachte Regeln, Themen aus dem Erfahrungsbereich der älteren Menschen.

Die Rolle des Spielleiters ist auch hier von großer Bedeutung. Der Spielleiter sollte:
- selbst Spaß am Spielen haben,
- Spiele, die er anbietet, vorher selber ausprobieren, um die Spielregeln genau zu kennen, den zeitlichen Rahmen abschätzen zu können, eventuelle Variationen vorzunehmen, um sich beim Spielen auf die Teilnehmer konzentrieren zu können,
- die Regeln des Spiels mit einfachen, verständlichen Sätzen erklären,
- während des Spiels Ruhe und Übersicht bewahren und möglichst alle Mitspieler im Blick haben,
- die Fähigkeit haben, die älteren Menschen zu motivieren,
- auf Stärken und Schwächen der Mitspieler Rücksicht nehmen,
- darauf achten, dass Spiele nicht zu lange dauern,
- möglichst die Mitspieler in die Spielauswahl miteinbeziehen.

Musik

Auch Musik kann ein wichtiger Bestandteil in der Arbeit mit älteren Menschen sein. Musik beeinflusst die Stimmung, sie kann anregen, fröhlich stimmen, aber auch entspannen und beruhigen. Ältere Menschen verbinden mit Musik oft Erinnerungen aus ihrer Kindheit und Jugend. Diese Erinnerungen können eine wichtige Brücke zur Biografie des Menschen sein und Anknüpfungspunkt für Gespräche.

Man kann aber auch gemeinsam musizieren, singen oder sich zur Musik bewegen, das fördert das Gemeinschaftsgefühl und erleichtert die Kontaktaufnahme. Gemeinsames Musizieren ist überdies eine bedeutsame Methode der non-verbalen Kommunikation. Das soziale Miteinander wird beim Musizieren gefördert, weil man auf den anderen achten muss.

Mit Musik bzw. beim Musizieren in der Altenarbeit kann man folgende Ziele verfolgen:

- Schulung des Gedächtnisses, der Konzentration, der Aufmerksamkeit und der Reaktionsfähigkeit,
- Geselligkeit, Freude und Spaß haben, Ablenkung von Sorgen und Problemen,
- Erhaltung und Verbesserung der Beweglichkeit, z. B. beim Sitztanz,
- Verbesserung der Koordinationsfähigkeit durch die Bewegung zur Musik,
- Förderung und Erhaltung vorhandener und neu erworbener Fähigkeiten und Interessen,
- Abwechslung zum eintönigen Alltag,
- Ermöglichung eines Gemeinschaftsgefühls,
- Förderung der Kommunikation,
- Entspannung erfahren,
- Steigerung des Selbstwertgefühls und,
- Entwicklung eines positiven Selbstbildes.

Aufgaben

1. Stellen Sie in Ihrer Klasse Ihre Lieblingsmusik vor und schildern Sie Erinnerungen und Gefühle, die Sie mit dieser Musik verbinden.
2. Tauschen Sie Ihre Erfahrungen untereinander aus. Halten Sie Gemeinsamkeiten und Unterschiede fest.

Besonders das Singen mit älteren Menschen kann eine sinnvolle Beschäftigung sein. Sie müssen sich jedoch bei der Liedauswahl am Liedgut der älteren Menschen orientieren. Am besten Sie lassen die Teilnehmer bei der Liedauswahl mitbestimmen bzw. die Liedauswahl selbst treffen.

Aufgaben

3. Erstellen Sie eine Liedermappe für Senioren.
4. Sammeln Sie die nötigen Informationen über bekannte Lieder im Gespräch mit älteren Menschen.
5. Unterteilen Sie die Liedauswahl nach Themen.

Seniorengymnastik

Von besonderer Bedeutung für Menschen im Alter ist die Erhaltung bzw. die Verbesserung (falls es möglich ist) der Beweglichkeit. Von der Bewegungsfähigkeit hängen fast alle Aktivitäten des täglichen Lebens ab und eine Einschränkung in diesem Bereich zieht Einschränkungen in vielen anderen Lebensbereichen nach sich.

Es ist medizinisch erwiesen, dass sich Beweglichkeit durch eine entsprechende Förderung bis ins hohe Lebensalter erhalten lässt. Dazu gehören Geschicklichkeit, Ausdauer, Reaktion und Koordination, aber auch Kraft und Schnelligkeit.

Die Seniorengymnastik kann der Erhaltung und Verbesserung der Beweglichkeit dienen.

Bei vielen älteren Menschen steht nicht die körperliche Leistungssteigerung im Vordergrund, sondern das Bedürfnis nach Geselligkeit und das Gefühl, „etwas für die Gesundheit zu tun", bewegt sie dazu, an der Seniorengymnastik teilzunehmen.

Durch die Seniorengymnastik können unterschiedliche Ziele erreicht werden:
- Erhaltung und Verbesserung der Beweglichkeit,
- Kräftigung und Lockerung der Muskulatur,
- Verbesserung des Herz-Kreislauf-Systems,
- Förderung der Koordinationsfähigkeit,
- Förderung der Grob- und Feinmotorik,
- Schulung der Reaktionsfähigkeit,
- Steigerung des Gedächtnisses und der Konzentrationsfähigkeit,
- Förderung der Kommunikation,
- Wecken von Freude und Lust an Bewegung,
- Entwickeln von Selbstvertrauen,
- Gewinnen eines positiven Selbstbildes.

Bei der Durchführung von Gymnastikstunden mit Senioren sollten Sie Folgendes beachten:
- Es ist wichtig, die Teilnehmer zu kennen, um ihre Leistungsfähigkeit einschätzen zu können.
- Auf körperliche Einschränkungen und Beeinträchtigungen der Teilnehmer ist Rücksicht zu nehmen.
- Eine Gymnastikstunde sollte höchstens 45–60 Minuten dauern, um die Teilnehmer nicht zu überfordern.
- Gymnastikstunden sollten abwechslungsreich gestaltet werden, z. B. durch Einsatz von Musik oder Verwendung von Bällen oder Tüchern.

- Seniorengymnastik findet im Sitzen, auf einem geraden Stuhl, ohne Armlehnen, statt.
- Die Teilnehmer sollten bequeme Kleidung tragen, in der sie Bewegungsfreiheit haben.
- Die Übungsleiterin sollte die Übungen selber vormachen und dabei erklären.
- Die Erklärungen müssen klar und verständlich sein.
- Das Tempo muss der Leistungsfähigkeit der Teilnehmer angepasst sein.
- Jeder Teilnehmer sollte selber entscheiden, welche Übungen er mitmachen will.
- Die Teilnehmer sollten regelmäßig gelobt und motiviert werden.
- Die Übungsleiterin sollte auf keinen Fall Übungen anbieten, deren Wirkungen und Gefahren sie nicht einschätzen kann, z. B. Atemübungen.

Merke!

Für den Aufbau einer Übungsstunde gilt: Vorsichtig und locker beginnen (Aufwärmphase), konzentriert und intensiv üben (Aktivierungsphase) und fröhlich und entspannt ausklingen lassen (Ausklangsphase) (vgl. Dunkhorst, 2001, S. 120).

Aufgabe

Sammeln Sie Material für Übungen einer Seniorengymnastikstunde. Legen Sie eine Mappe mit solchen Übungen an.

Werken und Gestalten

Auch Werken und Gestalten kann eine sinnvolle Beschäftigung in der Arbeit mit Senioren sein, weil man älteren Menschen dadurch die Freude am eigenen „Schaffen" vermitteln kann. Grundsätzlich sollten sich „Werkstunden" an den Interessen und Fähigkeiten der Teilnehmer orientieren, aber auch die Fertigkeiten der Leiterin sind von großer Bedeutung. Gerade beim Werken und Gestalten nimmt sie eine „Vorbildfunktion" ein, deswegen ist es besonders wichtig, dass sie die angebotenen Techniken sicher beherrscht und selber gute Ergebnisse zustandebringen kann. Nur so kann sie die Motivation und Kreativität der Teilnehmer ansprechen und fördern.

Folgende Ziele können durch Werken und Gestalten erreicht werden:
- Förderung der Beweglichkeit, besonders der Grob- und Feinmotorik,
- Steigerung der Fingerfertigkeit,
- Stimulation des Seh- und Tastsinns,
- Anregung der Konzentrationsfähigkeit,
- Ablenkung von Problemen und Sorgen,
- Förderung geistiger Aktivität,
- Förderung von sozialen Kontakten,
- Schaffung eines Wir-Gefühls, z. B. bei der Herstellung von Gemeinschaftsprodukten,

- Stärkung des Selbstwertgefühls,
- Erfahren von Aufmerksamkeit und Anerkennung,
- Förderung der Kreativität.

Auch bei „Werkstunden" sollte die Leitung einige Hinweise beachten:

- Es ist wichtig, ältere Menschen zum Mitmachen zu aktivieren und sie in ihren Fähigkeiten zu bestärken.
- Die Techniken und Materialien müssen den Fähigkeiten und Fertigkeiten der älteren Menschen angemessen sein.
- Es muss eine kreative Atmosphäre geschaffen werden.
- Die Arbeitsfläche muss ausreichend groß und gut beleuchtet sein.
- Unterlagen und Arbeitskleidung (Schutzkleidung) sollten bereit liegen.
- Material und Werkzeuge sollten vollständig vorhanden und gebrauchsfertig sein.
- Die Werktechnik muss von der Leiterin vorher unbedingt ausprobiert werden, um Sicherheit bei der Anleitung zu haben und eventuelle Schwierigkeiten im voraus zu erkennen.
- Schablonen und Muster zum Zeigen sollten in ausreichender Anzahl vorhanden sein.
- Arbeitsabläufe müssen einfach und verständlich dargestellt werden.
- Jeder Teilnehmer sollte in die Arbeit miteinbezogen werden.
- Hilfestellung und Unterstützung sollten angeboten und gegeben werden, aber man sollte nicht vorschnell eingreifen und älteren Menschen die Arbeit „aus der Hand nehmen".
- Arbeitsergebnisse sollten in der Gruppe betrachtet und besprochen werden.
- Erstellte Produkte sollten mit Respekt und Anerkennung betrachtet, eventuell ausgestellt oder aufgehängt werden.
- Achten Sie bei der Auswahl der Angebote auf die Verwertbarkeit der Produkte, ältere Menschen reagieren häufig verständnislos auf „Materialverschwendung".
- Versuchen Sie, bei der Zeiteinteilung darauf zu achten, dass alle Teilnehmer ihre Arbeit auch fertigstellen können. Halbfertige Arbeiten führen zur Unzufriedenheit.

Aufgaben

1. Sammeln Sie Ideen für Arbeiten in Werken und Gestaltung. Beziehen Sie sich dabei auf den thematischen Bereich „Frühling".
2. Halten Sie die Anleitungen schriftlich fest.

Natürlich gibt es auch noch andere Möglichkeiten der Beschäftigung mit älteren Menschen, z.B. Gedächtnistraining, Vorlesen und Erzählen, Ausflüge, Feste und Feiern. Gerade dem Gedächtnistraining kommt dabei eine große Bedeutung zu.

 Hinweise und Tipps für Gedächtnistraining mit älteren Menschen finden Sie im Arbeitsheft.

3.4.3 Alter und Demenz

Was ist Demenz?

> **Definition**
>
> „Weg vom Geist" bzw. „ohne Geist" ist die wörtliche Übersetzung des Begriffes Demenz aus dem Lateinischen.
>
> Unter **Demenz** versteht man Störungen der geistigen Leistungsfähigkeit. Demenz ist mehr als eine Gedächtnisstörung, sie zieht die komplette Persönlichkeit in Mitleidenschaft: die Wahrnehmung, das Erleben und Verhalten.

In Deutschland gibt es ca. 1,2 Mio. Demenzkranke, die Zahl wird in den nächsten Jahren noch steigen (ca. 1,7 Mio. Erkrankte im Jahr 2040). Die Schwerstpflegebedürftigkeit bei älteren Menschen wird fast zu 50 % durch Demenz verursacht. Damit machen Demenzerkrankte die höchste Zahl der Bewohner in Alten- und Pflegeheimen aus.

Man kann zwischen zwei grundsätzlichen Formen der Demenz unterscheiden, der primären und der sekundären Demenz:

Primäre Demenz	Sekundäre Demenz
– Primäre Demenzerkrankungen sind Erkrankungen des Gehirns (zu 50–60 % Alzheimer-Erkrankte, ca. 20 % gefäßbedingte Demenzen und der Rest der Erkrankungen ist eine Kombination aus beiden Formen). – Primäre Demenzen sind in der Regel unheilbar und der Gesundheitszustand der Erkrankten verschlechtert sich zunehmend. – Ungefähr 90 % aller Demenzerkrankten leiden an primären Demenzen.	– Die sekundäre Demenz ist eine Folgeerscheinung anderer meist außerhalb des Gehirns liegender Grunderkrankungen, z. B. Stoffwechselerkrankungen, Vitaminmangel, Vergiftungserscheinungen durch Alkohol und Medikamente. – Die Grunderkrankungen sind behandelbar und z. T. sogar heilbar. – Ca. 10 % aller Erkrankten leiden an einer sekundären Demenz.

Da die sekundäre Demenz nur einen kleinen Teil der Erkrankten betrifft, wird im Folgenden hauptsächlich auf die unterschiedlichen Arten der primären Demenz eingegangen.

Bei der Demenz vom Alzheimer-Typ handelt es sich um eine degenerative Krankheit des Gehirns, während deren Verlauf die Nervenzellen des Gehirns irreperabel zerstört werden. Die Krankheit kann zwar bei jedem Betroffenen unterschiedlich verlaufen, charakteristisch sind jedoch drei Stadien des Krankheitsverlaufs.

1. Schleichender Beginn
   - kleinere Gedächtnislücken,
   - erste Stimmungsschwankungen,
   - Abnahme der Lern- und Reaktionsfähigkeit,
   - kleinere Sprachschwierigkeiten, z. B. kürzere Sätze, einfachere Worte, „den Faden verlieren", das richtige Wort nicht finden,

- örtliche und zeitliche Orientierungsstörungen,
- Betroffene werden antriebsschwächer und verschließen sich zunehmend gegenüber Neuem.

In diesem Stadium registrieren die Betroffenen die Veränderungen, die in ihnen vorgehen, spielen diese aber oft herunter und versuchen sie zu verheimlichen. Viele reagieren aber auch mit Angst, Scham, Wut, Aggressionen und Niedergeschlagenheit.

2. Offensichtlichwerden der Symptome
- Alltagsaufgaben könen nicht mehr ausgeführt werden.
- Beruf und Autofahren müssen spätestens jetzt aufgegen werden.
- Die Betroffenen brauchen Hilfestellungen bei der Körperpflege oder der Nahrungsaufnahme.
- Es liegt eine hochgradige Störung des Gedächtnisses vor.
- Nahe Verwandte können nicht mehr namentlich benannt werden.
- Das Zeit- und Ortsgefühl geht verloren.
- Die Sprache wird undeutlich und inhaltsleer.

In diesem Stadium können die Erkrankten ihre Gefühle kaum noch kontrollieren, plötzliche Stimmungsschwankungen, Aggressionen und Depressionen treten verstärkt auf.

3. Spätstadium der Erkrankung
- Der Erkrankte ist vollkommen auf Pflege und Betreuung angewiesen.
- Familienmitglieder werden nicht mehr erkannt.
- Eine verbale Verständigung ist nicht mehr möglich.
- Körperliche Symptome wie Gangunsicherheit, Schluckstörungen, Krampfanfälle, Blasen- und Darminkontinenz treten auf.
- Die Gefahr von Infektionskrankheiten erhöht sich.

Die Erkrankten versterben meist an einer Infektionskrankheit und haben oft einen langen Leidensweg hinter sich.

Bei gefäßbedingten Demenzen, auch **„Multi-Infarkt-Demenzen"** genannt, kommt es infolge von Durchblutungsstörungen im Gehirn oder kleineren Schlaganfällen zu einem Absterben von Nervengewebe oder Hirnzellen. Die Symptome ähneln denen der Alzheimer-Erkrankung, hinzu kommen aber körperliche Beschwerden wie Taubheitsgefühle, Störungen verschiedener Reflexe und Lähmungserscheinungen. Im Gegensatz zur Alzheimer-Erkrankung beginnt diese Form der Demenz nicht schleichend, sondern tritt plötzlich auf, es gibt stufenförmige Verschlechterungen und die Leistungsfähigkeit kann innerhalb eines Tages schwanken.

Umgang mit Demenzkranken

Da die Alten- und Pflegeheime bereits heute überwiegend von verwirrten und dementen älteren Menschen bewohnt werden, nimmt die Bedeutung eines geschulten Umgangs mit Demenzkranken zu. An Demenz erkrankte Menschen haben bestimmte Bedürfnisse und es erleichtert ihnen den Tagesablauf und ihren eigenen Umgang mit der Krankheit, wenn man diese Bedürfnisse wahrnimmt und darauf eingeht. Die folgende Auflistung von Bedürfnissen bei Erkrankten ist nicht unbedingt vollständig, sodass man als Pflegeperson genau hinhören und hinschauen sollte, um die individuellen Bedürfnisse zu erkennen.

Körperliche Bedürfnisse

- Durst und Hunger entwickeln sich zurück, Hunger und Durstgefühl werden nicht wahrgenommen oder ein unkontrolliertes Durst- und Hungergefühl entsteht.
- Ältere Menschen nehmen Temperaturschwankungen intensiver wahr (Wärme – Kälte).
- Durch eine innere Unruhe kann ein erhöhter Bewegungsdrang entstehen.
- Im Alter nimmt das Bedürfnis nach Schlaf ab und die Schlafzeiten verändern sich.

Bedürfnis nach Sicherheit

- Suche nach Ordnung
- Angst vor Neuem
- feste Gewohnheiten
- bekannte und vertraute Gesichter

Soziale Bedürfnisse

- Liebe und Zuneigung
- Zärtlichkeit
- Geborgenheit
- soziale Kontakte

Bedürfnis nach Selbstachtung

- Erfolg
- Anerkennung und Zustimmung

Bedürfnis nach Selbstverwirklichung

- Bedürfnis Situationen zu verstehen und verstanden zu werden
- Fähigkeiten und Neigungen ausleben wollen

Aufgaben

1. Finden Sie zu jedem Bedürfnis eine angemessene Reaktion der betreuenden bzw. pflegenden Person.
   Beispiel: Durst wird nicht wahrgenommen – Reaktion: öfter zum Trinken animieren.

2. Erstellen Sie eine Tabelle nach dem unten stehenden Muster mit dem jeweiligen Bedürfnis und der Reaktion.

Bedürfnis	Reaktion
– Durst wird nicht wahrgenommen – …	– Bewohner zum Trinken animieren, erinnern – …

Grundsätzlich kann man sagen, dass Demenzerkrankte

- nicht aus Böswilligkeit oder Sturheit handeln,
- sich immer nur so verhalten können, wie es ihr Zustand („ihr krankes Gehirn") zulässt,
- sich in einem Abgrund von Hilflosigkeit befinden,
- ihr Verhalten nicht immer bewusst steuern können,
- in einer eigenen – für sie durchaus realen – Wirklichkeit leben,
- oftmals nur von ihren Gefühlen und Bedürfnissen gesteuert werden, die sie nicht artikulieren können.

Das Sprichwort: „Was du nicht willst, dass man dir tut, das füg auch keinem anderen zu" ist für die Betreuung und Pflege von Demenzerkrankten ein sinnvoller Leitspruch. Wenn jeder im Umgang mit Demenzerkrankten diesen Satz beherzigen würde und Demenzerkrankte mit dem gleichen Respekt und der gleichen Achtung behandeln würde, die man selber von anderen erwartet, würde es zu viel weniger Missverständnissen, Unzufriedenheiten und Aggressionen auf beiden Seiten kommen.

Kleiner Ratgeber zum Umgang mit Demenzkranken

- „Begrüßen Sie den Patienten mit einer sanften Berührung und sprechen Sie ihn immer wieder mit Namen an.
- Geben Sie klare Anleitungen in einfachen, kurzen Sätzen. Sprechen Sie deutlich und mit sanfter und ruhiger Stimme.
- Schauen Sie den Demenzkranken beim Reden an, begeben Sie sich, wenn möglich, auf gleiche Augenhöhe.
- Unterstreichen Sie das Gesagte mit Mimik und Gestik und lassen Sie Ihrem Gegenüber Zeit zum Antworten.
- Vermeiden Sie Fragen, die ein gutes Gedächtnis erfordern (W-Fragen), um nicht noch zusätzlich auf Defizite aufmerksam zu machen.
- Vermeiden Sie zu widersprechen – und damit sinnlose Diskussionen. Statt auf Ihrer Meinung zu bestehen, lenken Sie ein oder lenken Sie ab. Machen Sie dem Patienten keine Vorwürfe wegen seines Verhaltens.
- Einfache Regeln und feste Gewohnheiten im Tagesablauf erleichtern der demenzkranken Person die Orientierung.
- Üben Sie sich in Langsamkeit. Der Demenzkranke gibt das Tempo vor.
- Fördern Sie die sozialen Kontakte des Demenzkranken.
- Die Umgebung sollte strukturiert und verlässlich bleiben. Unvermeidbare Veränderungen sollten vorbereitet und so langsam wie möglich durchgeführt werden.
- Bieten Sie Nähe und Wertschätzung durch viel Körperkontakt und respektvollen Umgang.
- Stimulieren Sie die Sinne, lassen Sie die Person genießen und sich entspannen.
- Vergegenwärtigen Sie sich immer wieder, dass Demenzkranke ein ausgeprägtes Gespür für Stimmungen, Gefühle und Veränderungen im zwischenmenschlichen Bereich besitzen.
- Konzentrieren Sie sich auf die erhaltenen Fähigkeiten und die liebenswerten Seiten des Demenzkranken.
- Bieten Sie die Möglichkeit, vertrauten Beschäftigungen nachzugehen. Gestalten Sie das Leben der demenzkranken Person so normal wie möglich.
- Beziehen Sie den Patienten in möglichst viele Unternehmungen mit ein, d.h. gehen Sie gemeinsam einkaufen, auf Feiern und zu öffentlichen Veranstaltungen. Das bedeutet

zwar einen größeren zeitlichen Aufwand für Sie, aber nutzen Sie Ihre gemeinsame Zeit und bieten Sie dem Kranken ein abwechslungsreiches und möglichst normales Leben.

- Vermeiden Sie jedoch bei allen Aktivitäten und Angeboten Reizüberflutung. Halten Sie also den Patienten von großen Menschenmengen und zu vielen verschiedenen Sinneseindrücken fern.
- Ein demenzkranker Mensch mag sich zwar zunehmend wie ein Kind verhalten, es handelt sich jedoch um einen erwachsenen Menschen, den Sie auch als solchen behandeln sollten. Denn Sie begegnen einem Menschen mit einer ganz individuellen Geschichte, mit einer Lebensleistung und einem Herz voller Lebenserinnerungen, der unseren Respekt und unsere Anerkennung verdient.
- Die Lebensgeschichte ist der wichtigste Schlüssel zum Verständnis des Demenzkranken, zur Erklärung von zunächst unverständlichen Verhaltensweisen und zur Richtschnur bei der Suche nach geeigneten Beschäftigungs- und damit auch Entfaltungsmöglichkeiten.
- Erwecken Sie die Vergangenheit und Erinnerungen des Patienten durch Erzählungen, Fotos, Filme, Musik, vertraute Gegenstände und Orte zum Leben.
- Untätigkeit und Bewegungsarmut können die innere Erregung steigern. Achten Sie deshalb auf viel Bewegung."

(Alzheimer Gesellschaft Ingolstadt e. V.)

Aufgabe

Im Arbeitsheft finden Sie weitere Unterlagen zum Umgang mit Demenzkranken.

3.5 Handeln im Lernfeld 3

3.5.1 Möglichkeiten zusätzlicher Lernsituationen

Lernsituationen

Lernsituation 1

Ein Ehepaar (sie: 76 Jahre; er: 79 Jahre) lebt in einer Zweizimmerwohnung in einer Kleinstadt.
Aufgrund der altersbedingten Beeinträchtigungen fällt ihnen die Bewältigung des Alltags schwer. Aus diesem Grund ist die Sozialhelferin zur Unterstützung an drei Tagen die Woche für jeweils drei Stunden bei dem Ehepaar eingesetzt.

Lernsituation 2

Eine Frau, 87 Jahre alt, ist nach einer Hüftoperation in ihrer Beweglichkeit eingeschränkt. Sie lebt seit drei Monaten in einer Einrichtung des betreuten Wohnens mit angeschlossener Sozialstation. Sie ist insgesamt antriebsarm und wenig motiviert, alltägliche Verrichtungen selbstständig durchzuführen. Morgens und abends nimmt sie Hilfe bei der Körperpflege und bei der Zubereitung der Mahlzeiten in Anspruch, mit der die Sozialhelferin beauftragt ist. Demnächst wird der medizinische Dienst kommen.

Eine 80-jährige sehbehinderte Frau lebt im eigenen Haushalt. Die geistig und körperlich vitale Frau leidet unter behinderungsbedingten Einschränkungen. Stellen Sie sicher, dass ein Verbleib und eine Versorgung im eigenen Haushalt gewährleistet werden können.

Lernsituation 4

Ein 82-jähriger Bewohner eines Altenheimes leidet an Alzheimer. Die auftretenden Verwirrtheitszustände stellen besondere Anforderungen an das Team.

Lernsituation 5

Herr S. ist krebskrank, sein Tod ist absehbar. Er lebt im Haus seiner Tochter. Eine Sozialhelferin assistiert im Haushalt und bei der gesundheitlichen Versorgung.

3.5.2   Praktische Anregungen

Im Folgenden finden sich einige Vorschläge für mögliche Praktikumsaufgaben.

1. Thema Orientierung

Beschreiben Sie die Einrichtung, in der Sie Ihr Praktikum machen.

Dazu gehören folgende Aspekte:
- Name, Ort, Träger, Art der Einrichtung
- Ziel/Konzeption der Einrichtung
- Mitarbeiter, Tätigkeitsbereiche
- Größe der Einrichtung, Anzahl der Bewohner, Zusammensetzung der Bewohner
- besondere Räumlichkeiten und ihre Funktionen
- besondere Angebote und Projekte

2. Tagesablauf

Schildern Sie einen ausführlichen Tagesablauf. In diesem Tagesablauf sollen Ihre Tätigkeiten an einem exemplarischen Tag deutlich werden.

3. Tätigkeiten

Benennen Sie Tätigkeiten, die Sie während Ihres Praktikums durchgeführt haben und unterteilen Sie diese in
- sozialpflegerische Tätigkeiten,
- sozialpädagogische Tätigkeiten,
- hauswirtschaftliche Tätigkeiten.

4. Beobachtung durchführen und Bedürfnisse wahrnehmen

a) Nehmen Sie sich Zeit einen Bewohner/eine Bewohnerin über einen längeren Zeitraum zu beobachten.
Halten Sie Ihre Beobachtungsergebnisse schriftlich fest.

b) Erfassen Sie das soziale Umfeld des Bewohners/der Bewohnerin.
- Wo gibt es Probleme?
- Welche Ressourcen (Möglichkeiten) hat der Bewohner/die Bewohnerin?
- Welche Kontakte gibt es?

c) Welche besonderen Bedürfnisse und Interesse erkennen Sie bei der Person?

d) Überlegen Sie sich, ausgehend von den Bedürfnissen und Interessen, ein Beschäftigungsangebot für die Person.
Dieses Angebot kann aus ganz unterschiedlichen Bereichen bestehen, z.B. einem Spiel, einem Bewegungsangebot oder einer Vorlesestunde.

e) Erstellen Sie für dieses Angebot eine Planung (Raster siehe unter Gruppenarbeit mit Senioren, Kapitel 3.4.2, S. 161)

5. Reflexion des Beschäftigungsangebotes

Reflektieren Sie das durchgeführte Angebot, dabei sollten Sie folgende Punkte berücksichtigen:
- War das Angebot interessant und ansprechend?
- Konnten die beteiligten Personen ausreichend Erfahrungen sammeln und eigene Aktivitäten einbringen?
- Wie haben die beteiligten Personen reagiert?
- Welche Ziele wurden erreicht?
- Waren die Vorbereitungen ausreichend? Was fehlte eventuell?
- Wurden die Planungsschritte so durchgeführt, wie sie geplant waren?
- Was wurde geändert? Warum?
- Gab es Situationen, bei denen Sie sich sicher und wohl bzw. unsicher und unwohl gefühlt haben?
- Worauf führen Sie das zurück?
- Würden Sie alles wieder genauso machen? Was würden Sie verändern?
- Haben Sie aus früher gemachten Erfahrungen Konsequenzen gezogen? Welche?
- Welche Folgerungen ziehen Sie aus den jetzt gemachten Erfahrungen?

6. Reflexion des Praktikums

Mögliche Fragen zur Reflexion des Praktikums:
- Welche Erfahrungen konnten Sie im Praktikum sammeln?
- Was war positiv? Was war negativ?
- Was haben Sie gelernt?
- Wie hat das Praktikum Ihre zukünftige Berufswahl beeinflusst?
- Was wollen Sie im nächsten Praktikum ändern?
- Was nehmen Sie sich für das nächste Praktikum vor?

4

„Behindert ist man nicht – Behindert wird man."
(Slogan der Aktion Mensch im Jahr 2000)

„Werfe der den ersten Stein, der keine Behinderung hat."
(Vater einer Tochter mit Behinderung)

„Es ist normal, verschieden zu sein."
(Bundespräsident Richard von Weizsäcker, 1. Juli 1993, in seiner Anprache zum Thema „Behinderung")

4.1 Lernsituation: „Lukas Kramer hat eine klare Lebensplanung.“

Lukas Kramer lebt zurzeit noch bei seiner Familie in einem kleinen ländlich geprägten Ort. Er besucht die Berufspraxisstufe der Förderschule für geistige Entwicklung. Mit dem absehbaren Abschluss dieser Schule stehen wichtige Entscheidungen für die Zukunft von Lukas Kramer an: der Antritt einer Arbeitsstelle und der damit eventuell verbundene Umzug in ein Wohnheim.

Aber zunächst zu Lukas' Vorgeschichte:

Lukas ist das zweite Kind der Familie Kramer. Vor seiner Geburt freuten sich seine Eltern sehr auf ihren ersten Sohn. Aufgrund der regelmäßig durchgeführten Vorsorgeuntersuchungen ging der untersuchende Arzt von einer altersentsprechenden Entwicklung des Kindes aus.

Während der Geburt traten Komplikationen auf, die einen Sauerstoffmangel hervorriefen, der – wie sich später herausstellte – für Abweichungen in der nachgeburtlichen kognitiven Entwicklung sowie für motorische Auffälligkeiten verantwortlich ist.

Für die Eltern war die Situation nach der Geburt sehr belastend. Sie versuchten in der Folge alles Erdenkliche, um dem Kind eine liebevolle Kindheit mit allen Möglichkeiten der Förderung zukommen zu lassen. In dem ländlichen Ort traf die Familie immer wieder auf Vorbehalte und vernachlässigte dabei manchmal die Betreuung der Schwester. Eine Frühförderung konnte nur in ambulanter Form durchgeführt werden.

Da die Eltern keinen Besuch eines integrativen Kindergartens wünschten, ging Lukas in eine heilpädagogische Kindertagesstätte in der nächsten Stadt, was täglich eine Fahrzeit von zweimal 45 Minuten bedeutete.

Aufgrund der erfahrenen Förderung war Lukas schließlich gut auf die Anforderungen der Förderschule für geistige Entwicklung vorbereitet. Während der Schulzeit entwickelte Lukas bestimmte Vorstellungen über sein künftiges Leben, die den Lehrkräften und pädagogischen Mitarbeitern durchaus Kopfzerbrechen bereiteten.

Lukas geht z. B. inzwischen fest davon aus, dass er nach dem Schulabschluss einen Beruf oder eine Arbeitsstelle findet und dann alleine in einer eigenen Wohnung lebt. Auch könnte er sich vorstellen, eine eigene Familie zu gründen, da er sich gerade in eine Mitschülerin verliebt hat.

Versetzen Sie sich in die Lage einer Integrationskraft der Förderschule und klären Sie folgende Fragestellungen:

1. Machen Sie sich ein Bild von den möglichen Bedingungsfaktoren für die Entstehung von Behinderung.

2. Welche Rolle spielen insbesondere im vorgestellten Fall die sozialen Faktoren?

3. Die unerwartete Konfrontation mit der Behinderung ihres Sohnes hat zu einer Belastung von Lukas' Eltern geführt. Welche Auswirkungen könnte dies auf den Umgang zwischen Eltern und Kindern gehabt haben?

4. Wie könnte ein „lückenloses" System der Förderung von Menschen mit Behinderung aussehen?

5. Welche Formen der weiteren Betreuung von Lukas könnten nach dem Schulabschluss greifen?

Angestrebte Kompetenzen im Lernfeld 4

Die Arbeit mit Menschen mit Behinderungen verlangt von Sozialhelfern verschiedene Fähigkeiten bzw. Kompetenzen. In der Arbeit der Sozialhelfer stehen das Assistieren und die Unterstützung in den verschiedenen Lebenswelten im Vordergrund. Ziel der Assistenz ist es, „Menschen mit Behinderung eine selbstständige Lebensführung zu ermöglichen, sie zur Eigenaktivität und Teilnahme am kulturellen und sozialen Leben anzuregen" (Lehrplan, 2006, S. 29).

Die Assistenz gelingt nur, wenn eine angemessene Fach- und Methodenkompetenz vorhanden ist. Hierzu gehört, „sich über entwicklungs-, behinderungs- und situationsbedingte Fähigkeiten, Bedürfnisse und Gewohnheiten der Menschen im Arbeitsfeld zu informieren und dieses im beruflichen Handlungsfeld zu berücksichtigen" (Lehrplan, 2006, S. 29)"

Um den Tagesablauf von Menschen mit Behinderung zu organisieren, ist eine Planungs- und Reflexionskompetenz unabdingbar. Die Arbeit im Bereich der Behindertenhilfe verlangt Grundlagen der Ersten Hilfe und einen sachgerechten Umgang mit Geräten, Materialien und Hilfsmitteln. Die Reflexionsfähigkeit führt dazu, „den im Alltagshandeln des Arbeitsfeldes entstehenden physischen und psychischen Belastungen mit systemischen Lösungen zu begegnen" (Lehrplan, 2006, S. 29).

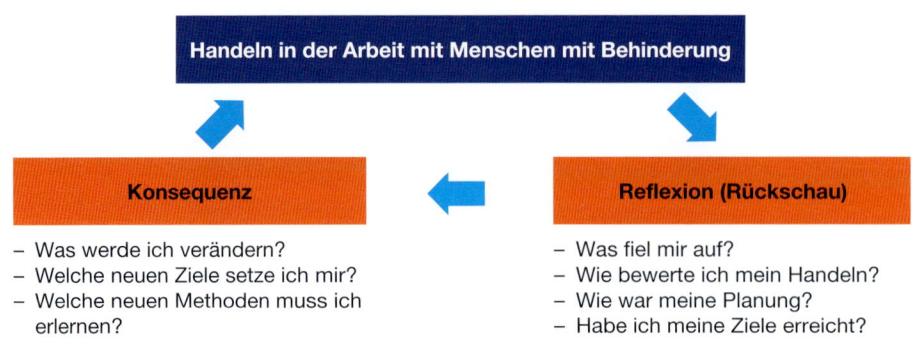

4.2 Die Rolle der Sozialhelferin im Lernfeld 4

Um sich seiner Rolle in der Arbeit mit Menschen mit Behinderung bewusst zu werden, sollte man für sich folgende Fragen beantworten:

- Welche Einstellungen habe ich gegenüber Menschen mit Behinderung?
- Wie sehe ich mich selbst?
- Welches Verständnis von der Arbeit mit Menschen mit Behinderung habe ich?
- Welche Bedeutung hat die Arbeit in der Behindertenhilfe für mich?

Damit man diese Fragen beantworten kann, ist es wichtig, sich bewusst zu machen, wie man den Menschen allgemein sieht und welches Menschenbild man von Menschen mit Behinderung hat.

Aufgaben

1. Versuchen Sie einem Außerirdischen zu beschreiben, was ein Mensch ist.
2. Sammeln Sie möglichst viele Adjektive, die einen Menschen mit Behinderung beschreiben.
3. Stellen Sie die Frage auch in Ihrem Freundeskreis und vergleichen Sie die Adjektive.
4. Suchen Sie im Internet nach Lebensgeschichten von Menschen mit Behinderung und finden Sie heraus, wie die Menschen sich selbst sehen.

Wenn Menschen mit schweren Behinderungen beschrieben werden, so geschieht dies häufig in negativer Weise, z. B. Behinderte verstehen uns nicht, verletzen sich und andere, können ihr Leben nicht selber bewältigen oder sind auf Hilfe angewiesen. Noch drastischer haben die Nationalsozialisten diesen Menschen das Lebensrecht abgesprochen und sie als lebensunwerte Menschen ermordet. Häufig werden Menschen mit Behinderung auch heute noch auf ihre Defizite reduziert.

Die wichtigsten Fragen in der Beschreibung dieser Menschen lauten:

- Was kann der Mensch mit Behinderung zur Zeit?
- Was möchte der Mensch mit Behinderung?
- Was benötigt der Mensch mit Behinderung?

Erst wenn diese Fragen umfassend beantwortet wurden, stellt sich die Frage nach den Dingen, die der Mensch nicht kann.

Wenn Sie mit Menschen mit Behinderung arbeiten wollen, sollten Sie sich Ihrer Haltung bewusst sein. In der Arbeit mit Menschen mit schweren Behinderungen ist es zunächst wichtig, an den eigenen Einstellungen, Abneigungen und Gefühlen zu arbeiten. In Ihrer Rolle als Sozialhelferin werden Sie immer wieder mit Situationen (z. B. in der Pflege) konfrontiert, die Ihre Einstellung zu diesen Menschen verändert und die verlangt, dass sie sich mit sich selbst beschäftigen.

4.2.1 Erwartungen und Bedürfnisse im Lernfeld 4

Wenn Sie über Ihr Leben nachdenken, so wünschen Sie sich eine selbstbestimmte und weitestgehend selbstständige Lebensführung. Diese Bedingungen gelten für alle Menschen, mit denen Sie zusammenarbeiten, auch für Menschen mit Behinderungen und Einschränkungen. In Lebenssituationen, die durch Krankheit oder Behinderung gekennzeichnet sind, bedarf die selbstbestimmte Lebensführung oft der Unterstützung und der Hilfe von außen. Selbstbestimmung heißt in diesem Fall, über die individuelle Unterstützung und Hilfe verfügen zu können, sein Leben trotz Einschränkungen eigenständig zu gestalten. Als Sozialhelferin ist es Ihre Aufgabe, den Menschen mit Behinderung vielfältige Unterstützung, Betreuung und Versorgung anzubieten, ihnen die soziale Teilhabe am gesellschaftlichen Leben zu ermöglichen.

Gerade in der Arbeit mit behinderten Menschen gewinnt das Assistenzmodell zunehmend an Bedeutung. Das bedeutet, auf den Gebieten der Gesundheitsförderung, sozialen Förderung und hauswirtschaftlichen Versorgung den Menschen mit Behinderung in verschiedenen Institutionen Begleitung zur selbstständigen Lebensführung anzubieten.

Laut Lehplan des Landes Nordrhein-Westfalen soll sich die Begleitung abhängig von der jeweils vorliegenden Hilfebedürftigkeit von einer mehr partnerschaftlichen Hilfestellung hin zum Ausgleich von Defiziten bewegen. Es handelt sich also um Ausgleichsleistungen zur Unterstützung eines selbstbestimmten Lebens wie:

- Körperpflege- und Mobilitätshilfen,
- Kommunikationshilfen,
- psycho-soziale Hilfen,
- kulturtechnische Hilfen,
- Haushaltshilfen und Handreichungen.

Der folgende Praxisbericht einer Sozialhelferin gibt Ihnen einen Überblick über die Erwartungen und Bedürfnisse, die an diesen Beruf gestellt werden.

Beispiel:

Paul liebt klassische Musik – sie beruhigt ihn, er lacht und ist mit sich und der Welt zufrieden. Über seinem Bett hängen glitzernde Papiersterne, ein Glockenspiel und eine Lichterkette, an der bunte Lämpchen aufblitzen – er dreht den Kopf und verfolgt die Lichter mit den Augen.

Paul ist geistig und körperlich behindert. Er kann nicht sprechen und nur den Kopf und die Arme bewegen. Dass es ihm gut geht, dass er in seinen Möglichkeiten gefördert wird, dafür sind Maria und ihre Kollegen zuständig. Maria (24) ist Sozialhelferin und arbeitet in Pauls Wohngruppe. Vier Betreuer versorgen hier sieben Kinder mit unterschiedlich schweren Behinderungen.

„Für die Kinder sind wir wie eine Familie", meint Maria „und sie sollen hier so normal leben können, wie es ihnen möglich ist." Förderung und Unterstützung richten sich nach der Art der Behinderung und den ganz persönlichen Möglichkeiten jedes Kindes.

Gesundheitsförderung, soziale Förderung, hauswirtschaftliche Versorgung und (Heil-) Erziehung sind in Marias Arbeit nicht zu trennen. Wenn sie Paul regelmäßig umbettet, damit er sich nicht wund liegt, dann redet und lacht sie mit ihm und macht einige Bewegungsübungen.

Auch das Mobile und die Lichterkette über Pauls Bett sind nicht nur eine schöne Dekoration, sondern auch Trainingsgeräte: Mit jedem Griff übt Paul gezieltes Zugreifen, sein Kopf und seine Augen bleiben in Bewegung, wenn er die bunten Lichter beobachtet.

Die alltäglichen Dinge zu bewältigen, das Waschen, Anziehen und Essen sind für die Kinder der Gruppe eine große Aufgabe. „Manchmal ist schon ein Lachen ein Erfolg", erklärte Maria, „oder wenn ein Kind lernt, selbstständig zu essen."

Die Verlässlichkeit und Geborgenheit in der Wohngruppe geben den Kindern Halt und Orientierung – wichtig aber sind auch Kontakte nach außen. Spaziergänge, Einkaufsbummel und Ausflüge zur Kirmes oder in den Tierpark gehören genauso dazu wie die Schule. Alle Kinder der Wohngruppe besuchen verschiedene Klassen einer Sonderschule.

Maria arbeitet mit den Lehrern zusammen. „Es geht nicht um leistungsorientiertes Lernen", erklärt Maria, „sondern darum, dass die Kinder ihre Wahrnehmung schulen. Jedes Kind kann sich ausdrücken, auch wenn es nicht sprechen kann. Ein Lächeln, ein bestimmter Blick, verschiedene Laute – wenn man die Kinder kennt, versteht man das."

Dabei kann Maria auf die vielfältigen Kenntnisse ihrer Ausbildung zur Sozialhelferin zurückgreifen: Ursachen und Bedingungen verschiedener Behinderungen sind dabei genauso Thema wie Förderungsmöglichkeiten und Grundlagen der Krankenpflege.

Mehrere Praktika gaben ihr erste Einblicke in den Arbeitsalltag von alten Menschen und Kindern bzw. Jugendlichen. Aber auch Diskussionen über die eigenen Fähigkeiten und Grenzen stehen auf dem Lehrplan. Ohne eine Zusammenarbeit im Team wäre für Maria die Arbeit kaum machbar. Die Kollegen müssen sich aufeinander verlassen können. Genaue Absprachen, Diskussionen über den Tagesverlauf, die Planung von gemeinsamen Unternehmungen und des Schicht- und Wochenenddienstes sind Themen in den regelmäßigen Teambesprechungen. Für Maria ist ihre Arbeit mehr als ein Job: „Man lebt eben mit den Kindern zusammen, kennt sie genau. Da kann man nicht einfach alles vergessen, wenn man abends nach Hause kommt. Aber gerade das gefällt mir auch. Ich bin als ganzer Mensch gefordert."

1. Arbeiten Sie anhand des Textes heraus, welche Erwartungen an die Sozialhelferin Maria gestellt werden.
2. Beschreiben Sie die Aufgaben, die Maria hat.
3. Formulieren Sie Fähigkeiten, die Maria braucht, um diesen Beruf auszuführen.

4.2.2 Konflikte und Arbeitsbelastungen im Lernfeld 4

4. Erstellen Sie ein Mindmap zum Thema Arbeitsbelastung in der Behindertenhilfe.
5. Überlegen Sie, was passiert, wenn einige Belastungspunkte wegfielen.

Die Behindertenhilfe hat sich in den letzten Jahren rasant entwickelt. Neue technische Hilfsmittel haben die Arbeit stark beeinflusst. Das Lebensalter der Menschen mit Behinderung ist gestiegen, durch medizinischen Fortschritt ist die Zahl der schwerstmehrfach Behinderten größer geworden und der Pflegeaufwand nimmt zu. Auch eine Zunahme an Verhaltensauffälligkeiten ist zu verzeichnen. Diese Entwicklungen haben einerseits zu Erleichterungen in der Behindertenhilfe geführt. Andererseits haben die Belastungen in manchen Bereichen auch zugenommen. Die im Folgenden aufgeführten Belastungssituationen sind in den unterschiedlichen Bereichen der Behindertenhilfe unterschiedlich verteilt:

- Arbeitszeiten/Schichtdienst/Nachtarbeit/Überstunden
- körperliche Belastung (z.B. Heben und Tragen)
- Belastungsdruck durch Personal- und Zeitknappheit
- Leidbelastung, psychische Belastung durch Konfrontation mit schwerstkranken, mehrfachbehinderten und sterbenden Menschen
- schlechte Teamarbeit

Ausgehend von diesen Belastungssituationen ist es wichtig, neben einem formalen beruflichen Abschluss die dort erworbenen Fähigkeiten einzusetzen. Als Sozialhelfer muss man aber nicht nur sein Wissen in die Arbeit einbringen, sondern auch eine zuverlässige, vorausschauende und belastbare Persönlichkeit sein. Sie müssen in der Lage sein, sich langfristig auf Beziehungen einzulassen und mit Arbeitszeiten leben, die anders sind als die des privaten Umfeldes. Betroffen dadurch sind Freunde und Familie, die diese Arbeitszeiten mittragen müssen. In kirchlichen Einrichtungen wird von Ihnen auch eine religiöse Grundhaltung verlangt, die oft entscheidend das Klima einer Einrichtung prägt. Andererseits haben Sie als Sozialhelfer in der Behindertenhilfe ein Arbeitsfeld und eine Aufgabe, die sehr verantwortlich ist und gestalterisch ausgefüllt werden kann. Dadurch wird die Arbeit häufig zu dem, was sie eigentlich sein sollte: nicht das Leben, aber ein Teil des Lebens.

4.3 Behinderung – ein Begriff, viele Sichtweisen

„Verdrehte Welt" – Gedankenspiel für nicht-behinderte Menschen

„Um Ihnen das Thema Diskriminierung behinderter Menschen etwas näher zu bringen, möchte ich Ihre Vorstellungskraft für kurze Zeit herausfordern. Nehmen wir an, Sie sind Politiker/in.

Stellen Sie sich vor, dass die sonst übliche Morgenlektüre der Tageszeitung für Sie nicht mehr möglich ist, weil sämtliche Zeitungen aufgrund eines Putsches durch die Behindertenbewegung nur noch in Blindenschrift erscheinen. Im Radio hören Sie, dass zukünftig alle Bücher nur noch in Blindenschrift erscheinen werden. Diejenigen, die die Blindenschrift nicht beherrschen, können sich diese Materialien ja bei Gelegenheit von Bekannten, die blind sind, vorlesen lassen. Damit nicht genug.

Aus dem Radio erfahren Sie, dass für Sie, da Sie nicht behindert sind, besondere Beförderungsbestimmungen gelten. Sie dürfen nicht mit Ihrem Auto fahren. Sie dürfen keinen Bus, keine Straßenbahn, keinen Zug und keine U-Bahn benutzen. Sie dürfen nur einen Sonderfahrdienst benutzen, und das nur 8-mal im Monat. Manchmal dürfen Sie einen Krankenwagen benutzen, obwohl Sie nicht krank sind und zwei junge Herren im klinischweißen Kittel begleiten Sie zur Arbeit, ins Kino oder zu Ihren Freunden. Dem nicht genug!

Nachdem Sie den ersten Schock überwunden haben und der Malteser-Hilfsdienst oder der Arbeiter-Samariter-Bund Sie zur Arbeit gebracht haben, kommen Sie sich auf der Arbeitsbesprechung sehr hilflos vor. Sie verstehen gar nichts. Seit heute sind alle Besprechungen in Gebärdensprache. Frustriert und die Welt nicht mehr verstehend, versuchen Sie in einem Café in der Nähe Zuflucht zu finden, um die Lage zu überdenken. Doch Sie kommen nicht hinein. Sie haben keine besondere Scheckkarte zur Verfügung gestellt bekommen, um in Cafés, Kinos oder Restaurants zu kommen. Für die Toilettenbenutzung gilt das Gleiche.

In zähen Verhandlungen mit der Behindertenbewegung, die jetzt an der Macht ist, haben Sie erreicht, dass einige öffentliche Toiletten ohne besondere Scheckkarte zu benutzen sind. Resigniert und gleich empört über die für Sie neue Lebenssituation, die Aussonderung bedeutet, beschließen Sie, mit Ihresgleichen einen Erholungsurlaub in der Türkei anzutreten. Sie hoffen, dass sich die Lage danach wieder entspannt hat.

Beim gemütlichen Essen im Restaurant beschweren sich behinderte Gäste, dass Sie immer über Golf, Aktien und Anstand reden. Die Tatsache, solche bedrückenden Themen mitanhören zu müssen, so sagen sie, würde den Urlaubsgenuss erheblich beeinträchtigen. Kurz nach Ihrer Rückkehr erreicht Sie ein Schreiben vom Reisebüro, bei dem Sie die Reise gebucht haben. Es tut ihnen leid, schreiben sie, dass sie in Zukunft für Sie keine Reise mehr buchen, aber Ihre fast vergessenen behinderten Tischnachbarn aus dem Urlaub haben auf Schadensersatz geklagt. Das Gericht hat ihnen leider Recht gegeben.

Es habe unanfechtbar festgestellt, dass die Anwesenheit von Nichtbehinderten eine Minderung des Urlaubsgenusses darstellt und dass es Urlaubern, die Erholung von ihren Altagssorgen suchen, nicht zumutbar sei, sich auch noch während der Urlaubszeit zwangsweise mit den Problemen dieser Welt – Golf, Aktien und Anstand – zu beschäftigen, und dieses besonders bei Einnahme der Mahlzeit.

Keine Angst, dieses war nur ein Gedankenspiel und im Grunde ist die Welt doch gar nicht so schlecht. Oder? Alles, was Sie sich jetzt mit viel Fantasie vorstellen müssen, ist für behinderte Menschen Realität. Behinderte Menschen erleben tagtäglich diese Aussonderung und Diskriminierungen der beschriebenen Art."

(Bernitzke, 2001, S. 89)

1. Wie wirkt dieses Gedankenspiel auf Sie?
2. Welche Probleme haben Menschen mit Behinderung?
3. Wie können Menschen ohne Behinderung zu einer Normalisierung der Situation beitragen?

„Nam vitiis nemo sine nascitur – Kein Mensch wird ja ohne Fehler geboren.“

(Lateinische Weisheit)

„Niemals aber ist ein Mensch nur behindert. Behinderung ist immer ein Teil des Menschen, ein Ausschnitt aus der Vielfalt des Menschen, ein Ausschnitt aus der Vielfalt seines Menschseins und seiner Möglichkeiten. Deswegen sind Menschen mit Behinderung nicht Menschen, die nur betreut und beschützt werden müssen. Es sind Menschen, die etwas zu geben haben, die etwas können, die etwas beitragen im Zusammenleben der Menschen, auch bei schwerster Behinderung.“

(Deutsche Bischofskonferenz, 1994)

„Der Mensch mit Behinderung ist personales Subjekt mit allen Rechten einer Person. Darum muss ihm die Teilnahme am Leben der Gesellschaft in allen Bereichen und auf allen mit seinen Fähigkeiten erreichbaren Stufen ermöglicht werden. Der behinderte Mensch ist einer von uns und teilt voll und ganz unsere Menschennatur. Es wäre eines Menschen von Grund auf unwürdig und eine Verleugnung der gemeinsamen Menschennatur, wenn man zum Leben der Gesellschaft und so auch zur Arbeit nur voll Leistungsfähige zuließe, weil man damit in eine schwere Form von Diskriminierung verfiele.“

(Papst Johannes Paul II, 1981)

Aufgaben

4. Versuchen Sie die Aussagen zu erklären.
5. Was bedeutet für Sie Behinderung?
6. Welche Erfahrungen mit Menschen mit Behinderung haben Sie?

Jeder hat, wenn er an Menschen mit Behinderung denkt, ein anderes Bild vor Augen. Wichtig ist, sich darüber bewusst zu werden, wodurch dieses Bild geprägt wird. Deshalb sollte sich jeder seine eigenen Gedanken zum Begriff machen.

Vervollständigen Sie im Arbeitsheft das Arbeitsblatt „Was ist Behinderung?" mit Begriffen, die Ihnen zum Thema einfallen.

Der Begriff Behinderung umfasst viele Facetten und wird dementsprechend auch unterschiedlich definiert. Die folgenden Definitionen geben einen Überblick über verschiedene Aspekte.

Die Weltgesundheitsorganisation (WHO) beschrieb Behinderung bis zum Jahr 2001 anhand der folgenden drei Merkmale:
- Schädigung: Mängel oder Abnormitäten der anatomischen, psychischen oder physiologischen Funktionen und Strukturen des Körpers
- Funktionsbeeinträchtigungen aufgrund von Schädigungen, die typische Alltagssituationen behindern oder unmöglich machen
- soziale Beeinträchtigung: Folgen des Schadens, die sich in persönlichen, familiären und gesellschaftlichen Konsequenzen äußern

Die folgenden beiden Beispiele sollen die Definition verdeutlichen:

	Fall 1	Fall 2
Ursache:	Motorradunfall	Rötelerkrankung der Mutter während der Schwangerschaft
Schaden:	Rückenmarkquetschung	Schädigung der Sehnerven des Kindes
funktionelle Beeinträchtigung:	Person kann nicht mehr laufen	Kind kann nicht sehen
soziale Beeinträchtigung:	Beruf als Landwirt kann nicht mehr ausgeübt werden	Kindergarten- und Schulbesuch in herkömmlicher Einrichtung ist nicht möglich

Da eine Behinderung in der Regel auch Schwierigkeiten dahingehend mit sich bringt, als Betroffener an der Gesellschaft teilhaben zu können *(„Behindert ist man nicht, behindert wird man!* Aktion Mensch), erweiterte die Weltgesundheitsorganisation 2001 den Behinderungsbegriff in der „International Classification of Functioning, Disability and Health" (ICF) wie folgt:
- **Schädigung:** Beeinträchtigung einer Körperfunktion oder -struktur im Sinn einer wesentlichen Abweichung oder eines Verlustes
- **Beeinträchtigung der Aktivität:** aus der Schädigung resultierende Schwierigkeit oder Unmöglichkeit, eine Aufgabe oder Tätigkeit durchzuführen
- **Beeinträchtigung der Partizipation:** ein nach Art und Ausmaß der Schädigung bestehendes Problem einer Person bezüglich ihrer Teilhabe in einem Lebensbereich bzw. einer Lebenssituation

Ulrich Bleidick, Hochschullehrer im Fachbereich Erziehungswissenschaft der Universität Hamburg, definierte den Begriff „Behinderung" folgendermaßen:

> *„Als behindert gelten Personen, welche infolge einer Schädigung in ihren körperlichen, seelischen oder geistigen Funktionen soweit beeinträchtigt sind, dass ihre unmittelbaren Lebensverrichtungen oder die Teilnahme am Leben der Gesellschaft erschwert wird."*
>
> *(Bleidick u. a., 1977, S. 9)*

Er unterscheidet somit zwischen einer Schädigung und der daraus resultierenden gesellschaftlichen Beeinträchtigung. Oftmals ist es jedoch schwer, eine Schädigung nachzuweisen, oder es liegt keine solche vor, demnach wird der Mensch gesellschaftlich als behindert definiert (z. B. bei einigen Lernbehinderten). So kann eine gesellschaftliche Norm zu einer Behinderung führen.

Diesen Aspekt nimmt Urs Haeberlin, Hochschullehrer an der Universität Freiburg, Schweiz, in seiner Definition von Behinderung mit auf:

> 1. „Behinderung kann als Beeinträchtigung eines Individuums im Verhalten, das zur Bewältigung des Alltagslebens erforderlich ist, verstanden werden. Beispielsweise ist ein Rollstuhlfahrer in seinen Möglichkeiten der Fortbewegung behindert, oder ein Lernbehinderter ist in seinen Möglichkeiten zum Schreiben und Rechnen behindert.
> 2. Behinderung kann als Beeinträchtigung des Funktionierens einer gesellschaftlichen Einrichtung durch ein Individuum verstanden werden. Beispielsweise beeinträchtigt der Rollstuhlfahrer das Funktionieren von öffentlichen Verkehrsbetrieben, oder der Lernbehinderte stört den Betrieb der Normalklasse."
>
> *(Haeberlin, 1985, S. 53)*

Bedingungen und Erwartungen einer Gesellschaft können somit zu Beeinträchtigungen und Benachteilungen führen. Um z. B. bestimmte finanzielle Erleichterungen in Anspruch nehmen zu können, müssen Menschen mit Behinderungen erst einen Ausweis beantragen und sich die Behinderung bescheinigen lassen.

Im bundesdeutschen Recht wird die Behinderung im Sozialgesetzbuch IX (dort: § 2 Abs. 1), so festgelegt:

> Menschen sind behindert, wenn ihre körperliche Funktion, geistige Fähigkeit oder seelische Gesundheit mit hoher Wahrscheinlichkeit länger als sechs Monate von dem für das Lebensalter typischen Zustand abweichen und daher ihre Teilhabe am Leben in der Gesellschaft beeinträchtigt ist. Sie sind von Behinderung bedroht, wenn die Beeinträchtigung zu erwarten ist.

Auch in diesem Fall wird also nicht auf die gesellschaftliche Dimension des Behindertenbegriffes eingegangen, sondern nur auf die Schädigungen.

Teil 2 des Sozialgesetzbuches IX enthält „Besondere Regelungen zur Teilhabe schwerbehinderter Menschen" – vor allem im Arbeitsleben. Dieser Teil wird auch allgemein als Schwerbehindertenrecht bezeichnet. Dort heißt es:

„Schwerbehinderte Menschen sind Personen, die aufgrund einer körperlichen, geistigen oder seelischen Behinderung in ihrer Erwerbsfähigkeit nicht nur vorübergehend um wenigstens 50 Prozent gemindert sind. Sie stehen unter einem besonderen rechtlichen Schutz.“

Plakat der Ausstellung: „Der [im-]perfekte Mensch – vom Recht auf Unvollkommenheit“

Behinderung ist aber auch ein Prozessbegriff, da eine Behinderung verschwinden kann, z. B. durch eine gelungene Operation oder durch entsprechende pädagogische Förderung. Gleichermaßen kann eine Behinderung bei fortschreitenden Erkrankungen oder unzureichender Förderung schwerwiegender werden.

Ein Mensch mit Behinderung ist jedoch nicht in allen Bereichen des sozialen Lebens gleich behindert. In seiner Familie kann er mit entsprechender *Akzeptanz* und Einfühlungsvermögen ein Leben führen, in dem die Behinderung kaum zum Tragen kommt, im Gegensatz zu Schule oder Beruf. In den einzelnen Lebenssituationen kann die Behinderung eine mehr oder weniger große Rolle spielen.

Der Begriff „Behinderung“ ist also sehr vielfältig, wird aber als Sammelbegriff gebraucht, um medizinisch, pädagogisch oder gesellschaftlich mit diesen Menschen arbeiten zu können. Dabei können die jeweiligen Behinderungen von den verschiedenen Spezialisten auch unterschiedlich beurteilt werden.

In der Medizin gibt es zum Beispiel noch keine eindeutige Definition für Behinderung. In ihrer Definition von Behinderung geht die Weltgesundheitsorganisation (WHO) wie folgt auf die medizinische Sichtweise ein:

> „Das medizinische Modell betrachtet ‚Behinderung' als ein Problem einer Person, welches unmittelbar von einer Krankheit, einem Trauma oder einem anderen Gesundheitsproblem verursacht wird, das der medizinischen Versorgung bedarf, etwa in Form individueller Behandlung durch Fachleute. Das Management von Behinderung zielt auf Heilung, Anpassung oder Verhaltensänderung des Menschen ab. Der zentrale Anknüpfungspunkt ist die medizinische Versorgung."
>
> *(DIMDI, 2005, S. 24)*

Die pädagogische Sichtweise wird sehr gut deutlich in der Definition von Behinderung des Pädagogen Hermann Hobmair:

> „Behinderung ist die Bezeichnung für eine längerfristige Beeinträchtigung im Erleben und Verhalten einer Person, in ihrem Lebensvollzug und/oder in ihrer Teilhabe am gesellschaftlichen Leben, die Folge einer funktionellen Schädigung ist und besondere gesellschaftliche Hilfen erforderlich macht."
>
> *(Hobmair, 2008, S. 368)*

Viele Berufsgruppen müssen noch eine Kategorisierung des Begriffes vornehmen.

Es gibt Kategorisierungen nach:

1. Ursachen

Hier geht es darum, wodurch es zu der Behinderung kam:
- vor der Geburt
- angeboren
- Unfall
- Wehrdienst/Kriegsbeschädigung
- sonstige Ursachen

Das Wissen um die Ursachen ist wichtig für Nachteilsausgleiche und Ähnliches.

2. Arten der Behinderung

Im deutschen Sprachraum wird der Begriff Behinderung in folgende Untergruppen aufgeteilt:
- Intelligenzbehinderungen
  - Geistige Behinderung
  - Lernbehinderung
- Sinnesbehinderungen
  - Hörschädigung
    (Gehörlosigkeit und Schwerhörigkeit)
  - Sehschädigung
    (Blindheit und Sehbehinderung)
- Körperbehinderung
- Sprachbehinderung
- Verhaltensstörung
- Mehrfachbehinderung
- Schwerbehinderung
- Schwerstbehinderung

Diese Aufteilung ist nur im deutschsprachigen Raum so differenziert. Oft wird nur von körperlich und geistig Behinderten gesprochen. In den USA ist der Begriff „handicap" gebräuchlich.

3. Folgen

Die Kenntnisse der Folgen einer Behinderung sind besonders für Sozialhelferinnen und andere Personengruppen, die mit diesen Menschen arbeiten, von großer Bedeutung, um angemessen handeln zu können.
- Sonderschulbedürftigkeit
- Hilflosigkeit
- Wohnbehinderung

Behinderungen können, egal wie schwer sie sind, subjektiv sehr unterschiedlich erlebt werden. Überdies hat sich der Begriff der Behinderung im Laufe der Geschichte der Menschheit erst entwickelt und wird sich auch in Zukunft verändern, da sich Betroffene stigmatisiert (abgestempelt) fühlen und Menschen, die mit Behinderten arbeiten, ihn auch nicht länger akzeptieren.

Aufgabe

1. Nachdem Sie verschiedene Definitionen von Behinderung gelesen haben, sollten Sie nun selber eine Definition in Ihr Schülerheft schreiben, die für Ihr Berufsbild sinnvoll ist und die Folgen einer Behinderung berücksichtigt.

4.4 Soziale Randgruppe

Artikel 3 Abs. 3 Grundgesetz für die Bundesrepublik Deutschland
„Niemand darf wegen seines Geschlechtes, seiner Abstammung, seiner Rasse, seiner Sprache, seiner Heimat und Herkunft, seines Glaubens, seiner religiösen oder politischen Anschauung benachteiligt oder bevorzugt werden. Niemand darf wegen seiner Behinderung benachteiligt werden."

Aufgaben

2. Wo werden nach Ihrer Meinung Menschen in unserer Gesellschaft benachteiligt?
3. Haben Sie selbst schon einmal gegen diesen Grundsatz verstoßen?

In der Soziologie bezeichnet man eine soziale Gruppe als eine Anzahl von drei oder mehreren Personen, die z. B. gleiche Interessen und Ziele verfolgen und eigene Werte und bestimmte Verhaltensregeln haben. In unserer Gesellschaft gibt es viele Gruppen, denen wir angehören können (Spielgruppe, Schulklasse, Betrieb, Freizeitgruppe, Familie usw.). Während viele Gruppen von der Gesellschaft anerkannt sind, gibt es einige Gruppen, denen diese Anerkennung versagt wird. Diese Gruppen werden als soziale Randgruppen bezeichnet.

Aufgabe

1. Suchen Sie Gruppen heraus, auf die diese Aussagen zutreffen und bestimmen Sie die gemeinsamen Merkmale (siehe Arbeitsheft).

Neben Menschen, die arbeitslos sind, alten Menschen und Strafgefangenen, gehören auch Menschen mit Behinderung zu den sozialen Randgruppen.

Wenn der Staat den Anspruch der Gleichheit erhebt, so sollte er durch verschiedene Maßnahmen versuchen, die Randgruppen in die Gesellschaft zu integrieren.

Im Bereich der Menschen mit Behinderung hat der Staat vieles gemacht. So wurde der Artikel 3 Abs. 3 im Grundgesetz um den Satz ergänzt:

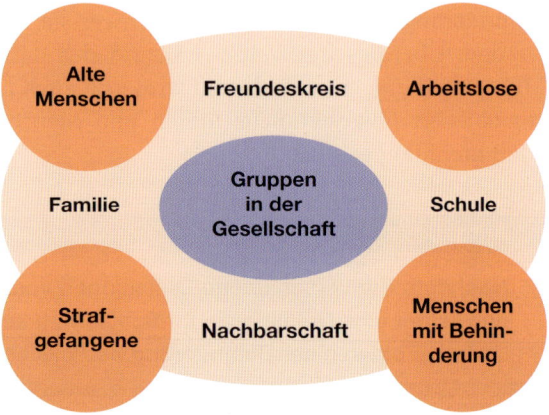

„Niemand darf wegen seiner Behinderung benachteiligt werden."

Damit soll die Stellung der Behinderten in der Gesellschaft verbessert werden. Es gibt verschiedene Ansätze, die Nachteile einer Behinderung auszugleichen. So besteht z. B. die Möglichkeit, öffentliche Verkehrsmittel kostenlos zu benutzen oder andere Nachteilsausgleiche in Anspruch zu nehmen.

Aufgabe

2. Finden Sie heraus, welche Nachteilsausgleiche es für Menschen mit Behinderung gibt.

Zusätzlich gibt es für behinderte Menschen spezielle Schulen, Wohnheime und Werkstätten.

Aufgaben

3. Informieren Sie sich über die Bereiche Werkstatt, Wohnheim, Sonderschulen. Wo gibt es Einrichtungen in der Nähe?

4. Nehmen Sie in kleinen Gruppen Kontakt zu den Einrichtungen auf und versuchen Sie, das Arbeitsblatt „Einrichtungen für Menschen mit Behinderungen" im Arbeitsheft auszufüllen.
5. Berichten Sie Ihren Mitschülerinnen und Mitschülern von den gemachten Erfahrungen. (Zum Beispiel einen Zeitungsartikel über die Einrichtung schreiben oder einen Radiobericht erstellen.)

6. Überlegen Sie, inwieweit Sonderschulen oder Werkstätten zu einer Integration in die Gesellschaft führen.

4.5 Behinderungsarten

4.5.1 Menschen mit einer Intelligenzbeeinträchtigung

Intelligenzbeeinträchtigungen sind Schädigungen, die vor, während oder nach der Geburt erfolgt sind. Kinder, die nur eine leichte Intelligenzbeeinträchtigung haben, bezeichnet man als Lernbehinderte, Menschen mit schwereren Beeinträchtigungen werden als Menschen mit einer geistigen Behinderung bezeichnet.

Menschen mit geistiger Behinderung

Menschen mit geistiger Behinderung unterscheiden sich in ihren geistigen Fähigkeiten von nichtbehinderten Menschen. In vielen anderen Bereichen haben sie jedoch die gleichen Empfindungen und Fähigkeiten. Nichts unterscheidet sie etwa darin, wie sie sich freuen, lachen, weinen oder traurig sind. Menschen mit geistiger Behinderung können nicht nur oft ihre Gefühle besser zeigen (emotionale Kompetenz), auch ihre sozialen Fähigkeiten gehen oft weiter, als gemeinhin angenommen wird. Selbst wenn sie nicht über Sprache verfügen, sind sie in der Lage zu kommunizieren. Auch wer nicht rechnen kann, zählt mit. Und auch wer nicht sprechen kann, hat viel zu sagen.

Das Familienhandbuch des Staatsinstituts für Frühpädagogik definiert eine geistige Behinderung folgendermaßen:

> **Definition**
>
> „Eine Person mit einer Beeinträchtigung der intellektuellen Funktionen wird bei der Bewältigung situativer Anforderungen und Erwartungen in allen Lebensbereichen, in denen intellektuelle Fähigkeiten eine wichtige Rolle spielen, eingeschränkt sein, es sei denn, dass ihr entsprechende persönliche oder technische Hilfen zur Verfügung stehen."
>
> *(Lindmeier, 2004)*

Es herrschen unterschiedliche Ansichten, ab wann eine geistige Behinderung vorliegt. Meistens wird mithilfe des Intelligenzquotienten eine Differenzierung vorgenommen.

Geistige Behinderung ist keine Krankheit! Vom pädagogischen Standpunkt aus sind Fragen nach der Ursache – oder besser den Ursachen – einer geistigen Behinderung zweitrangig. Dies allein gibt noch keinen Aufschluss über die aktuelle Lage des Behinderten und auch nicht über die Möglichkeiten adäquater Förderung.

Verschiedene Sichtweisen von geistiger Behinderung

Grade geistiger Behinderung (vgl. Wendler, 1993, S. 12)			Intelligenzstörung (vgl. ICD-10-GM, 2009 (ICD = Internationale statistische Klassifikation der Krankheiten und verwandter Gesundheitsprobleme)		
Behinderungsgrad	IQ-Bereich	Häufigkeit der Behinderungsgrade	IQ-Bereich	ICD-10-Schlüssel	Beschreibung
			69–50	F70	Leichte Intelligenzminderung/Debilität/Leichte geistige Behinderung (bei Erwachsenen Intelligenzalter von 9 bis unter 12 Jahren): Es treten Lernschwierigkeiten in der Schule auf. Viele Erwachsene können arbeiten, gute soziale Beziehungen unterhalten und ihren Beitrag zur Gesellschaft leisten.
mäßig	36–52	58 %	49–35	F71	Mittelgradige Intelligenzminderung/Mittelgradige geistige Behinderung (bei Erwachsenen Intelligenzalter von 6 bis unter 9 Jahren): Es kommen deutliche Entwicklungsverzögerungen in der Kindheit vor. Die meisten Menschen können aber ein gewisses Maß an Unabhängigkeit erreichen und eine ausreichende Kommunikationsfähigkeit und Ausbildung erwerben. Erwachsene brauchen in unterschiedlichem Ausmaß Unterstützung im täglichen Leben und bei der Arbeit.
schwer	20–35	33 %	34–20	F72	Schwere Intelligenzminderung/Schwere geistige Behinderung (bei Erwachsenen Intelligenzalter von 3 bis unter 6 Jahren): Eine andauernde Unterstützung ist notwendig.
sehr schwer	< 20	9 %	< 20	F73	Schwerste Intelligenzminderung/Schwerste geistige Behinderung (bei Erwachsenen Intelligenzalter unter 3 Jahren): Die eigene Versorgung, Kontinenz, Kommunikation und Beweglichkeit sind hochgradig beeinträchtigt.

Die Ursachen einer Behinderung sind oft unklar. Meist sind nur die Auswirkungen zu sehen. Auch kommt es häufig zu Kopplungen der Entstehungsbedingungen, was die Ursachenfeststellung noch erschwert. Die Bedingungen, die zu geistiger Behinderung führen, können grob in zwei Bereiche aufgeteilt werden: hirnorganische und soziokulturelle Ursachen. Geistige Behinderungen entstehen zum überwiegenden Teil infolge schädigender Einflüsse, die die Funktion des Gehirns beeinträchtigen.

Prinzipiell sind geistige Behinderungen nicht statisch, das heißt, sie sind nicht gleichbleibend, sondern stetigen Veränderungen unterworfen. Ohne pädagogische Maßnahmen geschieht dies jedoch ziellos. Die spezifische Behinderungsqualität lässt sich durch vielfältige Möglichkeiten beeinflussen, sodass die Lebenssituation des Geistigbehinderten verbessert werden kann. Hirnorganische und soziokulturelle Schädigungen sind nicht getrennt zu sehen, sondern als Faktoren zu berücksichtigen, die sich wechselseitig beeinflussen. Zu beachten ist allerdings, dass sich massive Hirnfunktionsstörungen selbst durch optimale Förderung und Integration nicht ganz eliminieren lassen.

Die genaue Ursache der geistigen Behinderung kann nur bei ca. 50 % der Betroffenen festgestellt werden, bei weiteren 50 % kann man keine genetische oder organische Störung nachweisen.

Ursachen der geistigen Behinderung

Anlagebedingte Faktoren
– Genetisch verursachte geistige Behinderung
  (z. B. Trisomien, Klinefelter-Syndrom, Ullrich-Turner-Syndrom)

Durch Stoffwechselerkrankungen verursachte geistige Behinderung
– Störungen des Aminosäurestoffwechsels (z. B. Phenylketonurie)
– Störungen des Kohlenhydratstoffwechsels (z. B. Galaktosämie)
– Störungen des Fettstoffwechsels (z. B. Leukodystrophie)

Unklare geistige Behinderung
– z. B. Rett-Syndrom

Umweltfaktoren (exogene Formen)

Schädigungen vor der Geburt (pränatale Schädigungen)
– Infektionen (z. B. Virusinfektionen)
– chemische Einflüsse wie z. B. Medikamente (z. B. Contergan-Schädigung) und Alkohol
– Strahlen
– misslungene mechanische Schwangerschaftsunterbrechung
– Störungen der Schwangerschaft (z. B. Fehlfunktion der Gebärmutter, mütterliche Erkrankungen, Mangelernährung)
– Frühgeburtlichkeit
– Blutgruppenunverträglichkeit (Rhesusunverträglichkeit beim Zweitgeborenen)

Schädigungen während der Geburt (perinatale Schädigungen)
– Geburtstrauma (z. B. Hirnblutung)
– Sauerstoffmangel
– Frühgeburt
– Blutgruppenunverträglichkeit

(vgl. Stauß, 1998)

Um die Abhängigkeit des Geistigbehinderten zu veranschaulichen, seien auch hier zwei Beispiele aus der Praxis wiedergegeben:

Beispiele:

Frau Fuchs, 38 Jahre alt, hat laut ärztlicher Diagnose ein Down-Syndrom. Sie kann sich sprachlich ausdrücken. Auf Fragen und Aufforderungen reagiert sie jedoch meist zeitlich verzögert. Frau Fuchs ist nicht dazu in der Lage, sich selbstständig zu duschen, und daher auf die Unterstützung des Personals angewiesen. Sie könnte nach Aufforderung selbst entscheiden, ob sie jetzt oder zu einem späteren Zeitpunkt duschen möchte, welche Körperteile zuerst gewaschen werden sollen, welches Badetuch sie zum Abtrocknen benützen und welchen Schlafanzug sie anschließend anziehen möchte. Frau Fuchs selbst entscheiden zu lassen, wäre jedoch aus oben genannten Gründen sehr zeitaufwendig. Weil anschließend auch noch andere Bewohner beim Duschen unterstützt werden müssen, die Küche aufgeräumt und Organisatorisches im Büro erledigt werden muss, trifft meist das Personal stellvertretend für Frau Fuchs die Entscheidungen. Nur so ist es möglich, innerhalb der Dienstzeiten die anfallenden Tätigkeiten zu schaffen.

Weil das Personal am Abend pünktlich zu Dienstschluss nach Hause gehen möchte, müssen die Bewohner Herr Kuhn und Herr Mayer, die beim Zubettgehen gehen Unterstützung brauchen, schon vor Dienstschluss zu Bett gebracht werden, obwohl beide gerne noch länger aufgeblieben wären. Sie müssen sich damit den Dienstzeiten und Rahmenbedingungen der Einrichtung anpassen. Ihre Selbstbestimmungsmöglichkeiten werden hierdurch eingeschränkt.

Menschen mit einer Lernbehinderung

Hinter dem Sammelbegriff Lernbehinderung verbirgt sich eine Vielzahl von Formen der Schulleistungsschwäche. Körperliche und seelische Störungen können ebenso wie soziale Faktoren das Kind in seiner Lernfähigkeit beeinträchtigen. Im Gegensatz zur vorübergehenden Lernstörung ist die Lernbehinderung von bleibender Dauer.

Am Begriff Lernbehinderung kann man gut den Wandel der Einstellungen in der Behindertenhilfe beobachten. Während früher von Idiotenanstalten die Rede war, entwickelte sich der Begriff weiter über die Hilfsschule zur Sonderschule. Der Begriff „Lernbehinderung" ist in den 1960er-Jahren entstanden, als man einen Ersatzbegriff für die Hilfsschule suchte. Man benannte die Hilfsschule in die Sonderschule für Lernbehinderte um. Heute wird diese Art von Schule als Förderschule bezeichnet.

Es ist nicht einfach, den Begriff klar zu beschreiben, da die Lernbehinderung nicht direkt sichtbar ist, wie z. B. die Bewegungsbeeinträchtigung bei einem körperbehinderten Kind oder die offensichtlichen Orientierungsprobleme bei einem blinden Menschen.

Nach Gustav O. Kanter ist:

> „Lernbehinderung [...] ein schlagwortartiger Sammelbegriff zur Umschreibung verschiedener Formen längerfristig erschwerten Lern- und Leistungsverhaltens. Der Begriff beinhaltet ein Arbeitskonzept, das auf die pädagogische und rehabilitative Förderung von Kindern und Jugendlichen ausgerichtet ist, deren gesellschaftliche und berufliche Eingliederung durch erhebliche Lern- und Leistungsrückstände gefährdet ist. Ein Kind etwa, das nicht in der Lage ist, die allgemeine Schule erfolgreich zu durchlaufen, bedarf der spezifischen sonderpädagogischen Förderung. Entsprechendes gilt für Jugendliche und junge Erwachsene, bei denen eine berufliche Ausbildung und Eingliederung nicht in altersüblicher Weise gelingt. Sie bedürfen der besonderen Hilfen, und zwar zunächst unabhängig von den Ursachen (im Menschen selbst liegend, umweltbedingt oder situativ), die zur aktuellen Lage geführt haben."

(Kanter/Scharff, 2004)

Lernbehinderte Kinder werden den Anforderungen der Haupt- oder Gesamtschule nicht gerecht. Man geht davon aus, dass sie in einer anderen Schulform (Förderschule) besser gefördert werden. Ob eine Förderung im Regelsystem auch möglich ist, wird häufig verneint, da es in diesen Schulen keine Förderprogramme gibt. Die Förderung besteht allenfalls in der Wiederholung der Klasse und führt häufig nicht zum erwünschten Erfolg.

Während unter einer *Lernstörung* eine Beeinträchtigung der Lehr-/Lernprozesse in einem enger begrenzten Bereich verstanden wird (z. B. eine Lese-Rechtschreibschwäche), liegt bei einer *Lernbehinderung* eine umfängliche, langdauernde und schwerwiegende Beeinträchtigung des Lehr-/Lerngeschehens vor.

Ursachen für Lernbehinderung

Die Entstehung einer Lernbehinderung kann man aus drei Einflussgrößen heraus erklären.

Entwicklungs- und lernerschwerende Umwelteinflüsse

Die Mehrheit lernbehinderter Schüler kommt aus sozial benachteiligten Verhältnissen. Ihre häuslichen Lebens-, Entwicklungs- und Lernbedingungen sind häufig durch eine Kombination mehrerer Merkmale gekennzeichnet wie:
- niedriger Bildungs- und Erwerbsstatus der Eltern,
- erhöhte Arbeitslosigkeit,
- geringe finanzielle Mittel,
- kleinere und schlechter ausgestattete Wohnungen, oft in benachteiligten Wohnvierteln,
- mehr Geschwister und wenig eigener verfügbarer Wohnraum zum Lernen und Ausruhen,
- den kindlichen Grundbedürfnissen wird nur unzureichend Rechnung getragen,

- andere Erziehungspraxis im Elternhaus als in der Schule,
- anderer Sprachcode,
- andere kulturelle Wertvorstellungen.

Diese Merkmale deuten auf eine Schuldzuweisung des Elternhauses hin. Oft sind es gerade die gesellschaftlichen Rahmenbedingungen, die Eltern nicht die Möglichkeit bieten, ihren Kindern Förderprogramme oder andere Möglichkeiten der Unterstützung anzubieten. Darüber hinaus häuft sich die Anzahl vernachlässigter Kinder aus Gründen sozialer Hilflosigkeit. Die Einführung einer Pflicht zur Vorsorgeerziehung ist nur eine kleine Möglichkeit, dieser Misere zu begegnen.

> „Aber auch medizinische Vorsorgeangebote werden von ihren Familien weniger in Anspruch genommen. Dies wiederum nur den Eltern anzulasten wäre unfair und zu kurz gegriffen. Ungünstige Lebens- und Wohnverhältnisse und wirtschaftliche Ungesichertheit beanspruchen die Familien oft so sehr, dass sie eine auf Vorbeugung gesundheitlicher Schäden ausgerichtete Lebensführung nur schwer entwickeln können. Auch besteht für sie oftmals eine hohe Hemmschwelle, einen Arzt aufzusuchen.
>
> Überdies kann eine sehr anregungsarme Lebens- und Erziehungssituation in den ersten Lebensjahren eines Kindes zu problematischen Veränderungen in der Funktion und Struktur des Nervensystems führen.“
>
> *(Neuhäuser, 2000, S. 41)*

Hingegen können günstige Umweltbedingungen die entwicklungs- und lernerschwerenden Wirkungen biologischer Risiken ausgleichen oder vermindern. Treffen jedoch biologische Risiken mit ungünstigen Lebens- und Erziehungsbedingungen zusammen, dann wirken beide Faktorengruppen in der Lernbiografie eines Kindes und verstärken sich in ihren entwicklungs- und lernerschwerenden Folgen.

Ungünstige schulische Lehr-/Lerneinflüsse

Neben den Umwelteinflüssen ist es auch die Schule selbst, die für schlechte Lernbedingungen sorgt. Oft ist die Klassengröße in den Haupt- und Förderschulen für die Lerngruppe zu groß. Förderprogramme und eine andere Aufteilung des Stoffes für diese Lerngruppe fehlen häufig.

Die PISA-Studie belegt den Einfluss des Schulsystems eindrucksvoll: Der Anteil der Sonderschüler/-innen an der Gesamtschülerschaft ist in Ländern mit besseren Schulleistungen und vergleichbarer Sozialstruktur wesentlich niedriger als in Deutschland (vgl. Speck 2002, S. 50). Offenbar besteht in Ländern, in denen die Schüler/-innen nicht so frühzeitig (wie im deutschen Schulsystem nach der vierten Klasse) auf verschiedene Schultypen verteilt werden, mehr Zeit, um ungünstige Umweltbedingungen im Lernen ein Stück weit auszugleichen.

Entwicklungs- und lernerschwerende biologische Einflüsse

Wie bei den meisten Behinderungsarten sind die Einflüsse vor, während und nach der Geburt für die Funktionsstörung des Zentralnervensystems verantwortlich.

Gemeint sind hier nicht schwerwiegende Schädigungen des Zentralnervensystems, die zu körperlichen oder geistigen Behinderungen führen können, sondern leichtere, diffuse (unbestimmte) Funktionsstörungen. Sie werden auch als *Teilleistungsstörungen* bezeichnet. Bei Störungen in der Wahrnehmung haben die Kinder z. B. Probleme, Wahrnehmungsgegebenheiten richtig zu erfassen, was sich beim Lesen- und Schreibenlernen hemmend auswirken kann. Bei Konzentrations- und Aufmerksamkeitsstörungen fällt es Kindern schwerer, sich selbststeuernd einem bestimmten Lerngegenstand gezielt zuzuwenden.

Aus der Betrachtung der Ursachen von Lernbehinderungen ergibt sich die Forderung nach einem Umdenken in der Schulpolitik. Gerade lernschwache Jugendliche bleiben nicht nur in der Schule lernbehindert, sondern haben im weiteren Berufsleben kaum Chancen, dieses Stigma abzulegen. Hierdurch schließt sich der Teufelskreis auch für die kommende Generation. Hier sind alle Beteiligten (Lehrer, Eltern, Politiker) gefragt, eine Lösung zu finden, ansonsten weitet sich das Problem aus und die Folgen in Form von sozialen Auffälligkeiten der sozial Benachteiligten ist vorprogrammiert.

4.5.2 Menschen mit einer Sinnesbehinderung

Wie im Kapitel „Wahrnehmung" gezeigt, sind es verschiedene Sinne, die den Menschen in seiner Urteilsfindung beeinflussen. Überwiegend geschieht dies durch Hören, Sehen und Sprechen. Sind diese Sinnesfunktionen gestört, wird die Beziehung zur Umwelt beeinträchtigt. Auch die schulische Leistungsfähigkeit und Chancen im beruflichen Bereich sind davon betroffen.

Taubheit – Hörbehinderung

> **Definition**
>
> **Taubheit** bezeichnet man den vollständigen Ausfall des Hörsinns. Geräusche und Töne können nicht wahrgenommen werden. Bei einer angeborenen Taubheit erfolgt ohne eine intensive Therapie keine Sprachentwicklung.
>
> Unter **Hörschädigung** versteht man die Verminderung der Hörfähigkeit.

Diese Beeinträchtigungen lassen sich in drei Stufen einteilen:

Leicht Schwerhörige erfahren in ihrem Alltag kaum Einschränkungen. Sie sind selten auf ein Hörgerät angewiesen.

Mittelgradig Schwerhörige sind auf Hörgeräte angewiesen und somit in der Teilhabe am gesellschaftlichen Leben eingeschränkt. Sie müssen sich z. B. bei lauter Geräuschkulisse genau auf das Gespräch konzentrieren.

Hochgradig an Taubheit grenzende Schwerhörigkeit macht es nicht möglich, ohne Hilfe eines Hörgerätes Geräusche aus der Umwelt wahrzunehmen. Die Betroffenen sind z. B. darauf angewiesen, ihre Umwelt durch Lippenlesen oder Gebärden zu verstehen.

Wie bei den meisten Behinderungsarten gibt es prä-, peri-, und postnatale Ursachen. Bei Taubheit ist die Funktionstüchtigkeit der Hörzellen im Innenohr nicht (mehr) gewährleistet. Der Schall wird zwar über das Trommelfell und die Gehörknöchelchen bis ins Innenohr übertragen, kann aber nicht mehr in elektrische Signale umgewandelt werden, die über den Hörnerv ins Gehirn übertragen werden. Gründe dafür, dass diese Haarzellen (Sinneszellen) nicht mehr funktionieren, sind vielfältig.

Pränatale Ursachen

- genetisch bedingte Taubheit (durch Vererbung)
- Krankheiten (Röteln, Masern, Mumps, Infektionen) der Mutter während der Schwangerschaft

Perinatale Ursachen

- Frühgeburt
- Geburtstrauma
- Sauerstoffmangel während der Geburt

Postnatale Ursachen

- Hirnhautentzündung
- Hörsturz
- Scharlach
- Diphterie
- Otosklerose
- Unfall
- Umwelteinflüsse
- Infektion
- Innenohrkomplikationen einer Mittelohrentzündung
- Altersschwerhörigkeit

Das Gehör ist Grundvoraussetzung für die zwischenmenschliche Kommunikation, den Informationsaustausch und das soziale Zusammenleben. Wenn ein Säugling nichts hören kann, nimmt er einen wesentlichen Teil seiner Umwelt nicht wahr. Die körperliche, geistige und auch seelische Entwicklung des Kindes ist deshalb beeinträchtigt. Wer nichts hören kann, kann auch keine Worte bilden und daher keine Sprache erwerben. Nach neueren Forschungsergebnissen hat sich aber gezeigt, dass die bei Gehörlosen verwendete Gebärdensprache auch zu einer adäquaten kognitiven Entwicklung führt. Bei der alleinigen Verwendung der Gebärdensprache besteht jedoch die Gefahr, nur noch soziale Kontakte zu Menschen zu pflegen, die der Gebärdensprache mächtig sind.

Zur Taubheit kommt häufig Stummheit hinzu. Viele taube Menschen werden daher von der Umwelt ausgeschlossen. Die Folgen der Taubheit lassen sich in drei Bereiche einteilen.

Sprachlicher Bereich

Menschen mit Hörschädigung haben Probleme bei der Aussprache. Dies ist oft darauf zurückzuführen, dass die Hörschädigung erst später erkannt wurde. Je früher man Störungen im Verhalten im Säuglings- oder Kleinkindalter diagnostiziert, desto eher können Fördermaßnahmen helfen, eine relativ normale Sprachentwicklung zu durchlaufen.

Psychologischer Bereich

Da wir unsere Gefühle in verschiedenen Tonlagen ausdrücken und diese von Kindern und Erwachsenen mit einer Hörschädigung nicht wahrgenommen werden können, kommt es häufig zu prägenden Missverständnissen. Da Taubheit und Schwerhörigkeit nicht sichtbar sind, reagiert das Umfeld zuweilen unangemessen und fügt dem Menschen psychischen Schaden zu. Oft gehen diese Menschen in eine selbst gewählte Isolation, die zu einer Depression führen kann. Kinder, die aufgrund ihrer Taubheit als Außenseiter behandelt werden, zeigen häufig auch ein sehr aggressives Verhalten der Umwelt gegenüber.

Sozialer Bereich

Die Wahrnehmungsfähigkeit hörgeschädigter Menschen ist sehr eingeschränkt. Häufig findet die Kommunikation auf sehr vereinfachte Art und Weise statt. Die Folge davon ist, dass Schwerhörige oder Gehörlose oft über weniger Allgemeinwissen verfügen als normal Hörende. Die Einschätzung der kognitiven Fähigkeiten entspricht damit oft nicht den kognitiven Möglichkeiten. Dadurch können peinliche Situationen zu Minderwertigkeitskomplexen, Depressionen oder sogar Persönlichkeitsstörungen führen. Auch Orientierungsprobleme verunsichern die Betroffenen zusätzlich und sie fühlen sich dadurch oft einsam und ausgeschlossen.

Um die Probleme hörbehinderter Menschen auszugleichen, können verschiedene therapeutische Möglichkeiten in Anspruch genommen werden. Diese erstrecken sich von Beratungen und Freizeitaktivitäten bis hin zu schulischen und berufsbildenden Angeboten.

Auf therapeutischer Ebene besteht in vielen Fällen die Möglichkeit, durch ein Cochlea-Implantat den Hörsinn zu erwerben. Sogenannte Phoniatriezentren haben sich darauf spezialisiert. Daneben gibt es noch eine Vielzahl von Hörgeräten, die man hinter oder im Ohr anwenden kann.

Die Gebärdensprache

Obwohl es einen Streit zwischen den Befürwortern und Gegnern der Gebärden- oder Lautsprache gibt, vertreten wir die Ansicht, dass sich beide Sprachen ergänzen und nicht ausschließen sollten.

Die **deutsche Gebärdensprache** ist eine eigenständige visuelle Sprache, die mithilfe von Mimik, Körperhaltung und Handzeichen gehörlosen sowie schwerhörigen Menschen zur Kommunikation mit anderen Menschen und untereinander verhilft.

„Hallo"

„herzlich"

„willkommen"

Die deutsche Gebärdensprache ist nur eine Art der Kommunikation mit Gebärden. Die Gebärdensprachen in den anderen Ländern sehen anders aus und die Gebärden haben eine andere Bedeutung. Die deutschen Gebärden sind nach Handform, Handstellung, Ausführungsstellung und Bewegung klar strukturiert. Mimik und Gestik helfen, die Gebärden mit Emotionen zu unterstreichen. Die deutsche Gebärdensprache stellt eine Integration in die Gesellschaft sicher und macht so komplizierte Lebenssituationen, wie z. B. Krankenhausaufenthalte, Behördengänge und schulische oder berufliche Bildung, möglich.

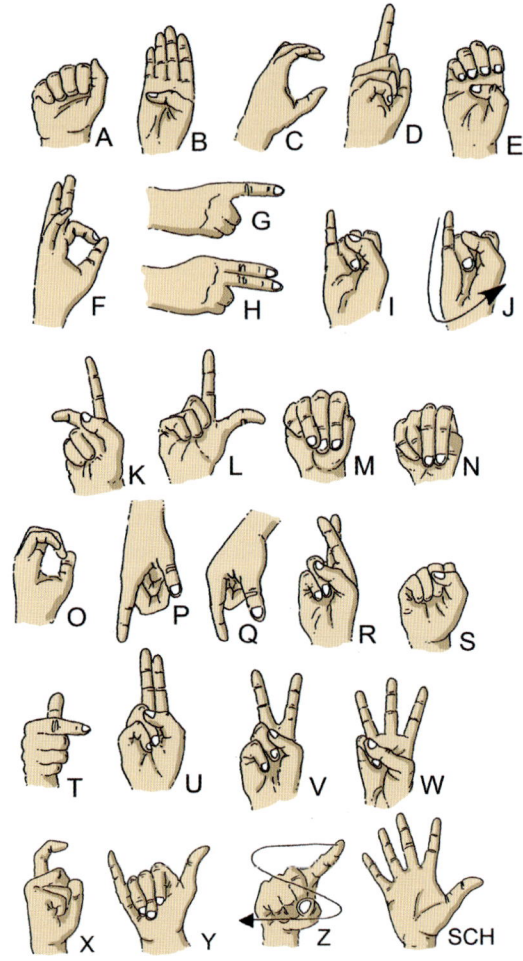

Eine weitere Möglichkeit der Kommunikation für Menschen mit Hörbehinderung bieten die **lautsprachbegleitenden Gebärden**, die jedoch nicht direkt mit der Gebärdensprache zu vergleichen sind, da sie nur ein künstliches Verfahren zur besseren Deutlichmachung der Lautsprache sind. Sie benutzen nicht die Grammatik der Gebärdensprache. Sie ist besonders hilfreich für Ertaubte und Schwerhörige, um die gesprochene Sprache mithilfe des Mundbildes und der unterstützenden Gebärden zu verstehen.

Menschen, die die deutsche Gebärdensprache benutzen, haben Probleme, damit Fachwörter, Fremdwörter oder Namen auszudrücken. Hierbei hilft ihnen das **Fingeralphabet**. Mit diesem Alphabet können auch taube Menschen nicht verstandene Wörter durch Buchstabieren anderen erklären. Die Buchstaben des Fingeralphabetes werden je nachdem, ob Rechts- oder Linkshänder, mit der rechten oder linken Hand vor der Brust oder etwas rechts vom Rumpf ausgeführt.

Aufgaben

1. Versuchen Sie sich eine Pause lang ihre Ohren mit Ohropax zu verschließen.
2. Welche Erfahrungen haben Sie gemacht? Wodurch kam es zu Missverständnissen? Wie haben Sie sich mitgeteilt?
3. Begrüßen Sie sich in der deutschen Gebärdensprache.

Blindheit – Sehbehinderung

Jeder von uns hat schon einmal einen Blinden gesehen, der mit einem weißen Stock, mit einem Führerhund oder mit einem sehenden Begleiter unterwegs war. In der Bundesrepublik leben rund 155 000 blinde und etwa 500 000 sehbehinderte Menschen. Rund 70 % von ihnen sind älter als 60 Jahre. Bei den meisten stellt sich eine Verschlechterung des Sehvermögens erst im höheren Lebensalter ein.

Nicht jeder, der eine Brille oder Kontaktlinsen trägt, gilt als Mensch mit Sehbehinderung.

Sehbehindert sind allerdings alle, die trotz Brille oder Kontaktlinsen weniger sehen als der normal sehende Mensch.

Die Sehfähigkeit wird in Deutschland nach dem geltenden Sozialrecht nach Prozenten eingestuft. Wer beispielsweise einen Gegenstand erst aus zehn Metern Entfernung erkennt, den ein Normalsehender aus 100 Metern Entfernung wahrnimmt, sieht nicht 100 %, sondern nur noch 10 % (= Visus 0,1).

Nach allgemeiner Definition gelten Menschen als blind, wenn sie kein Licht mehr wahrnehmen können und die Sehschärfe weniger als Visus 0,02 beträgt.

Die WHO definiert eine Sehschärfe:
- von 0,3 als gemäßigt sehbehindert,
- zwischen 0,1 und 0,05 als schwer sehbehindert,
- zwischen 0,05 und 0,02 als tiefgehende Sehbehinderung und
- ab 0,02 und weniger als Blindheit.

Es gibt aber auch Menschen, die bei guter Sehschärfe ein stark eingeschränktes Sichtfeld haben. Hier spricht man von einem sogenannten Röhrengesichtsfeld. Die Betroffenen sind stark sehbehindert und haben vor allem große Schwierigkeiten bei der Orientierung. Es gibt noch eine Fülle von Augenkrankheiten, die zu einer Behinderung des allgemeinen Lebens führen. Im Internet findet man auf der Seite: www.absv.de/sbs/sbs_intro.html die Möglichkeit, sich die Folgen einer Augenkrankheit zu veranschaulichen.

Grundsätzlich lässt sich sagen, dass jede Sehbehinderung individuell ist. Selbst bei anscheinend gleicher Diagnose sind die Auswirkungen bei den Betroffenen oft gänzlich unterschiedlich.

Ursachen

Die häufigsten Ursachen für Erblindung sind diabetische Retinopathie (zuckerkrankheitbedingte Durchblutungsstörung an der Netzhaut), Glaukom (Grüner Star) und die altersbedingte Makula-Degeneration. Diese Krankheiten führen zur Schädigung der Netzhaut und sind in 30 % der Fälle Ursachen für Erblindung. Weitere Ursachen sind Verletzungen, Entzündungen der Gefäßhaut, Netzhautablösungen und Erkrankungen des Sehnervs. Es gibt aber auch erbliche Formen der Blindheit.

Auswirkung von Blindheit und Sehbehinderung

Hochgradige Sehbehinderung oder angeborene Blindheit wirken sich in den ersten Lebensjahren auf alle Entwicklungsbereiche aus. Deshalb ist gerade in den frühen Jahren der Gesichtssinn am wichtigsten. Das Kind lernt durch eine aktive Beschäftigung mit den Gegenständen der Umwelt und durch Nachahmung der Handlungen anderer Personen. Insbesondere Gestik und Mimik beeinflussen unsere Stimmungen. Bei blinden Kindern muss man in den ersten Lebensjahren mit Entwicklungsstörungen rechnen. Durch sprachliche Kommunikation in Verbindung mit taktilen Reizen kann man dem blinden Kind Sachverhalte erklären und begreiflich machen. Dadurch können auftretende Entwicklungsdefizite abgemildert werden.

In einigen Lebensbereichen ergeben sich andauernde Einschränkungen, z.B. in der Orientierung und Fortbewegung oder im lebenspraktischen Bereich. In vielen anderen Lebensbereichen (der Sprache, der Intelligenz, dem Sozialverhalten oder der Persönlichkeitsentwicklung), die für die schulische und berufliche Bildung von vorrangiger Bedeutung sind, gibt es langfristig keine oder geringe blindheitsbedingte Einschränkungen. Die Einschränkungen im beruflichen Bereich werden heute durch neue technische Errungenschaften im Bereich der Computertechnik ausgeglichen und ermöglichen weitere berufliche Ausbildungen.

Die Auswirkungen im Alltag kann man nur ermessen, wenn man das Verhalten eines sehenden mit dem eines blinden Menschen vergleicht. Sehende Menschen können z.B. ihre Sachen hinlegen, wo sie wollen und sie jederzeit wiederfinden. Bei blinden Menschen könnte dies zu einem Verletzungsrisiko werden oder zu einem Orientierungsverlust führen. Blinde Menschen können nach einer Trainingszeit gut allein zurechtkommen, wenn alles seinen Platz hat. Mit ihrer Erinnerung können sie alles allein wiederfinden.

In der heutigen Zeit gibt es immer mehr an Hilfsmitteln für blinde Menschen:
- sprechende Taschenrechner und Uhren
- eine Schablone für die Unterschrift
- sprechende Computerprogramme
- den Langstock
- Computer-Leselupen, die das Geschriebene vorlesen und vergrößern
- Blindenhunde
- Ampeln mit Piepton
- Tablettenverpackungen mit Blindenschrift
- Bücher und Zeitschriften in Blindenschrift
- Hörbücher
- barrierefreies Internet

Das sind alles Dinge, die dem Menschen im Alltag helfen können, jedoch gibt es auch viele Bereiche, in denen blinde Menschen auf Hilfe von außen angewiesen sind:

- Fahrkarten kaufen
- sich auf einer Reise zurechtfinden
- Busfahrpläne lesen
- sich im Geschäft zurechtfinden (häufig wird hier vieles umgestellt)

Ein wichtiges Mittel der Kommunikation ist die von Louis Braille erfundene Blindenschrift.

Aufgaben

1. Führen Sie einige Selbstversuche durch:
   a. Kaufen Sie ein Getränk und bezahlen es, indem Sie das Geld nur durch Abtasten heraussuchen.
   b. Verbinden Sie sich die Augen und orientieren Sie sich in Ihrer Umwelt (Klassenzimmer, eigenes Zimmer etc.).
   c. Halten Sie sich eine Klarsichtfolie vor die Augen und versuchen Sie, sich so wie sonst in der Pause zu bewegen (es gibt hierfür auch spezielle Brillen).

2. Informieren Sie sich über die Blindenschrift.

3. In einem Wohnheim wird ein blinder Mensch aufgenommen. Was bedeutet das für die Raumgestaltung? Wie können Sie die anderen Bewohner auf den Umgang mit dem blinden Bewohner vorbereiten?

4.5.3   Menschen mit einer Körperbehinderung

Für Körperbehinderungen gibt es keine allgemeinverbindliche Definition. Dementsprechend kann man bei Menschen mit einer körperlichen Behinderung nicht von einer homogenen Gruppe sprechen. Sie alle haben aber ein gemeinsames Merkmal: nämlich die Bewegungseinschränkung. Körperbehinderung ist ein Sammelbegriff für die vielfältigen Erscheinungsformen und Schweregrade körperlicher Beeinträchtigungen, die sich aus Schädigungen des Stütz- und Bewegungsapparates und aus anderen inneren oder äußeren Schädigungen des Körpers und seiner Funktionen ergeben. Während die Leistungsfähigkeit der Körpermotorik in der Regel beeinträchtigt ist, sind die Menschen in ihrer geistigen oder emotionalen Leistungs- oder Lernbereitschaft genauso leistungsfähig wie Menschen ohne körperliche Beeinträchtigungen.

Das Handbuch der Sonderpädagogik gibt folgende Erklärung:

> *„Eine Körperbehinderung ist – im allgemeinen Sprachgebrauch – eine überwindbare oder dauernde Beeinträchtigung der Bewegungsfreiheit infolge einer Schädigung des Stütz- und Bewegungssystems oder einer anderen organischen Schädigung …"*
>
> *(Bleidick, 1985, S. 165)*

Durch medizinische und pädagogisch-therapeutische Maßnahmen ist aber eine optimale Entwicklung der individuellen Persönlichkeit erreichbar. Insoweit ist Körperbehinderung ein relativer Begriff. Die Integration ist abhängig von adäquaten Maßnahmen der schulischen, beruflichen und sozialen Rehabilitation.

Die verschiedenen Formen der Körperbehinderung lassen sich nach Kobi in folgende Bereiche einteilen:

Mobilitätseinschränkungen	Aktivitätseinschränkungen	Bio-soziale Adaptions- und Regulationsstörungen
Spastische Lähmungen Bewegungsablaufstörungen Schlaffe Lähmungen Bewegungsbehinderungen Missbildungen Verstümmelungen	Entwicklungsbehindernde chronische Krankheiten (z. B. Epilepsie)	Psychomotorische Unruhe Linkshändigkeit Nahrungsaufnahme Appetitstörungen Essstörungen Ausscheidungen (Enuresis, Enkopresis)

(vgl. Kobi, 1977, S. 42 ff.)

Körperbehinderungsarten

In den Arbeitsfeldern von Sozielhelferinnen treten folgende Störungen häufig auf:

Behinderung der Muskeln und des Skelettsystems

Amputationen: Durch einen Unfall oder eine Krankheit müssen einzelne Gliedmaßen entfernt werden. Dies führt zu einer Veränderung des Körperschemas.

Fehlstellungen der Wirbelsäule und der Hüftgelenke: Die Ursachen hierfür sind vielfältig, neben einer Erkrankung (Rachitis, Bandscheibenschäden oder Arthrosen, Unregelmäßigkeiten im Gang) gibt es auch verschiedene angeborene Fehlbildungen (Buckel, Schiefwuchs, Rückgratverkrümmung, Hüftkopfnekrose, Fehlbildung der Hüftgelenkspfanne).

Progressiver Muskelschwund: Diese Erkrankung ist zwar verhältnismäßig selten, führt aber oft zum vorzeitigen Tod. Die Funktion der einzeln Muskelpartien lässt kontinuierlich nach und damit gehen massive Bewegungseinschränkungen einher.

Gliedmaßenfehlbildungen: Hierbei handelt es sich um ein völliges Fehlen oder die Deformation von Gliedmaßen. Die Ursachen können sowohl im genetischen wie im Umweltbereich liegen. Als eindringliches Beispiel sei hier auf das Medikament Contergan hingewiesen oder auf verschiedene Umweltgifte wie z. B. Schwermetalle.

Schädigung von Gehirn und Nervensystemen

Grob lassen sich angeborene (Infantile Cerebralparese ICP) und erworbene (Schädel-Hirn-Trauma SHT) Hirn- und Nervenschäden unterscheiden. Die frühkindliche Hirnschädigung (ICP) wirkt sich auf die gesamte familiäre, schulische und berufliche Sozialisation aus. Tritt eine Hirnschädigung als Folge von Unfällen (SHT) oder Krankheiten im späteren Kindes-, Jugend- oder Erwachsenenalter auf (Infektionen, Tumorbildung, Schlaganfall), ist zwar mit Auswirkungen auf die Psychomotorik zu rechnen; die Bedingungen der Rehabilitation hängen dann aber vom Lebensalter und vom erreichten Stand der schulischen und/oder beruflichen Qualifizierung ab. Zu beachten sind die Begleitsymptome cerebraler Bewegungsstörungen, die sich generell bei Hirnschädigungen einstellen können.

Sprachstörungen: Mimik, Gestik und das Sprechen sind kommunikative Ausdrucksformen der Sprache und setzen eine fein koordinierte Sprechmotorik voraus, die als Folge der Hirnschädigung möglicherweise stark beeinträchtigt ist. Neben einer auffallenden Mimik (ausdrucksloses Gesicht oder Grimassieren) kommt es zu Störungen des Redeflusses (abgehackte Sprache) und zu Störungen der Artikulation (Lautbildung, Aussprache, Tempo). Durch eine physiotherapeutische Behandlung und gezielte Sprachtherapie/Logopädie können Sprachstörungen wesentlich vermindert werden.

Hörstörungen: Diese treten besonders im Kontext mit der Athetose auf (partielle Schwerhörigkeit) und müssen durch ein frühzeitiges Hörtraining behandelt werden. Die Behandlung erfolgt meist im Zusammenhang mit der Sprachtherapie.

Sehstörungen: Als Folge cerebraler Schädigungen kann es zu Beeinträchtigungen der Augenmuskulatur kommen. Beobachtet werden sowohl das Schielen (Strabismus) als auch das Augenflackern (Nystagmus).

Störungen der geistigen Entwicklung: Die Annahme, eine Hirnschädigung führe generell zu Beeinträchtigungen der kognitiven Entwicklung, ist falsch und zudem für die betroffenen Menschen nachteilig. Durch intensive Frühförderung im Vorschulalter, adäquate sonderpädagogische Förderung im Schulalter und begleitende Therapien (Krankengymnastik, Ergotherapie, Sprachtherapie) können hirngeschädigte Menschen heute bis zu ihrem optimalen Leistungsniveau gefördert werden. Die Bandbreite der erreichten Schulabschlüsse umfasst das Abitur ebenso wie den Abschluss der Förderschule für Menschen mit einer geistigen Behinderung. Bei schweren Schädigungen und mangelnder Förderung kann es auch zu massiven geistigen Retardierungen kommen.

Anfallsleiden: Als Begleitsymptomatik zu Hirnschädigungen können Anfallsleiden und Epilepsie auftreten, die möglicherweise Wahrnehmungs- und Konzentrationsstörungen sowie Störungen der Feinmotorik nach sich ziehen. Diese Symptome lassen sich durch medizinische Behandlung zwar kontrollieren, die Medikamente haben aber wiederum Nebenwirkungen, sodass eine fachärztliche Betreuung unerlässlich ist.

Angeborene Querschnittslähmungen

Eine angeborene Schädigung des Rückenmarks führt zu dem als Spina bifida (gespaltene Wirbelsäule, offener Rücken) bezeichneten Schadensbild, das bei etwa 75 % der Betroffenen mit einem Hydrocephalus verbunden ist. Der Hydrocephalus entsteht durch eine Störung in der Regulation des Gehirnwassers. Durch mangelnden Abfluss der Gehirnflüssigkeit bildet sich Überdruck im Gehirn; hierdurch kann sich die Schädeldecke verändern und sich damit der Kopfumfang vergrößern. Die verschiedenen Formen einer Spina bifida (Meningocele = Häute des Rückenmarks werden unter dem Druck des Hirnwassers vorgestülpt; Myelomeningocele = Rückenmark liegt im Bereich der zerstörten Wirbelsäule offen, Hirnwasser kann austreten, Nervenstränge sind unterschiedlich geschädigt) führen zu Lähmungen. Je nach Lage im Brust-, Lenden- oder Kreuzbeinbereich kommt zu es den verschiedenen Auswirkungen einer Querschnittslähmung.

Bei frühzeitiger Behandlung ist die geistige Entwicklung nicht prinzipiell ungünstig. Entsteht jedoch ein Hydrocephalus, so kann durch den Hirndruck eine cerebrale Schädigung auftreten, die auch die Kognition beeinträchtigt. Bei angemessener medizinischer Frühbehandlung und intensiver pädagogischer Förderung sind jedoch alle schulischen Abschlüsse möglich.

Querschnittslähmungen infolge von Verletzungen

Sie treten gehäuft nach Unfällen auf. Jährlich werden etwa ca. 1000 neue Fälle registriert, davon etwa 70 % als Folge von Unfällen, vor allem im Straßenverkehr, aber auch im Beruf, im Sport, bei Schuss- und Stichverletzungen oder Suizidversuchen. Bei traumatischen Rückenmarksschäden ergeben sich – je nach Ausprägungsform – dreifache Lähmungen:

- **Ausfall der willkürlichen Muskelbewegung** (motorische Lähmung, Gehunfähigkeit)
- **Verlust des Empfindungsvermögens** (sensibel-sensorische Lähmung; Berührungs-, Schmerz- und Temperaturreize werden nicht wahrgenommen)
- **vegetative Lähmungen** (mit Störungen der Funktionen von Harnblase, Enddarm, Geschlechtsorganen, Schweißdrüsen, Gefäßen)

Die Nervenbahnen im Wirbelkanal können vollständig oder teilweise geschädigt sein. Nach Ausmaß der Schädigung im Verlauf des Rückenmarks ergeben sich unterschiedlich schwere Beeinträchtigungen. Unterschieden wird zwischen der Paraplegie (primäre Lähmung der beiden Beine und der Rumpfmuskulatur) und der Tetraplegie (Lähmung aller vier Gliedmaßen, Beeinträchtigung der Atmung und der inneren Organe).

Neben dem Angewiesensein auf den Rollstuhl und auf sitzende Tätigkeiten können starke psychische Belastungen hinzukommen, zumal eine traumatische Querschnittslähmung die Betroffenen plötzlich und unerwartet mit der Behinderung konfrontiert.

Schädigung der Muskulatur

Bei den Muskelerkrankungen kann man zwei Arten unterscheiden. Bei den primären Erkrankungen sind nur die Muskeln selbst betroffen, während bei den sekundären Erkrankungen auch die muskelversorgenden Nerven betroffen sind. Alle Erscheinungsformen zeigen Muskelschwächen, einige sind zeitweise mit Muskelschmerzen, Krämpfen, Müdigkeit und Gefühlsschwankungen verbunden. Die Mehrzahl der Muskelerkrankungen ist fortschreitend, was insbesondere die Skelettmuskulatur schädigt.

Für das Kindes- und Jugendalter ist die progressive Muskeldystrophie bedeutsam; es handelt sich um eine erbliche Muskelerkrankung mit symmetrischen schlaffen Lähmungen ohne nachweisbare neurale und spinale (das Rückgrat betreffende) Beteiligung. Beobachtet werden Muskelschwund (Atrophien) durch Ernährungsstörungen sowie Fett- und Gewebswucherungen (Pseudohypertrophien) in den erkrankten Muskelbereichen. Den schwersten Verlauf zeigt der angeborene und bösartige (maligne) Typ Duchenne; dieser führt zu extremen Bewegungsbeeinträchtigungen und ist mit einer verkürzten Lebenserwartung verbunden.

Je nach Behinderungsart und Behinderungsgrad sind Menschen mit körperlichen Behinderungen auf verschiedene Hilfsmittel angewiesen. Um die Selbstständigkeit der Betroffenen zu erhöhen, gibt es neben den Rollstühlen auch spezifische Geh-, Steh- und Fahrhilfen sowie eine Fülle von Alltagshilfen (z. B. spezielles Essbesteck).

Die Therapie beschränkt sich hauptsächlich auf drei Formen:
- Physiotherapie
- Ergotherapie
- therapeutisches Reiten

Aufgaben

1. Stellen Sie sich vor, Sie wären durch einen Unfall plötzlich querschnittsgelähmt und müssten immer mit dem Rollstuhl leben. Welche persönlichen, familiären und beruflichen/schulischen Veränderungen würden eintreten?
2. Welche Institutionen bieten den Betroffenen Hilfe an?
3. Schreiben Sie eine Geschichte zum Thema: Ich bin körperlich behindert.

4.5.4 Menschen mit einer Mehrfachbehinderung

Die Schwierigkeiten einer einheitlichen Einteilung der Behindertenformen liegt nicht nur in den verschiedenen Zuständigkeiten, wie z. B. Medizin, Pädagogik, Versicherungs- und Arbeitsrecht, sondern auch in der Tatsache der Behinderung selbst: Kaum eine Behinderung tritt als einfache, sondern in der Regel als Mehrfachbehinderung auf.

Definition

Von **Mehrfachbehinderten** ist immer dann die Rede, wenn zwei oder mehrere Behinderungen zusammentreffen. Dies ist keineswegs die Ausnahme, sondern die Regel.

Es gibt:
- zusammentreffende Behinderungen, die zwangsläufig in einem Verursachungszusammenhang stehen: Aus einer Behinderung (der Primärbehinderung) folgt eine zweite (die Sekundär- und Folgebehinderung), z. B. Gehörlosigkeit hat Sprachbehinderung zur Folge.
- Behinderungen, die nicht in einem Verursachungszusammenhang stehen; keine der zusammentreffenden Behinderungen ist Folge der anderen; z. B. Blindheit und Gehörlosigkeit (Taubblindheit).
- Behinderungen, die nicht zwangsläufig in einem Verursachungszusammenhang zueinander stehen: Eine Behinderung kann Folge einer anderen sein, muss es aber nicht. Häufig sind die Kausalverhältnisse nicht klar ersichtlich, z. B. wenn Lernbehinderung und Verhaltensstörung sich wechselseitig bedingen.

4.5.5 Exkurs: Ausgewählte Störungsbilder

Autismus

> **Definition**
>
> **Autismus** ist eine tiefgreifende Entwicklungsstörung. Hauptsymptome sind abnorme soziale Beziehungen, Mangel an normaler Kommunikation und eingeschränkte Interessen und Aktivitäten.

Leo Kanner und Hans Asperger verwendeten erstmals 1943 die Bezeichnung „Autismus". Autismus ist eine Krankheit, an der sich seit mehr als einem halben Jahrhundert die Geister scheiden und die zum Kristallisationspunkt verschiedener Auffassungen über die Beziehung zwischen Gehirn und Verhalten wurde.

Beschreibung des Bundesverbands zur Förderung von Menschen mit Autismus (autismus Deutschland e.V.

„Die autistische Störung (syn. frühkindlicher Autismus) ist eine tiefgreifende Entwicklungsstörung, die in den ersten 3 Lebensjahren beginnt. In den folgenden drei Bereichen werden die Symptome deutlich: im sozialen Umgang mit Mitmenschen, in der Kommunikation und in sich stets wiederholenden Handlungen. [...] Autistische Kinder können zunächst keine Geste, kein Lächeln, kein Wort verstehen.

Sie ziehen sich zurück, kapseln sich „autistisch" ab – daher der Name!

Jede Veränderung in Ihrer Umwelt erregt sie stark. Autistische Kinder können nicht spielen und benutzen ihr Spielzeug in immer gleicher, oft zweckentfremdeter Art und Weise.

Sie entwickeln Stereotypien: z.B. Drehen und Kreiseln von Rädern, u.a. Wedeln mit Fäden oder Papier. [...] Diese sind allerdings in ihrer Zusammensetzung und ihrem Ausprägungsgrad von Kind zu Kind unterschiedlich.

Autistische Kinder haben häufig vom Säuglingsalter an Probleme beim Essen und beim Schlafen und entwickeln selbststimulierende Verhaltensweisen, die bis zur Selbstverletzung reichen können.

Sie bestehen zwanghaft auf ganz bestimmten Ordnungen oder können ihre Eltern zur Verzweiflung bringen durch exzessives Sammeln bestimmter Gegenstände, durch ihre Weigerung, bestimmte Kleidung zu tragen oder durch Wiederholung immer der selben Verhaltensweisen oder sprachlichen Äußerungen.

Die intellektuelle Begabung autistischer Kinder ist sehr unterschiedlich. Sie reicht von geistiger Behinderung bis hin zu normaler Intelligenz, wobei die Kinder häufig erstaunliche Teilleistungen im Rechnen, in technischen Disziplinen, in der Musik und auf anderen Gebieten zeigen.

Während man noch vor wenigen Jahren davon ausging, dass der Autismus eine sehr seltene Störung ist, weisen neuere Untersuchungen höhere Häufigkeiten auf. Leider liegen für Deutschland keine genauen Angaben vor. Die folgende Tabelle geht auf Untersuchungen in Europa, Kanada und den USA zurück.

Häufigkeit der autistischen Spektrumstörungen

Alle autistischen Spektrumstörungen:	6–7	pro 1 000
Frühkindlicher Autismus:	1,3–2,2	pro 1 000
Asperger-Autismus:	1–3	pro 1 000
Andere tiefgreifende Entwicklungsstörungen:	3,3	pro 1 000

Von der Störung sind Jungen häufiger betroffen als Mädchen.

Es gibt trotz umfangreicher Forschungsergebnisse bislang noch kein Erklärungsmodell, das vollständig und schlüssig die Entstehungsursachen des frühkindlichen Autismus belegen kann. So wichtig die Forschung für ein besseres Verständnis des Syndroms auch sein mag, so lassen sich doch keine theoriegeleiteten Ansätze für eine Förderung autistischer Kinder daraus ableiten. So unterschiedlich sich die ursächlichen Faktoren für das Syndrom darstellen, so vielfältig und jeweils am einzelnen Kind ausgerichtet müssen die pädagogischen und therapeutischen Ansätze sein."

(autismus Deutschland e.V., 2009)

Zusammenfassung der wichtigsten Symptome

- Vermeiden von Blickkontakt
- Vermeiden von Körperkontakt
- Drehen von Gegenständen
- bizarre Bewegungen
- Zeigen von Wünschen durch Hinführen
- Betroffene wirken wie taub
- auffällige Sprache/Echolalie
- kein kreatives Spielen
- kein Spielen mit anderen Kindern
- unangemessenes Lachen und Kichern
- Fixierung auf spezielle Themen
- Verweigern von Veränderungen
- keine Angst vor realen Gefahren
- außergewöhnliche Begabungen in einzelnen Teilbereichen

Verschiedene Symptomgruppen des Autismus

Im Folgenden werden die einzelnen Symptomgruppen der verschiedenen Formen des Autismus zusammengefasst.

Psychogener Autismus

- Störungen der Kommunikationsfähigkeit
- emotionale Indifferenz
- fehlende Initiative und mangelnde Intuition als Begleit- und Folgeerscheinungen langanhaltender emotionaler Frustrationen

- unbeteiligtes, passives Verhalten der Kinder
- retardierte statomotorische und sprachliche Entwicklung
- geringe emotionale Beziehungsfähigkeit
- starke Zärtlichkeitsbedürfnisse

Autismus ist eine neurologische Störung. Eine „psychogene Ursache" wird von keinem ernstzunehmenden Spezialisten mehr angenommen. Psychische Belastungen führen nicht zu Autismus, auch nicht als letztes, auslösendes Moment.

Das Asperger-Syndrom (Autistische Psychopathie)

Diese Form des Autismus manifestiert sich meist im Schulalter mit schwerer Kontaktstörung. Das Asperger-Syndrom wird von mehreren Faktoren bestimmt.

Emotionale Faktoren
- emotionale Hemmung, d.h. Tendenz zur Abkapselung und Selbstisolierung als zentrales Symptom
- Kinder wirken ernst, egoistisch, extrem introvertiert und vorzeitig gereift

Physiognomische Faktoren
- scharf gezogene Gesichtszüge
- prinzenhaft, frühreif, gespannt und problemgeladen
- leerer unbestimmter Blick, der sich nicht durch optische und akustische Reize fixieren lässt

Sprachliche Faktoren
- oft eintönig leiernde Sprachmelodie
- aber auch überspitzt betonte, theatralische Sprechweise möglich
- auffallende sprachschöpferische Fähigkeiten
- Sprachentwicklung setzt oft auffallend früh, wesentlich früher als das Gehen ein, und erreicht rasch einen hohen Vollkommenheitsgrad

Motorische Faktoren
- motorisch oft auffallend ungeschickt
- unvollkommen entwickeltes Körperschema
- eindeutig negative Einstellung zur Körpersphäre
- relativ spätes Erlernen altersadäquater Kulturtechniken

Kognitive Faktoren
- meist durchschnittlich, gelegentlich überdurchschnittlich, selten unterdurchschnittlich intelligent
- oft Vorlieben für bestimmte Kenntnis- und Wissensbereiche, die das Allgemeinwissen deutlich dominieren

Spielverhalten
- stereotype Gewohnheitshandlungen stehen deutlich vor komplexen Spielen
- oftmals erhalten bedeutungslose, allenfalls vorübergehend genutzte Gegenstände eine starke Bedeutung

Das Kanner-Syndrom (Frühkindlicher Autismus)

Diese Form des Autismus manifestiert sich meist vor dem dritten Lebensjahr unter anderem mit Entwicklungsrückstand, Stereotypien, Kontaktstörungen und verzögerter Sprachentwicklung; manchmal geht sie mit einem Intelligenzdefekt einher.

Der frühkindliche Autismus ist ein relativ seltenes Krankheitsbild, das in den USA von *Kanner* in zehn Jahren unter zahlreichen ihm vorgestellten Kindern nur 150 Mal festgestellt wurde.

Kardinalsymptome
- extreme Abkapselung von der menschlichen Umwelt
- ängstlich zwanghaftes Bedürfnis nach Gleicherhaltung der dinglichen Umwelt (Veränderungsangst)
  Diese beiden Symptome sind immer vorhanden, wenn frühkindlicher Autismus vorliegt.

Sekundärsymptome
- Störung der Intelligenzentwicklung (ist oft nur eine Folge der autistischen Primärsymptomatik, ähnlich kognitiver Behinderungen infolge von Taubheit)
- Störung der Sprachentwicklung, z. B.: Echolalie (wird bei zwei Drittel der betroffenen Kinder festgestellt)
- bei den sprechenden Kindern oft erstaunliche Gedächtnisleistungen, die jedoch meist unwichtige Interessengebiete betreffen
- häufiges Auftreten von Neologismen, verbalen Iterationen, agrammatischen Satzbildungen und Echolalien in der Sprache
- Weber wies bestimmte motorische Auffälligkeiten nach, die sich auch bei blinden Kindern recht häufig zeigen (Augenbohren, Hand-Finger-Mechanismen, mimische Auffälligkeiten)

Somatogener Autismus

Der somatogene Autismus weist keine syndromspezifische Symptomatik auf, er ist vielmehr abhängig vom Nachweis neuropathologischer Befunde. Hier steht nicht die Ausklammerung der Umgebung im Vordergrund, sondern ein Verharren in der Kontaktschwäche, das durch die Isolierung von der Umwelt verstärkt wird.

Der somatogene Autismus ist kausal abhängig von anderen hirnorganischen Störungen.

Verschiedene Therapieformen des Autismus

So verschieden wie sich das Syndrom darstellt, so verschieden müssen die pädagogischen und therapeutischen Ansätze sein. Wichtig ist, dass sich die Therapien immer an der Problematik des einzelnen Kindes ausrichten.

Im Vordergrund einer Therapie stehen die Ziele. Zur praktischen Durchführung einer Therapie ist es nötig, Teilziele zu definieren, da dies eine bessere Überprüfbarkeit der therapeutischen Arbeit ermöglicht. Diese sollten aber möglichst nicht vom einzelnen

Therapeuten, sondern von der Gruppe der mit dem einzelnen Kind beschäftigten Bezugspersonen, einschließlich Eltern, Heimbetreuer etc., definiert werden.

Abhängig von den verschiedenen Theorien der Ursachen des Autismus existieren verschiedene Ansätze zur Therapie desselben.

Tiefenpsychologische Ansätze

Die wohl ältesten Ansätze basieren auf einer tiefenpsychologischen Sichtweise des Phänomens Autismus.

Verhaltensorientierte Autismustherapie

Die verhaltensorientierte Autismustherapie nach Ivar Lovaas geht von drei Grundannahmen aus:
1. Autismus ist keine Beziehungsstörung, sondern eine Störung der Wahrnehmung und Kognition.
2. Man muss die Ursachen des Autismus nicht kennen, um die Störung behandeln zu können. Behandlungserfolg besteht im Aufbau wünschenswerten und im Abbau störenden Verhaltens.
3. Auch Nichtfachleute können die Prinzipien der Belohnung und Bestrafung erlernen und anwenden. Die Wirksamkeit der Behandlung ist messbar.

Die isolierte Anwendung lerntheoretischer Erkenntnisse kann Aggressionen fördern, weil hier die Gefahr einer unangemessenen Förderung unauffälligen Verhaltens besteht. Schließlich wird das obengenannte wünschenswerte Verhalten nicht vom betroffenen autistischen Menschen, sondern von seinem Therapeuten bestimmt.

Führen

Félicie Affolter geht bei ihrem Förderansatz des Führens, der sich an alle wahrnehmungsgestörten Kinder richtet, von folgenden Voraussetzungen aus:
1. Verhaltensänderung und Lernen sind auf Spürinformationen (taktile Reize) angewiesen und erfolgen in Stufen.
2. Ohne therapeutische Unterstützung erhalten wahrnehmungsgestörte (also auch autistische) Kinder nur ungenügende Spürinformationen.
3. Gespürte Informationsvermittlung kann über das Führen verschiedener Teile des Körpers – auch bei Schwerstgeschädigten – erfolgen.

Beim Führen soll im Rahmen „problemlösender Alltagsgeschehnisse" den Kindern durch das Führen meist der Hände das Erreichen bestimmter gewünschter Wirkungen ermöglicht werden. Die Kinder sollten in allen möglichen täglichen Situationen geführt werden. Dies macht das Familienleben nicht unbedingt leichter.

Differenzielle Beziehungstherapie

Bei der differenziellen Beziehungstherapie versucht der Therapeut, sich in den ersten Wochen gegenstandstypische Eindeutigkeitseigenschaften anzueignen. Er bringt sich als

„Objekt" in stereotype Verhaltensmuster des autistischen Kindes ein. Später soll er dann immer mehr aus der Rolle des Objekts in die eines Subjekts wechseln, um so dem Kind die Möglichkeit zu geben, ein seinen Fähigkeiten entsprechendes Maß an sozialen Kompetenzen zu erwerben. Mit dieser Methode wurden bei Kindern recht gute Erfahrungen gemacht, während bei Jugendlichen und Erwachsenen die Erfolgsaussichten eher gering sind.

Sensorische Integrationstherapie

Bei der sensorischen Integrationstherapie handelt es sich nicht um ein speziell auf Autismus konzentriertes Konzept. A. Jean Ayres entwickelte ihr Konzept für alle Kinder mit Lernschwierigkeiten. Sie selbst zweifelt daran, ob ihr Ansatz autistischen Kindern wesentlich helfen kann.

Ausgangspunkt ist, dass Autismus zum Teil Folge einer gestörten Wahrnehmungsverarbeitung ist. Auf das Kind einströmende Reize können nicht entsprechend differenziert und verarbeitet werden – verschiedene Reize erreichen erst gar nicht das Gehirn. Es soll nun versucht werden, für das Kind Reize zu schaffen, die es erreichen, andere Reize sollen vermindert oder ganz erspart werden.

Besonders interessant scheint die sensorische Integrationstherapie im Zusammenhang mit schwerstmehrfachbehinderten Kindern mit autistischen Zügen.

Andere Therapiekonzepte

Der Markt an verschiedenen Konzepten der Autismustherapie ist wahrscheinlich noch größer als die Anzahl der verschiedenen Theorien zur Begründung des Symptoms. Dabei ist es für betroffene Eltern oft nicht leicht, zwischen erfolgversprechenden Ansätzen und weniger aussichtsreichen, manchmal sogar betrügerischen Ansätzen zu unterscheiden.

Einige weitere praktizierte Therapien seien im Folgenden kurz erwähnt.
- Gebärdensprachtherapie nach Vera Bernhard-Opitz: Schaffung von Kommunikationsmöglichkeiten – Aggressionsabbau
- Tanztherapie nach Janet Adler/Beth Kalish-Weiss/Elaine Siegel: Tanz als Mittel zur Kommunikation
- Musiktherapie nach Rolando O. Benenzon: durch Reize aus Pränatalzeit die „gläserne Hülle" durchdringen
- Therapeutisches Reiten nach Max Reichenbach/H.E. Kaeser: körperliche Auswirkungen des Sports und Angstminderung
- Clowntherapie nach Howard Buten: (Clown „Buffo") Angstminderung und Schaffung von Kontakten zur belebten Umwelt
- Tiertherapie

Zu den biochemischen Therapieansätzen zählen Diäten, welche im amerikanischen Raum zur Zeit boomen, und Vitamin- und Mineralstofftherapien. Darüber hinaus wird versucht, dem Problem des Autismus medikamentös zu begegnen.

Trisomie 21 (Down-Syndrom)

Trisomie 21 ist im Vergleich zu anderen Schädigungen kurz nach der Geburt relativ eindeutig wahrzunehmen.

Merkmale

Der Arzt erkennt nach der Geburt ein Kind mit Down-Syndrom aufgrund folgender Merkmale:

- **Gesicht:** Ein Kind mit Down-Syndrom hat gewöhnlich ein rundes Gesicht, das Profil ist eher flach.
- **Kopf:** Der Hinterkopf ist bei den meisten Menschen mit Down-Syndrom leicht abgeflacht.
- **Augen:** Die Augen fast aller Kinder mit Down-Syndrom sind leicht schräg aufwärts gerichtet. Zusätzlich verläuft oft eine schmale Hautfalte senkrecht zwischen dem inneren Augenwinkel und dem Nasenrücken. Die Augen können weiße oder hellgelbe Flecken am Rand der Iris haben.
- **Haare:** Die Haare sind normalerweise weich und glatt.
- **Genick:** Neugeborene mit Down-Syndrom können zusätzliche Hautfalten im Genick haben, die aber gewöhnlich mit dem Wachstum verschwinden.
- **Muskeltonus:** Die Gliedmaßen und der Hals kleiner Kinder mit Down-Syndrom sind oft schlaff. Diese Muskelschwäche nennt man Hypotonie.
- **Mund:** Die Mundhöhle weist oft einen schmalen, hohen Gaumen auf. Aufgrund eines schwächeren Muskeltonus kann die Zunge bei ungenügendem Mundschluss zeitweise aus dem Mund herausschauen.
- **Hände:** Die Hände sind oft breit und die Finger kurz. Viele Menschen mit Down-Syndrom haben eine „Vierfingerfurche". Das heißt, die Handfläche ist von einer Linie durchzogen.
- **Füße:** Die Füße sind oft gedrungen und haben einen großen Zwischenraum zwischen der ersten und zweiten Zehe.
- **Körpergröße:** Kinder mit Down-Syndrom wiegen bei der Geburt normalerweise weniger als der Durchschnitt, meistens sind sie bei der Geburt auch kleiner. Die endgültige Größe bei Erwachsenen liegt im Allgemeinen unter dem Durchschnitt.

Menschen mit Trisomie 21 haben trotz dieser klar erkennbaren Merkmale mehr Unterschiede als Gemeinsamkeiten und zeigen ganz individuelle Züge. Das trifft nicht nur auf das äußere Erscheinungsbild zu, sondern auch auf das Temperament und die körperlichen und geistigen Fähigkeiten. Das Bild dieser Menschen ist auch im Verhalten recht unterschiedlich. Menschen mit Down-Syndrom können leicht zu führen, aber auch eigenwillig sein. Manche mögen Musik, während andere daran überhaupt kein Interesse zeigen. Manche mögen voller Aktivitäten stecken, während andere wenig aktiv sind. Man kann davon ausgehen, das alle Menschen mit Trisomie 21 eine geistige Behinderung haben, manche mehr, andere weniger. Fazit: Jeder von ihnen ist eine einzigartige Persönlichkeit.

Als Syndrom bezeichnet man im allgemeinen ein Krankheitsbild, das man anhand von mehreren auftretenden Merkmalen erkennen kann. Oft werden Syndrome nach demjenigen benannt, der sie zuerst beschreibt, im Falle vom Down-Syndrom war dies Dr. John Langdon-Down (1828–1896), der als erster die charakteristischen Merkmale zusammenfasste. Ihm war jedoch die Ursache des Zustandes unbekannt. Erst 1959 zeigten Jérôme Lejeune und seine Mitarbeiter in Paris, dass Menschen mit Down-Syndrom ein zusätzliches Chromosom besitzen.

Auf annähernd 700 Geburten kommt durchschnittlich ein Kind mit Down-Syndrom, mit höherem Alter der Eltern steigt die Chance, ein Kind mit Down-Syndrom zu bekommen.

Ursache von Trisomie 21

Der menschliche Körper besteht aus winzigen Zellen. Jede Zelle trägt in ihrem Kern das Erbmaterial, das jeder Mensch von seinen Eltern geerbt hat. Jeder Zellkern enthält annähernd 100 000 Gene. Die Gene liegen nicht frei im Kern, sondern sind wie Perlen auf Schnüren aufgereiht, diese Ketten nennt man Chromosomen. Jede Körperzelle des Menschen enthält 46 Chromosomen. Diese bilden 23 Paare, wobei das eine Chromosom eines Paares von der Mutter stammt und das andere vom Vater. Jedes Mal, wenn sich eine Körperzelle teilt, erhalten die neugebildeten Zellen wieder den vollständigen Chromosomensatz, also 46 Stück.

Die einzigen menschlichen Zellen, die sich hiervon unterscheiden, sind die Keimzellen: die Ei- und die Samenzellen. Sie enthalten nur 23 Chromosomen. Bei der Befruchtung verschmelzen Ei- und Samenzelle, und die neu entstandene Zelle (Zygote) hat wieder 46 Chromosomen.

Das Down-Syndrom entsteht durch ein zusätzliches Chromosom bzw. durch einen zusätzlichen Chromosomen-Abschnitt. Die Zellen von Menschen mit Down-Syndrom enthalten drei Chromosomen 21. Da die Gene, die auf Chromosom 21 liegen, in dreifacher Ausführung vorhanden sind, werden bestimmte Proteine in einer übermäßigen Menge produziert. Wenn sich der Fetus mit Down-Syndrom entwickelt, teilen sich die Zellen seines Körpers nicht so schnell wie normalerweise, deshalb sind die Kinder oft kleiner bei der Geburt als der Durchschnitt der anderen Neugeborenen. Das zusätzliche Chromosom verringert die Überlebenschance des Fetus, viele Schwangerschaften enden daher mit einer Fehlgeburt.

Alle Kinder mit Down-Syndrom haben das Chromosom 21 dreimal. Aber je nachdem, ob nur ein Teil vom Chromosom 21 oder das gesamte Chromosom zusätzlich vorhanden ist und ob die verantwortlichen Gene in jeder Zelle zu oft vorkommen, unterscheidet man drei Formen des Down-Syndroms: die freie Trisomie 21 (Häufigkeit 95 %), die Translokationstrisomie (Häufigkeit 4 %), und das Trisomie-21-Mosaik (Häufigkeit 1 %).

Die Entwicklung des Down-Syndroms in den ersten Lebensjahren

In den ersten fünf Lebensjahren entwickeln sich Kinder mit Down-Syndrom ähnlich wie nichtbehinderte Kinder, allerdings etwa im halben Tempo.

Die geistige Entwicklung (z. B. Wachheit) verläuft bei den meisten Kindern während der ersten drei Lebensjahre schneller als ihre motorische (z. B. Laufen). Nach dieser Zeit holen sie im motorischen Bereich auf. Auch hier gilt es zu betonen, dass die Unterschiede zwischen den Entwicklungsverläufen der einzelnen Kinder sehr groß sind.

Kinder mit Down-Syndrom brauchen mehr Zeit als nichtbehinderte, bevor sie auf angebotene Reize reagieren können. Es ist zu vermuten, dass Erwachsene häufig ihre Erwartungen auf eine Reaktion des Kindes zu früh aufgeben. Das kann zu einem Verlust an Lern- und Übungssituationen und positiven Erfahrungen, aber auch zu einer bequemen und eher resignativen Einstellung des Kindes führen.

Kinder mit Down-Syndrom reagieren bereits auf geringfügige Überforderung sehr empfindlich. Während die Kleinkinder häufig ihre Aufmerksamkeit vorzeitig abbrechen, reagieren größere darauf eher mit ausweichendem Verhalten. Es bedarf also eines großen Einfühlungsvermögens von Seiten der Erwachsenen: Ausreichend Zeit, viel Geduld und Aufmerksamkeit, um dem Kind seinen Fähigkeiten entsprechend Anregungen zu bieten, sind wichtige Voraussetzungen, um ein befriedigendes Zusammenleben für beide Seiten zu ermöglichen.

Vorsorgeuntersuchungen bei Menschen mit Down-Syndrom

Zur Unterstützung der Entwicklung werden folgende Vorsorgeuntersuchungen empfohlen:

Neugeborenenperiode
- Herzschall, EKG (Herzfehler)
- Ultraschalluntersuchungen von Nieren, Hüfte, Darm, Schädel (Fehlbildungen)
- Blutuntersuchungen (Blutbild, z. B. leukämoide Reaktion, Schilddrüsenhormone, Chromosomenanalyse)
- augenärztliche Untersuchung (Katarakt)

Säuglingsalter
- allgemeine Vorsorgeuntersuchungen, Entwicklungsneurologie
- Augenarzt (Nystagmus, Schielen, Bindehautentzündungen, Lidentzündungen)
- HNO bzw. Pädaudiologe → BERA (Hörstörung)
- kardiologische Untersuchung (kleinere Herzfehler)
- Ulltraschalluntersuchung der Hüftgelenke (mindestens noch 1 ×) („Reifungsverzögerung")
- Impfungen

Kindesalter bis Pubertät
- allgemeine Vorsorgeuntersuchungen, Entwicklungsneurologie
- Kontrolle der Wachstumsentwicklung
- HNO-Untersuchungen einschließlich Hörtest (Polypen, Mittelohrentzündungen und -ergüsse), mindestens 1 × jährlich
- augenärztliche Untersuchung (s. o.), mindestens 1 × jährlich
- Schilddrüsentest (Blut) (erworbene Schilddrüsenunterfunktion)

- zahnärztliche bzw. kieferorthopädische Untersuchung (Karies, Kieferfehlentwicklung)
- gegebenenfalls Orthopäde (Knie, Hüfte, Wirbelsäule, Füße; Röntgen der Halswirbelsäule)

Jugendlichen- und Erwachsenenalter
- allgemeine und neurologische Untersuchung
- Kardiologe (erworbene Herzfehler)
- Augenarzt (alle 2 Jahre)
- HNO-Arzt (alle 2 Jahre)
- Orthopäde (alle 2 Jahre)
- Schilddrüsentest (alle 2 Jahre)
- Zahnarzt (halbjährlich)

Mukoviszidose

Die Mukoviszidose oder zystische Fibrose ist die häufigste vererbte Stoffwechselkrankheit in der Bundesrepublik Deutschland. Ungefähr 8000 Kinder, Jugendliche und junge Erwachsene leiden an dieser unheilbaren Erbkrankheit. Fünf Prozent der Bevölkerung, also rund vier Millionen Menschen, sind Merkmalsträger, ohne es zu wissen. Jedes Jahr werden etwa 400 Kinder mit Mukoviszidose geboren. Sie erreichen längst nicht alle das Erwachsenenalter.

Ursachen, Ausprägungen und Diagnose

Die Ursache für Mukovsizidose ist ein Fehler im Erbgut auf dem Chromosom 7. Über 500 Mutationen dieses Chromosomenabschnitts sind mittlerweile bekannt. Sie führen dazu, dass ein zäher Schleim eine Reihe lebenswichtiger Organe verstopft: vor allem die Lunge, die Bauchspeicheldrüse, die Leber und den Darm. Der Schleim in der Lunge ist ein hervorragender Nährboden für Bakterien. Die Entzündungen zerstören das Lungengewebe.

Der Verdacht auf Mukovsizidose besteht, wenn ein Kind ständig an Husten leidet und bereits im Säuglingsalter an Lungenentzündung erkrankt. Weitere Merkmale sind starkes Untergewicht und Verdauungsprobleme. Eine eindeutige Diagnose liefert der „Schweißtest": Der Schweiß des Mukoviszidose-Patienten ist besonders salzhaltig.

Therapieformen

Erst in unserem Jahrhundert wurde die Mukoviszidose als eigenständige Krankheit beschrieben und definiert. Seit Wissenschaftler den fehlerhaften Abschnitt im Erbgut entdeckten, suchen sie nach neuartigen, lebensrettenden Behandlungsformen. Ihre Erfolge der letzten Jahre deuten darauf hin, dass in Zukunft eine „Gentherapie" der Mukoviszidose möglich ist.

Mukoviszidose-Patienten müssen ihr ganzes Leben lang Medikamente einnehmen: Antibiotika, Enzyme der Bauchspeicheldrüse und schleimverflüssigende Wirkstoffe. Sie müssen regelmäßig inhalieren und täglich spezielle Atemtherapien, krankengymnastische

Übungen und Klopftherapien durchführen, um den zähen Schleim in den Atmungsorganen zu lockern und zu entfernen.

Je früher Mukoviszidose erkannt wird, desto größer sind die Aussichten, die schlimmsten Folgen zu verhindern oder wenigstens hinauszuzögern.

Die Lebenserwartung

Dank fortgeschrittener Therapien und immer früherer Diagnostik haben die Patienten heute eine weit höhere Lebenserwartung als noch vor 15 Jahren. 1980 lag das erreichte Durchschnittsalter der Mukoviszidose-Patienten bei acht Jahren, nur einer von hundert wurde volljährig. Heute werden Betroffene im Schnitt 35 Jahre alt. Neugeborene haben aufgrund besserer Therapiemöglichkeiten eine Lebenserwartung zwischen 45 und 50 Jahren.

Tourette-Syndrom

Das Tourette-Syndrom ist eine neuropsychiatrische Auffälligkeit, die von dem französischen Neurologen Gilles de la Tourette 1885 erstmals beschrieben wurde. Es gibt verschiedene Formen und unterschiedliche Auffälligkeiten. Die als sogenannte Tics bezeichneten Auffälligkeiten sind im motorischen und vokalen Bereich sichtbar und sind nicht kontrollierbar oder beeinflussbar. Der Krankheitsverlauf beginnt häufig mit dem siebten Lebensjahr und hält bis zum Lebensende an. Die Krankheit ist unabhängig vom Alter und vom Geschlecht.

Obwohl der genaue Grund der Krankheit noch nicht geklärt ist, scheint die Ursache eine Stoffwechselstörung im Gehirn zu sein. Überträgerstoffe (Transmitter) können ihre Aufgabe der Informationsverteilung im Gehirn nicht mehr ganz erfüllen, sodass hierdurch Störungen in verschiedenen Bereichen auftreten (Bewegung, Sprache). Die Folge sind Überaktivitäten bzw. Überreaktionen in den betroffenen Bereichen.

Die Krankheitsverläufe sind von Betroffenem zu Betroffenem sehr unterschiedlich, nehmen aber mit dem Alter zu.

Die Symptome sowie Anzeichen sind sehr individuell, es lassen sich aber überwiegend Tics im Gesichtsbereich diagnostizieren. Augenzwinkern sowie Zusammenkneifen der Augen, willkürliches Mundöffnen und -schließen und verschiedenste vokale Äußerungen sind deutlich sicht- und hörbare Anzeichen. Im motorischen Bereich treten noch Armkreisen und Muskelzuckungen der Beine auf.

Diese nicht kontrollierbaren Handlungen und vokalen Äußerungen können nur zu einem geringen Teil von den Betroffenen unterdrückt werden. Die Unterdrückung ist aber nicht sinnvoll, da sie häufig zu einer Selbstverletzung der Betroffenen führt.

Es gibt verschiedene Arten von Tics, die sich wie folgt zeigen:

Motorische Tics:
- kurz und knapp oder auffällig und komplex
  (Augenblinzeln, Grimassen, Hüpfen, Klatschen)

- Echopraxie: Nachahmung von Bewegungen und Handlungen
- Kopropraxie: Obszöne Gesten und Handlungen
- Touching: unwillkürliche Berührungen von Personen und Sachen

Vokale Tics:
- Töne, Laute oder komplexe Wortgruppen und Sätze
- Echolalie: Wiederholen von Wörtern und Sätzen
- Palilalie: Wiederholen von eigenen Wörtern und Sätzen
- Koprolalie: Aussprechen von Schimpfwörtern wie auch von Sexualwörtern oder Sätzen

Im Bereich der Therapie versucht man mithilfe von Medikamenten die Krankheit zu kontrollieren. Durch diese Medikamente werden die Symptome reduziert, sodass ein überwiegend normales Leben der Betroffenen stattfinden kann. Die Medikamente greifen das Nervensystem der Betroffenen an und können zu einer Verschlechterung des Gesundheitszustandes führen.

Durch Entspannungstechniken und Verhaltenstherapie sollen die Menschen mit Tourette-Syndrom lernen, mit der Krankheit zu leben. Eine Heilung der Krankheit ist zur Zeit nicht möglich.

4.6 Die Lebenswelt von Menschen mit Behinderung

Der Begriff der Lebenswelt ist in der Soziologie und der Erwachsenpädagogik schon lange gebräuchlich. Er geht auf den Phänomenologen Edmund Husserl (1859–1939) zurück. Er stellt dem Begriff die lebensweltliche Einstellung zur Seite. Das bedeutet, dass man die Bereiche, in denen der Mensch lebt, nur verstehen kann, wenn man die Einstellung des Menschen zu seiner Umgebung kennt.

Edmund Husserl,
1859–1939

Jürgen Habermas,
geb. 1929

Nach Habermas, einem Philosophen und Soziologen, sollte jede Lebenswelt drei Aspekte beinhalten:
- Vorrausetzungen für Interaktion,
- Möglichkeiten zur sozialen Integration und
- ein soziales Klima, das die Identitätsbildung fördert.

Die Lebenswelten eines Menschen mit Behinderung sind sehr vielfältig. Wenn man diesen Menschen verstehen will, muss man seine Einstellung zu den Dingen des Lebens kennen. Für den Beruf der Sozialhelferin ist es auch wichtig zu wissen, wie sich der

Mensch mit Behinderung seine Lebenswelten erschließt. Jeder entdeckt die Welt auf seine Weise und mit unterschiedlichen Sinnen. Ist ein Mensch aufgrund seiner Behinderung in seinen Möglichkeiten der Wahrnehmung eingeschränkt, bleiben ihm einige Dinge verborgen. Ein blinder Mensch kann die Gestalt von bestimmten Gegenständen mit dem Auge nicht erkennen und Entfernungen nicht einschätzen. Ein gehbehinderter Mensch kann nur schwer die Dinge in seinem weiteren Umfeld erfahren.

Bei der Lebensbegleitung von Menschen mit einer geistigen Behinderung geht es nicht nur darum, die Bedürfnisse des Menschen zu realisieren, sondern seine Lebenswelt gemeinsam mit ihm zu erfahren und zu erweitern.

Die untenstehende Grafik gibt einen Überblick über die verschiedenen Lebenswelten der Menschen mit Behinderung.

Bereiche der Lebenswelt junger Menschen mit Behinderung (vgl. Stadler, 1998, S. 198)

Aufgaben

1. Überlegen Sie, wie Sie jemandem erklären würden, was ein Ei ist.
2. Welche Bereiche der Wahrnehmung benutzen Sie bei der Beschreibung?
3. Wie würde ein blinder Mensch das Ei beschreiben?
4. Erarbeiten Sie sich die Lebenswelten von Menschen mit Behinderung mithilfe der Arbeitsblätter im Arbeitsheft.
5. Wie haben Sie sich die Lebenswelt Schule zu eigen gemacht? Welche Bereiche der Wahrnehmung waren Ihnen dabei hilfreich?

Der Mensch ist in vielen Lebenswelten zu Hause, davon wollen wir uns vier Lebenswelten genauer anschauen.

4.6.1   Lebenswelt Arbeit

Arbeit war und ist in unserer Gesellschaft für viele Menschen Sinngebung und Erfüllung. Der Arbeitslast steht der Bereich der Freizeit, des Konsums und der Unterhaltung gegenüber. Eine realistische Vorbereitung auf das Erwachsenenleben muss der beherrschenden Stellung von Beruf und Arbeit im menschlichen Leben Rechnung tragen. Trotz hoher Arbeitslosigkeit ist unsere gegenwärtige Gesellschaft immer noch von der Teilnahme möglichst vieler Menschen im erwerbsfähigen Alter am Berufs- und Wirtschaftsleben geprägt. Diese allgemeinen Thesen gelten auch für Menschen mit Behinderung und ermöglichen ihnen, ein weitestgehend selbstbestimmtes Leben zu führen.

Die freie Berufswahl ist in Deutschland ein Grundrecht (Artikel 12 GG), das jedem Menschen zusteht und das neben der Erziehung ein wesentliches Element der Persönlichkeitsentwicklung darstellt. Das Benachteiligungsverbot in Artikel 3 des Grundgesetzes und die Tatsache, dass viele Menschen mit Behinderung Schwierigkeiten haben, auf dem ersten Arbeitsmarkt einen angemessenen Arbeitsplatz zu finden, verpflichtet den Staat, für diese Menschen einen Arbeitsplatz einzurichten. Ziel aller Maßnahmen ist eine **Normalisierung** des Lebens von Menschen mit Behinderung, das sich von den Formen des Lebens, Arbeitens und Wohnens, die in der Gesellschaft vorherrschen, nur insoweit abhebt, als es durch die Auswirkungen der Behinderung bedingt ist.

Neben den speziellen Angeboten für Menschen mit Behinderung verpflichtet der Staat auch die öffentlichen und privaten Arbeitgeber, Stellen für Menschen mit Behinderungen anzubieten (Schwerbehindertengesetz § 11).

Private und öffentliche Arbeitgeber, die über mindestens 16 Arbeitsplätze verfügen, müssen wenigstens sechs Prozent Schwerbehinderte beschäftigen (Beschäftigungspflicht, § 5 Schwerbehindertengesetz). Für jeden unbesetzten Pflichtplatz ist eine Ausgleichsabgabe von monatlich ca. 100,00 EUR zu entrichten. Die Zahlung dieser Abgabe entbindet nicht von der Pflicht, Schwerbehinderte zu beschäftigen.

Die möglichen Wege eines Menschen mit Behinderung in den Beruf stellt das folgende Schaubild anschaulich dar.

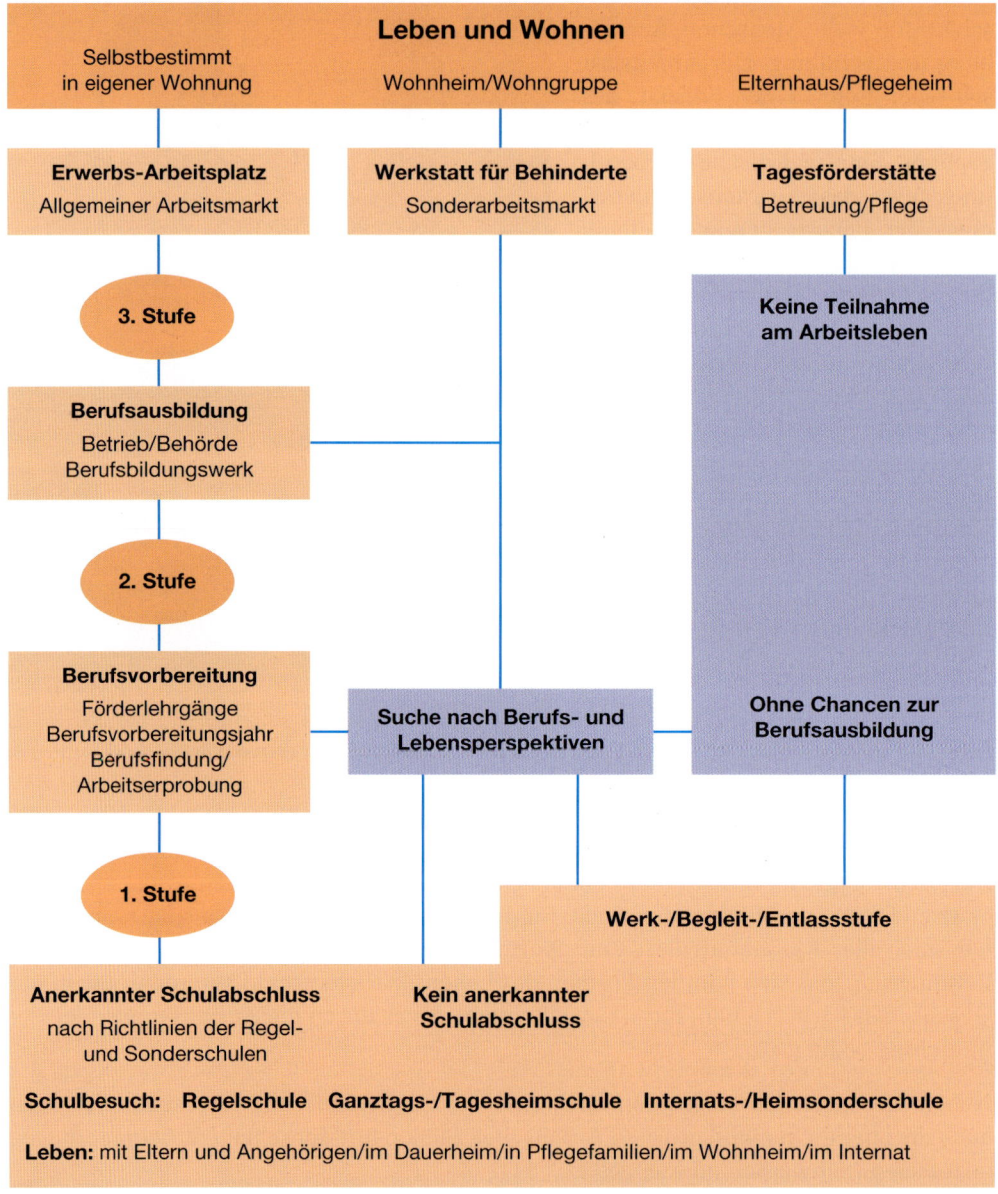

Idealtypische Darstellung der Lebenssituationen und Lebenswege junger Körperbehinderter (Stadler, 1998, S. 195).

Neben der Werkstatt für Behinderte – auf die wir uns im Folgenden beschränken – gibt es noch weitere Einrichtungen (Tagesförderstätte, Berufsbildungswerk, Berufsförderungswerk) in der Lebenswelt von Menschen mit Behinderung.

Die Werkstatt für behinderte Menschen

Aufgabe

Finden Sie durch eine Hospitation heraus, wie eine Werkstatt für behinderte Menschen aufgebaut ist. Das folgende Schema gibt Ihnen dabei einige Anhaltspunkte.

Werkstatt für behinderte Menschen

Vermittlung auf dem allgemeinen Arbeitsmarkt

Übergangsformen (z. B. Außenarbeitsplätze in Betrieben) **Nachgehende Betreuung Begleitende Hilfen Förderungs- möglichkeiten für Arbeitgeber**

Arbeitsbereich
Behinderungsgerechte Formen produktiver Beschäftigung (angeleitet durch Fachkräfte und Betreuer) **Arbeitsentgelt Unfall-, Kranken-, Pflege- und Rentenversicherung**

Abteilung für Schwerst- und Schwermehrfach- behinderte oder **Tagesförderstätte** (falls Beschäftigung im Arbeitsbereich nicht möglich ist)

Begleitende Dienste (Reha-Fachdienste)

Ärztlicher Dienst

Psychologischer Dienst

Sozialdienst

Berufsbildungsbereich
Vorbereitung auf Arbeitsbereich oder allgem. Arbeitsmarkt **Aufbaukurs 12 Monate Grundkurs 12 Monate**

Andere Reha-Einrichtungen
falls Voraussetzungen für Aufnahme fehlen

Eingangsverfahren
(meist 4 Wochen, maximal 3 Monate) Kärung, ob und welche Beschäftigung möglich ist)

Zugang
Voraussetzungen
Mindestmaß wirtschaftlich verwertbarer Arbeitsleistung, kein außerordentlicher Pflegebedarf, keine Gefährdung anderer oder der eigenen Person: hinsichtlich Art und Schwere der Behinderung keine Einschränkung
Vermittlung
bei beruflicher Ersteingliederung über die Berufsberatung für Behinderung

(Socialnet GmbH, 2009)

Die Werkstatt für behinderte Menschen (WfbM) ist eine Einrichtung zur Eingliederung von Menschen mit Behinderung in das Arbeitsleben. Sie bietet Personen, die wegen Art oder Schwere einer Behinderung nicht, noch nicht oder nicht mehr auf dem allgemeinen Arbeitsmarkt erwerbstätig sein können, einen Arbeitsplatz oder Gelegenheit zur Ausübung einer geeigneten Tätigkeit.

Die Aufgaben der WfbM sind im Neunten Buch des Sozialgesetzbuchs (SGB IX) und in der Werkstättenverordnung (WVO) definiert. Ziel ist es, dem Personenkreis durch Berufsbildende und arbeitspädagogische Angebote in einem angepassten Arbeits- und Bildungsprozess eine Entwicklung, Erhaltung oder Erhöhung der Leistungsfähigkeit zu ermöglichen sowie, wenn möglich, die Erwerbsfähigkeit wiederzugewinnen. Ziel ist die Vermittlung der behinderten Menschen auf den ersten Arbeitsmarkt. Die Werkstatt muss nach gesetzlicher Vorgabe auch die Persönlichkeit der behinderten Werkstattbeschäftigten entwickeln. Außerdem soll die Werkstatt nach wirtschaftlichen Grundsätzen geführt werden und den Beschäftigten im Arbeitsbereich ein dem Leistungsvermögen angemessenes Arbeitsentgelt zahlen. Die WfbM muss die Voraussetzungen schaffen, dass sie Menschen mit Behinderung aus ihrem Einzugsbereich aufnehmen kann, um eine Rehabilitation in Wohnortnähe zu gewährleisten, und zwar unabhängig von der Art oder der Schwere einer Behinderung. Um entsprechende Möglichkeiten zu bieten, ist eine differenzierte Beschäftigungsstruktur erforderlich. Nach der Werkstättenverordnung soll eine WfbM mindestens 120 Plätze (in der Aufbauphase 60 Plätze) anbieten können. Der Besuch einer WfbM ist freiwillig („Wunsch- und Wahlrecht“) und der Zugang ist durch ein spezielles Verfahren geregelt.

Die Arbeitsplätze entsprechen in ihrer Ausstattung, soweit wie möglich, denjenigen auf dem allgemeinen Arbeitsmarkt und berücksichtigen die behinderungsbedingten Möglichkeiten der Werkstattbeschäftigten.

Die Kosten für das Eingangsverfahren und den Berufsbildungsbereich übernehmen in der Regel die Arbeitsverwaltung und für den Arbeitsbereich der Sozialhilfeträger.

4.6.2 Lebenswelt Wohnen

Wohnen ist eines der elementaren Bedürfnisse des Menschen. Allerdings hat jeder Mensch andere Vorstellungen vom Wohnen.

Aufgaben

1. Sammeln Sie Argumente für die Wohnlage Stadt oder Land.
2. Wie sollte die Wohnung/das Haus aussehen, in der/dem Sie Ihr Leben verbringen wollen?
3. Wo ist für Sie der Unterschied zwischen Zuhause und wohnen?
4. Welche Einrichtung sollte Ihre Wohnung haben?

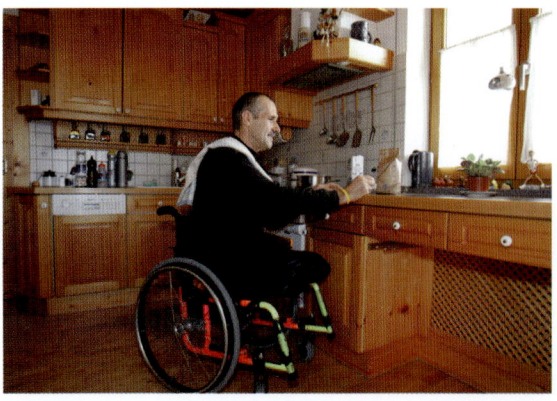

„Wohnen heißt zu Hause sein: Geistig behinderte Erwachsene haben Anspruch auf ein eigenes Zuhause. Sie müssen die Möglichkeit haben, ihr Elternhaus im selben Alter zu verlassen wie andere junge Leute auch. Wohnen bedeutet nicht nur Versorgung, Unterkunft und Verpflegung, sondern Geborgenheit und Eigenständigkeit, Privatheit und Gemeinschaft, die Möglichkeit des Rückzugs und Offenheit nach außen. Menschen mit geistiger Behinderung sollen so normal wie möglich leben können und dazu jede Hilfe bekommen, die sie brauchen. Aus dieser Forderung ergibt sich die Notwendigkeit eines differenzierten Wohnangebots. Dabei kann es sich um möglichst kleine Gruppen in einem Haus, einzelne Wohngemeinschaften oder Wohnungen für Paare und gelegentlich auch Einzelpersonen handeln. (…) Grad der Selbstständigkeit und persönliche Wünsche sind ausschlaggebend für die Wahl der Wohnform. Der einzelne muss seine Wohnsituation weitgehend mitgestalten können. Das betrifft Mitspracherechte ebenso wie die Möglichkeit, allein zu sein oder mit einem Partner zusammenzuleben. Unabhängig von Art und Schwere der Behinderung und unabhängig davon, ob die Eltern die Betreuung noch leisten können, soll jeder, der nicht mehr in seiner Familie leben kann oder möchte, die Möglichkeit haben, seinen Wünschen entsprechend in einer Gemeinde mit guter Infrastruktur zu wohnen und dort sein ganzes Leben zu bleiben."   *(Bundesvereinigung Lebenshilfe, 1990, S. 25 f.)*

Während Menschen ohne Behinderung nur durch die finanziellen Mittel und den Wohnungsmarkt begrenzt sind, ist das Wohnangebot für Menschen mit einem geringen Grad an Selbstständigkeit durch das Angebot von freien und staatlichen Trägern festgelegt.

Folgende Organisationen arbeiten in der Behindertenhilfe und bieten dementsprechend auch verschiedene Wohnformen.

Träger der Behindertenhilfe

Öffentliche Träger	Private Träger	Freie Träger

– Gemeinde/Stadt
– Kreis
– Land
	– Privatpersonen
	– Vereine,
	  z. B. Lebenshilfe
	– Stiftungen
	– GmbH
		– Diakonisches Werk
		– Deutscher Caritasverband
		– Deutscher Paritätischer
		  Wohlfahrtsverband
		– Arbeiterwohlfahrt
		– Deutsches Rotes Kreuz
		– Zentralwohlfahrtsstelle der
		  Juden in Deutschland

Aufgaben

1. Finden Sie heraus, welche Träger Einrichtungen der Behindertenhilfe in Ihrer Nähe betreiben.
2. Informieren Sie sich über die Träger.
3. Wie sehen die Träger den Menschen mit Behinderung?

Das oberste Ziel der Behindertenhilfe ist es, den Menschen in seiner Selbstständigkeit zu fördern. Deshalb streben neue Ansätze der Behindertenhilfe den Verbleib des Kindes in der Familie und ein möglichst selbstbestimmtes Wohnen des erwachsenen Behinderten an. Diese Idee entspricht dem Normalisierungsprinzip und dem Assistenzgedanken.

Aus der Geschichte der Behindertenhilfe ist bekannt, dass die Versorgung des Menschen mit Behinderung außerhalb der Familie stattfand. Es entstanden erste, überwiegend vom christlichen Menschenbild geprägte Wohneinrichtungen mit großen Schlafsälen. Die Namen der Einrichtungen lauteten damals z. B. „Heil- und Pflegeanstalt für Schwachsinnige". Das Euthanasieprogramm in der Zeit des Nationalsozialismus führte dazu, dass viele der Bewohner in eigens eingerichteten Vernichtungslagern getötet wurden.

Die Nachkriegsphase war geprägt vom Aufbau der Großeinrichtungen, bis in den 1960er-Jahren eine neue Wohnheimphase den Bau von kleinen Einrichtungen mit Werkstätten förderte. Heute stehen der Gedanke der Assistenz und die ambulante Betreuung bei der Erstellung von Wohnraum für Menschen mit Behinderung im Vordergrund.

Neben dem Wohnen in der Herkunfts- oder Pflegefamilie gibt es auch die Möglichkeit, eine eigene Wohnung zu beziehen.

Der größte Teil der Menschen mit Behinderung lebt aber in folgenden Wohnformen:

- Wohnheim
- Außenwohngruppe
- Trainingswohnung
- Wohngemeinschaften

Neben den traditionellen Großwohnheimen (80–200 Bewohner) mit einem großen Außengelände und mit vielen wohnbereichsnahen Therapie- und Freizeitmöglichkeiten werden heute überwiegend Wohnheime mit maximal 30 Plätzen gebaut. Diese Wohnheime liegen häufig sehr zentral in Wohngebieten. Dadurch haben die Bewohner die Möglichkeit, am Gemeinde- bzw. Stadtleben teilzunehmen.

Auch die Großeinrichtungen versuchen über Außenwohngruppen im Innenstadtbereich oder in Wohngebieten ein zeitgemäßes Angebot für ihre Bewohner aufzubauen.

Die Bewohner einer Außenwohngruppe haben ein hohes Maß an Selbstständigkeit erreicht, sodass sie viele Leistungen der Grundversorgung aus dem „Hauptwohnheim" nicht mehr benötigen, aber auf Förder- und Betreuungsangebote angewiesen sind.

In der Trainingswohngruppe werden die Bewohner auf die Verselbstständigung vorbereitet. Die Wohnung wird vom Träger bereitgestellt, der die Menschen durch gezielte Angebote auf ein selbstbestimmtes Wohnen unabhängig vom Träger vorbereitet.

Ein spezielles Angebot sind die Dorf- oder Wohngemeinschaften. Sie werden überwiegend von religiös motivierten Gruppen angeboten. Ein Beispiel hierfür ist die Camphillgemeinschaft. Hier leben Familien mit Menschen mit Behinderung unter einem Dach. Häufig gibt es im Dorf noch verschiedene überwiegend anthroposophisch ausgerichtete Angebote und eine Werkstatt. Ziel ist die Bereitstellung einer geschützten Lebenswelt mit dem Ziel einer heilenden Wirkung.

4.6.3 Lebenswelt Bildung

Bildung ist ein in unserer Gesellschaft festgelegtes Grundrecht. Dieser Begriff ist aber sehr schwierig zu bestimmen. Die Bildung eines Menschen ist nicht unbedingt abhängig von den formalen schulischen Abschlüssen.

Aufgaben

1. Bestimmen Sie, wann für Sie ein Mensch gebildet bzw. ungebildet ist.
2. Welche Merkmale gehören zur Bildung?
3. Definieren Sie die Begriffe Bildung, Erziehung, Lernen und Wissen.

Da der Kindergarten laut Gesetz einen eigenständigen Erziehungs- und Bildungsauftrag hat, gibt es hier bereits Ansätze einer institutionalisierten Bildung. Heute sind viele Regelkindergärten integrativ ausgerichtet und ermöglichen somit vielen behinderten Kindern eine wohnortnahe Förderung (genauere Angaben zu den Regeleinrichtungen siehe Lernfeld Kind und Familie).

Obwohl die Normalisierungskampagne die Einrichtung von Sonderkindergärten infrage stellt, gibt es seit Beginn der 1960er-Jahre diese Einrichtungen der Behindertenhilfe, um geistigbehinderte, körperbehinderte, sprachbehinderte, blinde und gehörlose Kinder angemessen und durch spezielles Fachpersonal zu fördern.

Nach der Kindergartenzeit erfolgt für alle Kinder der Übergang in das Schulsystem. Heute spielt der Integrationsgedanke im Bildungswesen eine immer stärkere Rolle. In Nordrhein-Westfalen ist es für viele Kinder mit Behinderung möglich, eine Regelgrundschule zu besuchen.

Wo diese Art der Förderung nicht möglich oder sinnvoll ist, wird das Kind in eine an die Behinderung angepasste Sonderschule aufgenommen. Der Aufbau der Sonderschule für geistig Behinderte wird exemplarisch dargestellt.

Förderschule für geistige Entwicklung in Haus Hall

Der Schulleiter der Förderschule für geistige Entwicklung in Haus Hall, Johannes Nondorf, fasst deren Aufgabe und Selbstverständnis wie folgt zusammen:

> *„Pädagogischer Auftrag der Schule ist es, durch wirklichkeitsnahes und handelndes Lernen die Schüler entsprechend ihren individuellen Möglichkeiten zu fördern mit dem Ziel, sie zum Leben in der Gemeinschaft zu befähigen."* (Nonndorf, Vortrag)

Aufnahmeverfahren

Seit der Einführung der gesetzlichen Schule für geistig Behinderte im Jahre 1971 wird die Aufnahme in die Sonderschule durch Antragstellung der Eltern und/oder des schulpsychologischen Dienstes bzw. eines Facharztes eingeleitet. Das über den Antrag befindende Schulamt zieht als Entscheidungshilfe ein sonderpädagogisches Gutachten heran, das aus den Teilen Anamnese, Schulleistungsprüfung und verschiedenen Testergebnissen besteht.

Aufnahmekriterien

- Der körperliche Gesamtzustand lässt die Teilnahme an der Mehrzahl der schulischen Veranstaltungen zu.
- Der Allgemeinzustand macht keine ständige medizinische Pflege notwendig.
- Angebahnte Selbstständigkeit bei der Nahrungsaufnahme.
- Fortbewegungsfähigkeit/Transportierbarkeit.
- Kontaktaufnahme und Zuwendung möglich.
- Für den oberen Grenzbereich wird ein Intelligenzquotient (IQ) von ca. 70 angenommen.

Struktur und Ziele der Einrichtung

Vor- und Unterstufe: In der Regel kommen die Kinder aus der Tageseinrichtung für Kinder und werden in der Unterstufe der Sonderschule aufgenommen. Durch gezielte Spielangebote sollen die Kinder gefördert werden und sich ihre Umwelt aneignen.

Mittelstufe: In der Mittelstufe soll das unmittelbare Umfeld des Kindes (Familien-, Wohn- und Nachbarschaftsbereiche) durch aktivierendes Lernen erschlossen werden.

Oberstufe: Hier erfolgt die Erschließung sachgebundener Aufgabenbereiche, d. h. die Erweiterung, Gliederung, Vertiefung und praktische Festigung der Erfahrungswelt des Kindes durch werkgerichtetes Lernen.

Berufspraxisstufe: Die Abschlussstufe soll den Wechsel in weiterführende Einrichtungen verbessern. Die praktischen Fähigkeiten, Fertigkeiten und Kenntnisse der Schüler werden durch Angebote im Werkunterricht gefördert. Hospitationen in Nachfolgeeinrichtungen wie z. B. der Werkstatt für Behinderte bereiten auf die nachfolgenden Einrichtungen vor.

In der Sonderschule für geistig Behinderte gibt es kein Wiederholen der einzelnen Stufen. Der Übergang von einer Stufe zur anderen vollzieht sich nach den Kriterien des Alters, des Sozialverhaltens und des seelisch körperlichen Befindens. Die Prinzipien des projektorientierten und fächerübergreifenden Lernens unter ganzheitlichen Aspekten sind kennzeichnend für die hier gewählte Unterrichtsform. Es wird daher kaum fachspezifischer Unterricht durchgeführt.

4.6.4   Lebenswelt Freizeit

Der Freizeitmensch

> So wurde die Welt mit den Menschen und Tieren von Gott geschaffen. Am siebten Tag vollendete Gott das Werk, das er geschaffen hatte, und er ruhte sich am siebten Tag aus, nachdem er alles vollbracht hatte. Gott segnete den siebten Tag und erklärte ihn für heilig, denn an ihm ruhte Gott, nachdem er das ganze Werk der Schöpfung vollendet hatte. Jetzt brauchte er dringend Freizeit. Sechs Tage lang arbeiten ist genug. Er war nicht erschöpft, seine Ruhe war kein Ausruhen. Er legte nur die Arbeit beiseite und begann, über alles nachzudenken. Am siebten Tag tat Gott nichts anderes, als Gott zu sein. Er fand die Idee gut und gab sie dem Menschen als drittes Gebot mit auf den Weg.
>
> *(Verfasser unbekannt)*

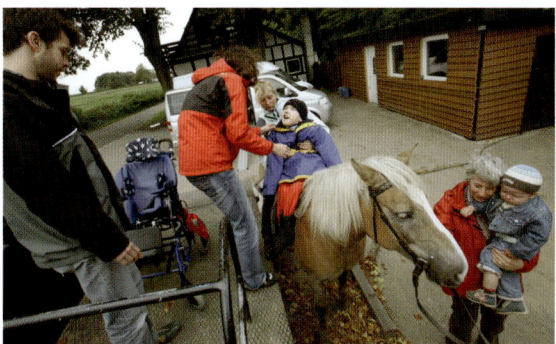

Wenn man heute eine Definition von Freizeit sucht, so ist sie geprägt von der Abgrenzung zur Arbeit. Der Begriff Freizeit wird im Allgemeinen als Komplementärbegriff zur Arbeitszeit benutzt. Bei näherer Eingrenzung ist Freizeit die dem Einzelnen zur Verfügung stehende Zeit, die weder Erwerbstätigkeit noch Regeneration der Arbeitsfähigkeit ist. Letzteres bedeutet in erster Linie Essen und Schlafen, aber ob nun jemand sein Fitness-Training als Regeneration von Arbeitsfähigkeit bezeichnet oder als Freizeitbeschäftigung, bleibt letztlich doch jedem selbst überlassen. Die Grenzen zwischen Freizeit und Arbeitszeit sind deshalb fließend und müssen von jedem selbst bestimmt werden.

Wie nichtbehinderte haben auch Menschen mit Behinderungen ein Bedürfnis nach Freizeit. Da die oftmals stereotypen und monotonen Tätigkeiten am Arbeitsplatz schnell zu einer Ermüdung führen, hat die Freizeit sogar einen sehr hohen Stellenwert. Menschen

mit einer geistigen Behinderung sind aber aufgrund ihrer Beeinträchtigungen auf Begleitung angewiesen. Der Behinderte soll durch Sozialhelferinnen oder Heilerziehungspflegerinnen angeregt werden, seine Freizeit sinnvoll zu nutzen. In der Regel herrschen jedoch passive Beschäftigungen vor, wie Fernsehen oder Ähnliches. Dadurch wird oft Langeweile erlebt. Viele Menschen mit einer geistigen Behinderung brauchen Hilfestellung, um die Eigenaktivität anzuregen. Ihre Interessen sollen unterstützt und aufrechterhalten, bisweilen auch alternative Tätigkeiten angeboten werden. Wie alle Menschen hat auch der Mensch mit Behinderung das Recht, einfach nichts zu tun, zu faulenzen. Doch manchmal braucht er auch beim Erlernen von Erholung und Entspannung Begleitung.

Allerdings bietet die Freizeit hervorragende Gelegenheiten für Kontakte zu anderen, auch zu Nichtbehinderten. Im Rahmen von Freizeitangeboten der Familienbildungsstätten oder der Volkshochschulen – auch gemeinsam mit Nichtbehinderten – kann Integration stattfinden.

Die Aktivitäten im Bereich der Freizeit sind so zu gestalten, dass sie die persönlichen Vorlieben eines Menschen berücksichtigen. Wenn Menschen mit Behinderungen an Veranstaltungen von Vereinen oder kulturellen Veranstaltungen teilnehmen, so sollen die kulturellen Hintergründe des Menschen und auch das Alter berücksichtigt werden. Wichtig ist dabei, dass der Mensch mit Behinderung die Entscheidungsfreiheit beibehält, wie lange und mit wem er an der Veranstaltung teilnimmt.

Aufgaben

1. Geben Sie eine eigene Definition von Freizeit.
2. Entwickeln Sie Fragebögen, um das Freizeitverhalten von Gleichaltrigen, Erwachsenen, alten und behinderten Menschen zu erfragen.

4.7 Konzepte in der Behindertenhilfe

4.7.1 Das Normalisierungsprinzip

> *„Normalität ist eine Bezeichnung für diejenigen Verhaltensweisen, die in einer Gesellschaft zu einer bestimmten Zeit als üblich angesehen werden."*
>
> *(Greving/Niehoff, 2009, S. 304)*

Somit ist der Begriff Normalität nicht statisch, sondern von der Zeit, in der man lebt, abhängig. Wesentlich ist bei diesem Gedanken auch die Gesellschaft, in der man lebt, so sind die Verhaltensweisen in Afrika anders als in Mitteleuropa.

Normal stammt von dem lateinischen Wort „normalis", bzw. „norma" und bedeutet soviel wie „nach dem Winkelmaß gemacht" oder „Regel".

Erstmals wurde das Konzept 1959 von Nis Bank-Mikkelsen (Leiter des dänischen Dienstes für Menschen mit geistiger Behinderung) im dänischen Fürsorgegesetz als „Normalisierungsprinzip" formuliert. Der eigentliche Begründer, Bengt Nirje, führte dieses 1968 in die Fachliteratur ein, woraufhin es im Folgejahr als wissenschaftliche Abhandlung („Changing Patterns in Residental Services for the Mentally Retarded") in den USA sowie in Schweden als neuer Gesetzeserlass veröffentlicht wurde. Während der 1960er- und 1970er-Jahre wurde das Normalisierungsprinzip auch in den deutschsprachigen Raum übertragen.

Mit diesem Prinzip sollte erreicht werden, dass große stationäre Einrichtungen abgebaut und dafür halbstationäre und offene Einrichtungen aufgebaut werden. Ebenso wird die ortsnahe Betreuung von Menschen mit Behinderungen durch Rationalisierung, also der zweckmäßigen Gestaltung von Arbeitsabläufen mit dem Ziel, das Verhältnis von Aufwand und Nutzen zu optimieren, und die Modifikation des bis dahin herrschenden Bildes vom Menschen mit Behinderung angestrebt.

Dazu wurde das Prinzip in acht Bereiche gegliedert, nach denen dem Menschen mit Behinderung die „normale" Teilhabe am alltäglichen gesellschaftlichen Leben ermöglicht werden sollte.

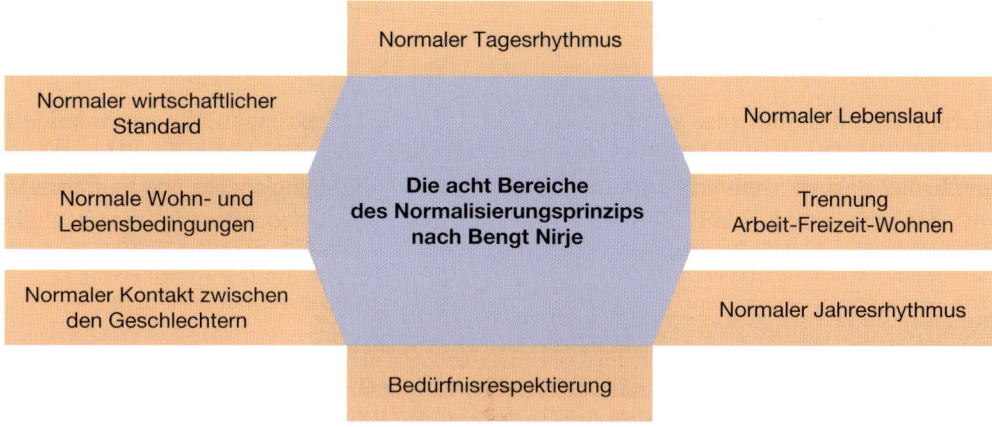

(vgl. Greving/Niehoff, 2009, S. 305)

Normaler Tagesrhythmus

Der Mensch mit Behinderung soll einen normalen Tagesrhythmus erfahren, welcher sich an seinen Bedürfnissen orientiert. (Beispiel: Der Mensch mit Behinderung hat die Möglichkeit, an arbeitsfreien Tagen auszuschlafen.)

Normaler Lebenslauf

Der Mensch mit Behinderung hat die Möglichkeit, einen normalen Lebenslauf zu führen. (Beispiel: Er trägt altersgemäße Kleidung und zieht im Erwachsenenalter aus dem Elternhaus aus.)

Trennung Arbeit-Freizeit-Wohnen

Die Lebenswelten Arbeit, Freizeit und Wohnen sollen von einander getrennt werden. (Beispiel: Der Arbeitsplatz liegt außerhalb der Einrichtung, sodass der Mensch mit Behinderung wie jeder andere auch zur Arbeitsstelle hingeht.)

Normaler Jahresrhythmus

Der Mensch mit Behinderung soll einen normalen Jahresrhythmus erfahren. (Beispiel: Feste wie z. B. Geburtstage, Ostern, Weihnachten werden gefeiert.)

Bedürfnisrespektierung

Respektierung und Schaffung von Raum für die Bedürfnisse von Menschen mit Behinderung. (Beispiel: Jeder hat das Recht, nach seinen Bedürfnissen individuell gefördert zu werden.)

Normaler Kontakt zwischen den Geschlechtern

Dem Menschen mit Behinderung soll ein angemessener Kontakt zwischen den Geschlechtern angeboten werden. (Beispiel: Schaffung geschlechtsheterogener Wohngruppen, in denen es den Menschen ermöglicht wird, sich zurückzuziehen.)

Normale Wohn- und Lebensbedingungen

Der Mensch mit Behinderung soll die Standards der alltäglichen Wohn- und Lebensbedingungen erfahren können. (Beispiel: Die Einrichtung stellt Anschluss-Möglichkeiten durch öffentliche Verkehrsmittel her.)

„Schau zuerst auf meine Stärken und nicht auf meine Behinderung."

Normaler wirtschaftlicher Standard

Ermöglichung eines normalen wirtschaftlichen Standards. (Beispiel: Der Mensch mit Behinderung kann sein verdientes Geld oder das persönliche Budget – ggf. mit Unterstützung – selbst verwalten und bestimmen, wie er dieses ausgibt.)

Durch diese Prinzipien hat der Mensch mit Behinderung, ein „normales" Leben zu erfahren und zu leben. Dadurch, dass er den „Sonderstatus" durch die Normalisierung verliert, wird hier gleichzeitig der Grundbaustein zur Integration gelegt. Normalisierung ist somit der Wegbereiter zur Integration.

Das Ziel dieses Konzepts ist es, der Separation entgegenzuwirken und Chancengleichheit in allen Bereichen des Lebens zu schaffen.

Der Mensch mit Behinderung verliert in diesem Konzept den Status des „Sonderlings". Durch das Aufheben der großen stationären Einrichtungen, die einem Krankenhaus gleichen, erhält er die Möglichkeit auf ein normales Leben. Er kann sich nun behaupten und ganzheitlich ausrichten, also seinen Anspruch auf Akzeptanz, Gleichberechtigung und Partizipation in der Gemeinschaft geltend machen.

Die Einrichtung, in der der Mensch mit Behinderung lebt, kann nun als „Zuhause" betrachtet werden, da der eben erwähnte „Krankenhauscharakter" verlorengeht und dem Menschen mehr Freiheiten und Möglichkeiten geboten werden.

Durch die oben genannten acht Bereiche des Normalisierungsprinzips hat der Mensch die Möglichkeit, sein Leben so „normal" wie jeder andere zu gestalten. Die ihm ermöglichte Teilhabe am gesellschaftlichen Leben wird das vorhandene Menschenbild modifizieren. Er ist nun nicht länger ausgegrenzt, sondern wird mit in das Geschehen einbezogen. Er hebt sich nicht mehr so auffällig von seinem Umfeld ab und erhält Entscheidungs- und Wahlmöglichkeiten. Möchte ein Mensch mit Behinderung beispielsweise in einen Fußballverein, so soll ihm die Möglichkeit geboten werden, diesem Wunsch nachzugehen, indem man ihm ermöglicht, einen Verein außerhalb der Einrichtung etc. zu besuchen.

Der professionelle Helfer tritt hiermit in eine neue Rolle ein. Er ist nicht mehr dafür verantwortlich, den Menschen mit Behinderung nach dem Motto „satt und sauber" zu betreuen, sondern er ist dafür verantwortlich, dem Menschen die Gleichberechtigung zu ermöglichen, indem er nach den aufgestellten acht Bereichen des Normalisierungsprinzips handelt und dem Menschen hilft, sein Leben zu strukturieren.

Er handelt zunehmend als Betreuer anstelle eines reinen Pflegers, da die Individualität des Menschen geachtet wird.

Das Auflösen der großen stationären Einrichtungen und die damit verbundene Herstellung offener Einrichtungen ist deutlich zu erkennen. Es gibt immer mehr Außenwohngruppen etc., in welchen die Menschen mit Behinderung so normal wie möglich ihr Leben gestalten.

Die Umsetzung dieses Konzeptes bereitet wenig Probleme und Schwierigkeiten. Jeder Mensch mit Behinderung, unabhängig von Art und Schwere, kann sein Leben nach den Prinzipien gestalten. Auch ein schwerstmehrfachbehinderter Mensch soll erfahren, was eine Loslösung vom Elternhaus bedeutet. Es ist wichtig, einen solchen Prozess zu erleben.

Aufgaben

1. Finden Sie Unterschiede zwischen verschiedenen Kulturen heraus.
2. Was ist in Deutschland bezogen auf die Esskultur „normal"?
3. Finden Sie weitere Beispiele für die acht Bereiche des Normalisierungsprinzips.
4. Befragen Sie Mitarbeiter verschiedener Einrichtungen nach der Umsetzung des Normalisierungsprinzips.

4.7.2 Das Konzept der Integration

Allgemein wird mit Integration die Einfügung beziehungsweise Eingliederung in ein Ganzes, aber auch Anpassung oder Angleichung bezeichnet. So entstehen zwei Gruppen: Eine Gruppe mit sonderpädagogischem Förderbedarf und eine Gruppe ohne sonderpädagogischen Förderbedarf, die getrennt aber doch gemeinsam miteinander lernen (vgl. Geiling, 2005, S. 73 ff.).

In unserer Gesellschaft geht es bei Integration schwerpunktmäßig um die soziale Integration von gesellschaftlichen Randgruppen. Hier bedeutet Integration Anpassung an das Normengefüge und den Lebensstil einer Gesellschaft oder Gruppe. Integration gilt als gelungen, wenn abweichende Verhaltensweisen zugunsten eines Anpassungsprozesses allmählich aufgegeben werden.

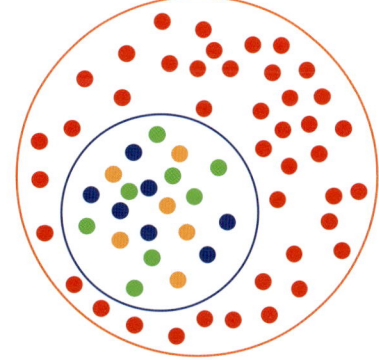

Integration

Nach Markowetz (1997) werden den Menschen mit Behinderung verschiedene Merkmale zugeschrieben, welche von der Gesellschaft negativ bewertet werden und sich somit negativ auf den einzelnen Menschen auswirken. Diese Zuschreibung nennt man Stigmatisierung. Die Reaktionen auf Menschen mit Behinderung können wie folgt aussehen:

- interaktive Reaktionen: Anstarren, Witze oder Spott sowie diskriminierende Äußerungen
- psychophysische Reaktionen: Angst, Ekel Rat- oder Hilflosigkeit
- originäre Reaktionen (urmenschlich, spontan, affektiv): Angst und Neugier führen meist zu einer ablehnenden Haltung gegenüber dem Menschen mit Behinderung, so dass er von der Gesellschaft nur nach außen hin akzeptiert wird (Scheinakzeptanz)

Ziel der Integration ist somit die Entstigmatisierung von Menschen mit Behinderung, also Bildung eines realitätsgerechteren Bildes und die damit verbundene „Eingliederung" in die Gesellschaft.

Integration beschreibt somit einen Prozess, der soziale Vorurteile zu vermeiden hilft. Markowetz ist der Auffassung, dass:

- Integration unteilbar ist und jeder ganzheitlich zu integrieren ist,
- kein Mensch wegen seiner Behinderung benachteiligt werden darf (Artikel 3 Grundgesetz),
- eine Einheit wiederhergestellt werden muss, in der Kinder mit und ohne Behinderung gemeinsam lernen, spielen, leben und kooperieren,
- Integration regional stattfinden muss, also in dem konkreten und unmittelbaren Umfeld des Menschen mit Behinderung und nicht in „Integrationszentren" und
- Integration individuell auf die Bedürfnisse, Wünsche und Gegebenheiten zugeschnitten sein soll.

Ebenfalls setzt er mehrere Akzente der Integration, die in folgende Bereiche unterteilt werden (vgl. Markowetz 1997, S. 193):

Akzent	Definition	
finaler Akzent	Integration als Eingliederung von Menschen mit Behinderung in KiGa, Schule, Berufswelt	Erziehungsziel
„Normalisierungs"-Akzent	Integration im Sinne von Normalisierung bzw. einer konfliktfreien Funktionseinheit	Vereinheitlichung
sozialreformerischer Akzent	Integration als „Entstigmatisierung", also der vollständigen Akzeptanz von Menschen mit Behinderung	Akzeptation
dialogischer Akzent	Integration als gegenseitige Teilhabe, Kommunikation und Beziehung zwischen Menschen mit Behinderung und Menschen ohne Behinderung	Solidarität
instrumentaler Akzent	Integration durch Einbezug und soziale Beziehungen von Menschen mit Behinderung und Menschen ohne Behinderung in KiGa, Schule etc.	Erziehungsmittel
Relativierungs-Akzent	Integration als Vergesellschaftung unter Berücksichtigung individuell-sonderpädagogischer Möglichkeiten und Einschränkungen	„Teilintegration"
utilitaristischer Akzent	Integration als Einpassung der Menschen mit Behinderung in die bestehenden Lebensverhältnisse	Anpassung
personaler Akzent	Integration als Respektierung der individuellen Eigenart der Menschen mit Behinderung	Emanzipation

Der Mensch mit Behinderung soll – ähnlich wie es das Normalisierungsprinzip anbietet – erfahren, dass er kein „Sonderling" ist und einen natürlichen Anspruch auf ein „normales" Leben (siehe Normalisierungsprinzipien), Akzeptanz und Gleichberechtigung hat. Er soll die Möglichkeit erhalten, aktiv am Leben teilzunehmen unter Einbezug seiner Interessen, Fähigkeiten und Möglichkeiten.

Durch die Integration ist er aktiver Teil der Gesellschaft, und der Quotient der Chancengleichheit steigt an. Er erhält wie alle anderen auch die Möglichkeit, gemeinsam zu lernen und zu erleben.

Dadurch, dass er nicht länger isoliert wird, wächst seine Akzeptanz innerhalb der Gesellschaft, und ggf. zuvor beurteilte Menschenbilder werden neu strukturiert. Die Gesellschaft kann Ängste und Vorurteile abbauen und so offener auf den Menschen mit Behinderung zugehen.

Dadurch verändern sich Selbst- und Fremdwahrnehmung und somit auch die Identitätsentwicklung. Der Mensch mit Behinderung wird selbstsicherer und fühlt sich mit der Zeit in seiner Integration wohl und als wirklicher Teil des Ganzen.

So werden gemeinsam Vorurteile und Ängste abgebaut und neue gemeinsame Ziele und Verhaltensweisen konstruiert und erlernt.

Der professionelle Helfer übernimmt hierbei die Rolle der Bezugsperson und des Integrationshelfers. Er geht bedarfsgerecht auf den Menschen mit Behinderung ein und bietet ihm die Möglichkeit, am gesellschaftlichen Leben teilzunehmen. Er unterstützt den Menschen in seiner Selbstständigkeit und in seinem Vertrauen in die eigenen Fähigkeiten.

Der professionelle Helfer soll dem Menschen mit Behinderung die Möglichkeit bieten, zwischen mehreren Möglichkeiten auszuwählen. Möchte der Mensch beispielsweise Sport treiben, so sollte der professionelle Helfer ihn dahingehend unterstützen, einen Sportverein zu finden, in dem (auch) nicht behinderte Menschen trainieren.

Sein Handeln ist stets integrativ ausgerichtet, immer bemüht, nach der Vorstellung des Menschen mit Behinderung tätig zu werden.

Seit Ende des 19. Jahrhunderts besuchen Menschen mit Behinderung eigene Bildungseinrichtungen und werden somit separiert beschult. Wenn Kinder mit Beeinträchtigungen Allgemeinbildende Schulen mit sonderpädagogischer Unterstützung besuchen, spricht man von Integration

Integration erfordert Kommunikation, denn sie beschreibt einen Prozess, in dem „behinderte Menschen unabhängig von Art und Schweregrad ihrer Behinderung in allen Lebensbereichen grundsätzlich die gleichen Zutritts- und Teilhabechancen haben sollen wie nicht behinderte Menschen" (Markowetz, 1997, S. 194). Um diese Teilhabe zu ermöglichen, muss ein Austausch über Bedürfnisse, Vorstellungen und Wünsche beider Teilnehmer stattfinden. Findet ein solcher Austausch statt, so können eine erfolgreiche Integration und damit verbundene Identitätsentwicklung stattfinden.

Aufgaben

1. Entwerfen Sie ein Zeichen, das Integration symbolisiert.
2. Finden Sie Einrichtungen in Ihrer Umgebung, die integrativ arbeiten.

4.7.3 Das Konzept der Assistenz (Empowerment/Selbstbemächtigung)

Der Begriff Assistenz lässt sich von dem lateinischen Begriff „assistere" ableiten und bedeutet, sich hinzustellen, dabeistehen; im übertragenen Sinne beistehen, unterstützen oder helfen.

Im pädagogischen Sinne hat dieser Begriff seinen Ursprung „in der Behinderten- und Krüppelbewegung in der Bundesrepublik. [...] Es war der Kampf dieser Bewegung in den letzten 25 Jahren für Selbstbestimmung und gegen Fremdbestimmung, Ausgrenzung, Diskriminierung und Bevormundung, der insbesondere von sinnes- und körperlich beeinträchtigten Menschen ausging" (Lanwer, 2005).

auf seine Art beziehungsfähig

nach seinen Bedürfnissen
bildungsfähig

nach seinen Fähigkeiten
lernfähig

Mensch
mit Behinderung

ein- und ausdrucksfähig
(agieren/reagieren)

Ziel dieser Bewegung war es, außerhalb von den Institutionen ein selbstbestimmtes Leben in den Alltag der Menschen mit Behinderung zu bringen. Der Mensch mit Behinderung wird somit zum Experten, weil er seine Bedürfnisse gut kennt.

Assistenz heute gilt nach Georg Feuser (2006) als eine Art Zauberformel, die besagt, aus einem entmündigten Menschen einen mündigen zu machen, und beschreibt in der Behindertenpädagogik eine vom Menschen mit Behinderung selbst bestimmte Unterstützung eines professionellen Helfers. Somit kann Assistenz als personenbezogene Dienstleistung gesehen werden. Der Mensch mit Behinderung will bzw. kann selbst entscheiden, welche Hilfe er im Alltag benötigt und wie diese Hilfe aussehen muss.

Denn, der Mensch mit Behinderung ist nach seinen Bedürfnissen bildungsfähig, nach seinen Fähigkeiten lernfähig, auf seine Art und Weise beziehungsfähig und kann agieren und reagieren, was ihn ein- und ausdrucksfähig macht.

Er nimmt aktiv an seinem eigenen Leben, mit allen Aufgaben und Schwierigkeiten, teil. Er handelt eigenständig und wird je nach Bedürfnis von einer „helfenden Hand" unterstützt. Er selbst aber trägt Verantwortung und niemand nimmt ihm Tätigkeiten ab, die er selbst verrichten kann. Sei es die Auswahl des professionellen Helfers oder der Kleider, die Wahl des Wohnortes oder Arbeitsplatzes – warum soll der Mensch mit Behinderung dieses nicht entscheiden dürfen/können? Er soll sein Leben so gestalten, wie es ein jeder anderer auch tut.

> „Der Autonomie [vgl. Selbstbestimmung] liegt die Anschauung zu Grunde, dass jeder Mensch so angelegt ist, sich selbständig zu organisieren und zu regulieren. In seiner Ganzheitlichkeit ist er darauf ausgerichtet, sich zu erhalten und sich gegenüber anderen zu behaupten. Wenn er in Problemsituationen gerät, krank wird, reagiert er mit eigenen Kräften und mit eigener Abwehr. Problemlösungen und Heilungen sind letztlich Selbstheilungsprozesse. Der Andere kann nur stützen und begleiten."   *(Deutscher Caritasverband)*

Diese sogenannten „Selbstheilungsprozesse" beschreiben eben genau das, dass der Mensch mit Behinderung sich selber gut kennt und selbst entscheiden kann und soll.

Diese dem Menschen mit Behinderung zugestandene Autonomie „bedeutet jedoch nicht das Freimachen von sozialen Bindungen", sondern bezeichnet einen Prozess. Es muss gemeinsam eingeübt werden, ein gesundes Maß an Selbst- und Fremdbestimmung herzustellen, auszubalancieren. Der Mensch mit Behinderung handelt autonom, wird jedoch unvermeidlich durch die Unterstützung einer helfenden Person fremdbestimmt und ist somit abhängig von ihr. „[…] Autonomie und Abhängigkeit [sind somit] keine Widersprüche, [denn] die eigene Freiheit endet immer dort, wo die des anderen beginnt" (Deutscher Caritasverband).

Jeder Mensch macht gute und schlechte Erfahrungen, und dieses sollte auch dem Menschen mit Behinderung zustehen. Ein Bewahren vor schlimmen Dingen ist unangebracht, denn das führt nach Feuser zu einer „hochgradigen Isolation". Jeder Mensch muss diese Erfahrungen durchleben, um aktiv am Leben teilnehmen zu können.

Ein weiteres Ziel der Assistenz ist das Entgegenwirken einer Isolation des Menschen mit Behinderung.

Der professionelle Helfer, der Assistent übernimmt somit die Rolle eines assistierenden Mitarbeiters, dessen Aufgabe es ist, dem Menschen mit Behinderung zu möglichst hoher Selbstständigkeit zu verhelfen. Er ist der Stellvertreter oder sogar „Rechtsanwalt", also Vertreter des Menschen mit Behinderung, seiner Wünsche und Bedürfnisse und muss unterstützend handeln, damit der Mensch ein selbstbestimmtes Leben führen kann. Indem beide miteinander kooperieren, erkennen und gewähren lassen, entsteht die Selbstbestimmung des Menschen mit Behinderung und verhindert seine Fremdbestimmung. Der Helfer handelt unterstützend dahingehend, dass der Mensch mit Behinderung aktiv am sozialen Leben teilnimmt und zwischenmenschliche Beziehungen eingehen kann, immer im Hinterkopf behaltend, was aus dem Menschen mit Behinderung werden könnte.

Der Sozialhelfer ist natürlich in seinem Bereich der Assistenz Bezugsperson für den Menschen mit Behinderung, denn er unterstützt ihn dabei, die menschlichen Grundbedürfnisse nach Zusammensein, Mitmenschlichkeit, Anerkennung und Nähe zu befriedigen. Er unterstützt den Menschen dabei, Freunde zu finden, seinen Hobbys nachzugehen etc. und erkennt ihn für seine Eigenständigkeit und sein verantwortungsvolles Handeln an. Er akzeptiert und stärkt den Menschen so, dass er Vertrauen in die eigenen Fähigkeiten erlangt.

Eine Einschränkung (Behinderung) bedeutet nicht die Nichtteilhabe am Leben oder die Abnahme aller Probleme etc., sondern dass Unterstützung zur Selbstverwirklichung angeboten werden muss. Unter dem Aspekt Assistenz müssen Selbstbestimmung und Kompetenz immer im Vordergrund stehen.

Lars Mohr sieht, dass der Terminus „Assistenz" so, wie er gegenwärtig in der Geistigbehindertenpädagogik weitgehend Verwendung findet, inhaltlich der am meisten überstrapazierte Begriff unseres Fachs ist.

Assistenz für ihn ist eine ergänzende Beihilfe, die einem beeinträchtigten Menschen kognitive oder motorische Kompetenzen zur Verfügung stellt, welche er selbst nicht besitzt, welche er aber zum Erreichen selbst gewählter Ziele und Zwecke bzw. zur Beschäftigung mit selbst gewählten Inhalten benötigt (vgl. Mohr, 2004, S. 10 f.).

Nach Feuser steht Assistenz immer in Verbindung mit Selbstbestimmung und Kompetenz. Um das Konzept der Assistenz anzuwenden, muss der Mensch mit Behinderung also über verschiedene Kompetenzen verfügen:
- Personalkompetenz, um sich die Hilfe selbst auszusuchen,
- Raumkompetenz, um den Ort der Hilfeerbringung zu bestimmen,
- Kontrollkompetenz, um korrekte Leistungserbringung zu kontrollieren,
- Anleitungskompetenz, um die Hilfe als Experte in eigener Sache selbst anzuleiten,
- Organisationskompetenz, um den Ablauf und den Zeitpunkt der Hilfe zu bestimmen.

Natürlich verfügen nicht alle Menschen mit Behinderungen über diese Kompetenzen. Kleine Kinder, Menschen mit Schwerstmehrfachbehinderungen oder Demenzkranke können hinsichtlich der oben genannten Kompetenzen kein reines selbstbestimmtes Leben führen.

An dieser Stelle wird der von Georg Theunissen geprägte Begriff der „ressourcenorientierten Assistenz" interessant. Er unterteilt hiermit den Begriff Assistenz in acht Teilaspekte:
- lebenspraktische Assistenz = pragmatische Hilfe zur Alltagsbewältigung
- dialogische Assistenz = Beziehungsgestaltung und Kommunikation
- konsultative Assistenz = Beratung in Bezug auf psychosoziale Probleme, Lebenspläne, Lebensziele, Zukunft
- advokatorische Assistenz = Anwaltschaft, Fürsprecher, Stellvertreter, Dolmetscher
- facilitatorische Assistenz = fördernde Assistenz, wegbereitende Unterstützung, Anstoß individueller Lernprozesse (insbesondere für jene, die sich nicht sprachlich äußern können)
- lernzielorientierte Assistenz = Hilfe zur Selbsthilfe
- sozialintegrierende Assistenz = Integrationshilfe
- intervenierende Assistenz = stützende Hilfe im Falle von Verhaltensauffälligkeiten

(vgl. Theunissen/Hoffmann/Plante, 2000, S. 126–140)

1. Erkundigen Sie sich in einer Einrichtung nach den Grenzen der Assistenz.

2. Entwickeln Sie in der Klasse eine Pro-und-Contra-Diskussion zum Thema: „Assistenz lässt sich in der Arbeit mit behinderten Menschen nicht verwirklichen."

4.7.4 Das Konzept der Inklusion

Inklusion (lat. inclusio) bedeutet „Einschluss" und ist das Gegenteil der Exklusion (Ausschluss) und beschreibt die Weiterentwicklung des Konzeptes der Integration. Diese Weiterentwicklung beschreibt eine „untrennbare Einheit der sozialen Gemeinschaft", was bedeutet, dass ALLE gleichberechtigt sind und NIEMAND ausgeschlossen wird – unabhängig von Art und Schweregrad der Behinderung etc.

Im Rahmen einer internationalen Konferenz der UNESCO zum Thema „Bildung für alle" wurde der Begriff der Inklusion erstmalig benutzt.

> *„Das Leitprinzip, das diesem Rahmen zugrunde liegt, besagt, dass Schulen alle Kinder, unabhängig von ihren physischen, intellektuellen, sozialen, emotionalen, sprachlichen oder anderen Fähigkeiten aufnehmen sollen. Das soll behinderte und begabte Kinder einschließen, Kinder von entlegenen oder nomadischen Völkern, von sprachlichen, kulturellen oder ethnischen Minoritäten sowie Kinder von anders benachteiligten Randgruppen oder -gebieten"*
>
> *(Warzecha, 2002, S. 63).*

Durch die Inklusion wird versucht, allen Menschen eine vollständige Gleichberechtigung zu ermöglichen und ausnahmslos alle mit in die Gesellschaft einzubeziehen und niemanden auszuschließen. Daher lässt sich Inklusion auch mit „gleichberechtigte und selbst bestimmte Teilhabe" übersetzen.

Inklusion bedeutet aber auch, dass alle Verantwortlichen zusammenarbeiten müssen, damit die Möglichkeiten zur Mitwirkung und Mitbestimmung aller Menschen verbessert werden. Gleichberechtigte und selbst bestimmte Teilhabe anzustreben bedeutet, dass alle Lebensbereiche betroffen sind und dass alle sich für die besonderen Bedürfnisse öffnen müssen. Man geht davon aus, dass alle davon profitieren, je besser man auf die Heterogenität reagieren kann.

Das Ziel der Inklusion ist somit das Reagieren auf die Heterogenität des Einzelnen, was

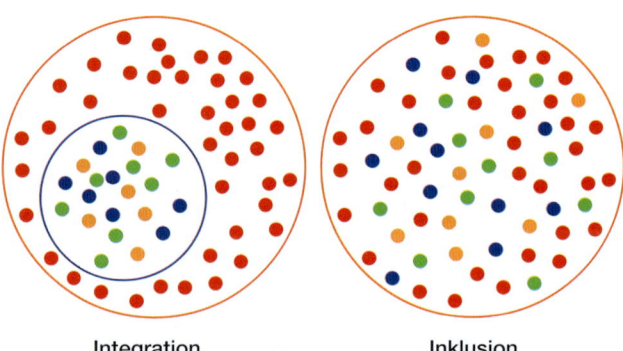

Integration   Inklusion

ihn zur Gleichberechtigung und Chancengleichheit befähigt und einer Separation entgegenwirkt.

Befürworter der Inklusion bezeichnen die Heterogenität als Normalität.

Anders als bei der Integration werden bei der Inklusion keine zwei Gruppen gebildet, sondern es gibt eine gesamte Gesellschaft mit unterschiedlichen Bedürfnissen. Viele dieser Bedürfnisse werden von der Mehrheit geteilt und bilden gemeinsame Erziehungs- und Bildungsbedürfnisse.

Alle haben darüber hinaus individuelle Bedürfnisse, eben auch solche „besonderer Art", für deren Befriedigung die Bereitstellung spezieller Mittel und Methoden hilfreich sein kann.

Durch die Inklusion werden wirtschaftliche, institutionelle, soziale, bildungspolitische, und bauliche „Behinderungen" ausgeglichen.

Der Mensch mit Behinderung wird in diesem Konzept als ein vollständiger Teil der Gesellschaft angesehen, der lediglich individuelle Bedürfnisse hat, die durch unterschiedliche Hilfsmittel sinnvoll ausgeglichen werden können *(siehe 4.7.3 Das Konzept der Assistenz)*.

Der professionelle Helfer agiert ähnlich wie bereits in dem Konzept der Assistenz beschrieben. Er ist die helfende Hand, der helfende Mitarbeiter des Menschen mit Behinderung. Er bietet dem Menschen mit Behinderung Unterstützung zur Selbstständigkeit als Teil der Gesellschaft und leistet einen Dienst.

Die Inklusion setzt einen gezielten und gewollten Umgang mit der Vielfalt voraus und legt viel Wert auf die Heterogenität (Unterschiedlichkeit), verzichtet damit auf das Prinzip der Homogenität (Gleichheit).

Deswegen erfordert das Konzept Inklusion in Bezug auf Gesellschaft und Schule keine bestimmten Methoden oder Konzepte für seine Umsetzung, sondern vielmehr eine andere Zugangsweise, um die Bedürfnisse aller Menschen und Schüler befriedigen zu können. Um diese Idee umsetzen zu können, scheint es nötig, die bisher geltenden Konzepte und Ideen neu zu überdenken. Denn das Konzept der Inklusion mit seiner Heterogenität erfordert eine basale Anpassung.

Am Beispiel einer Schulklasse könnte das so aussehen. Da in jeder Schulklasse unterschiedliche Kinder miteinander lernen würden, wären das Vermitteln und Begreifen der Unterrichtsinhalte nicht im Gleichschritt möglich. Daher müsste man, um der gesamten Heterogenität Raum zu bieten, unterschiedliche Lernmittel zur Verfügung stellen, mit denen jeder Mensch lernen kann.

Um dieses neue Konzept umsetzen zu können, müssten die bisherigen Schulformen entfallen und Lehrerinnen anders ausgebildet werden, wodurch die klassische Aufteilung in Gymnasial-, Real-, Haupt- und Sonderschullehrerinnen entfällt, was eine grundlegende Überarbeitung der Lehrpläne in der Ausbildung der Lehrer erforderlich machen würde. Auch die Verwendung der zur Verfügung stehenden Räumlichkeiten muss entsprechend überdacht werden.

1. Nehmen Sie Stellung zu folgendem Satz: „Inklusion kann es in unserer Gesellschaft nicht geben."
2. Was würde sich in Ihrem Schulalltag verändern, wenn wir Inklusion bereits hätten?

4.8 Handlungsmethoden in der Behindertenhilfe

In der Arbeit mit Menschen mit Behinderungen gibt es eine Vielzahl von Handlungskonzepten. Je nach theoretischer Sichtweise findet man einen anderen Zugang zu diesen Menschen.

4.8.1 Verhaltenstherapie

Im Folgenden sollen die Begriffe Verhaltenstherapie und Verhaltensmodifikation in gleicher Weise benutzt werden. Die Verhaltenstherapie geht von der Grundannahme aus, dass die meisten Verhaltensweisen des Menschen gelernt wurden. Wenn man negatives (dissoziales und kriminelles) Verhalten lernen kann, kann es nach diesem Grundsatz auch wieder verlernt werden. Dies ist der Ansatzpunkt verhaltenstherapeutischer Maßnahmen in der Behindertenhilfe. Grundlage aller verhaltenstherapeutischen Handlungskonzepte sind die Lerntheorien. Dabei spielt der Einsatz von Verstärkern oder das Modelllernen eine große Rolle. Positive Verhaltensweisen können durch Belohnung gefördert bzw. negative Verhaltensweisen durch Bestrafung reduziert werden.

Grundlage jeder Verhaltenstherapie ist die Analyse der Probleme des Menschen mit Behinderung (Verhaltensanalyse). Hierbei wird genau analysiert, was dazu führt, dass der Mensch sein Verhalten weiterhin zeigt, inwieweit es bestimmte Verstäker gibt, die das Verhalten aufrechterhalten. So kann ein Kind, welches durch aggressive Handlungen ständig Aufmerksamkeit bekommt, durch diese Konsequenz angeregt werden, sich weiterhin aggressiv zu verhalten. Berühmt geworden ist die Verhaltensanalyse nach Kanfer: das SORKC-Modell. SORKC steht für:

- S: Reize, Situationen
- O: Organismus (z.B. körperliche Erkrankungen)
- R: Reaktionen, Verhalten
- K: Kontingenzen, d.h. regelhafte Zusammenhänge zwischen Situationen, Verhalten und Konsequenzen
- C: Konsequenzen

(vgl. Deutsche Gesellschaft für Verhaltenstherapie, 1986, S. 4)

Obwohl die Begriffe „Reiz" und „Reaktion" leicht vermuten lassen, dass in einer Verhaltensanalyse nur das beobachtbare Verhalten analysiert wird, bezieht eine Verhaltensanalyse in der modernen Verhaltenstherapie auch Gefühle, Gedanken und körperliche Prozesse mit ein. Zudem umfasst die erweiterte Verhaltensanalyse auch Einflüsse des erweiterten Umfelds des Patienten, wie z. B. das Verhalten von Familienangehörigen, Arbeitskollegen, Freunden und Bekannten. Aufgrund der Zielanalyse werden Therapieziele vereinbart und ein Therapieplan entwickelt.

Jede Verhaltenstherapie zielt darauf ab, neue Einstellungen und Verhaltensweisen zu erarbeiten, die eine bessere Lebensqualität ermöglichen.

In der praktischen Verhaltenstherapie mit Menschen mit einer geistigen Behinderung werden verschiedene Verhaltensweisen erlernt. Beispiele hierfür sind: Erziehung zum Trocken- und Sauberwerden, Hilfen im täglichen Leben wie z. B. Grüßen, Telefonieren, Umgang mit Geld, aber auch die Behandlung von Verhaltensexzessen wie Unruhe, Selbststimulation oder aggressives Verhalten.

Gerade Menschen mit einer geistigen Behinderung neigen dazu, sich selbst zu stimulieren. Sie reizen z. B. ihre Gleichgewichtsorgane durch Schaukeln und Wiegen, ihre Optik durch Bewegen der Hände oder ihr Berührungsempfinden durch taktile Reize. Diese Selbststimulation hindert sie daran, sich auf andere Verhaltensweisen zu konzentrieren. Dies ist nicht nur für Außenstehende unangenehm, sondern auch für den Menschen selbst, der sich dadurch auch zum Teil selber verletzt. Deshalb ist eine Veränderung dieser Verhaltensweisen durchaus sinnvoll, wobei man ein gewisses Maß an diesen Verhaltensweisen durchaus hinnehmen muss.

Folgender Behandlungsplan zeigt einen Einblick in die verhaltenstherapeutische Arbeitsweise.

Behandlungsziel	Behandlungseffekt
Verminderung der Dauer der Verstärkung an sich, die durch irgendeine Gelegenheit zur Stimulation gegeben wird	Der Therapeut unterbricht sofort jedes Auftreten von Stimulation, die beobachtet wird
Vermeiden jedes Auftretens von Selbststimulation und des daraus folgenden Stärkerwerdens dieses Verhaltens	Selbststimulation wird körperlich verhindert, wobei der Therapeut das Kind manuell durch das Überlernen führt
Führen Sie unangenehme Konsequenzen für jedes Auftreten von Selbststimulation herbei, um sie zu verringern	Unangenehme Folgen für die Selbststimulation entstehen durch die Anstrengung beim Überlernen und davon, manuell geführt zu werden
Bringen Sie außengesteuerte Aktivitäten bei, die an Stelle der Selbststimulation treten können	Die außengesteuerten Aktivitäten werden durch manuelle Führung und Instruktion beigebracht
Sorgen Sie für eine Atmosphäre, die eine große Häufigkeit von positiven Verstärkern garantiert, um außengesteuerte Aktivitäten fortzusetzen	Eine an positiven Verstärkern reiche Atmosphäre zu Hause und in der Einrichtung fördert außengesteuerte Aktivitäten
Verändern Sie taktile, propriozeptive, visuelle, Geschmacks- und andere Wahrnehmungen der Selbststimulation, denn diese sorgen vermutlich für ihren verstärkenden Wert	Die gewöhnlichen Bewegungen, Haltungen und Geschmackserfahrungen, die mit der Selbststimulation verbunden sind, verändern die körperlichen Gefühle natürlicherweise

Behandlungsziel	Behandlungseffekt
Sorgen Sie für negative Verstärkung (Unterbrechung von Unannehmlichkeiten) zusätzlich zur positiven Verstärkung für außengesteuerte Aktivitäten, da positive Verstärkung allein nicht zu genügen scheint	Wenden Sie negative Verstärkung für außengesteuertes Verhalten an, wenn das Kind sich spontan bewegt oder dem Therapeuten zuwendet, um dadurch der Unannehmlichkeit der manuellen Führung zu entgehen

(Kehrer, 1997, S. 81 f.)

Oft wird an der Verhaltenstherapie kritisiert, es handle sich um Dressur und sei deswegen in der Behandlung von Menschen abzulehnen. In der modernen Verhaltenstherapie geht man davon aus, dass alles mit Einsicht und Verständnis des Behandelnden geschieht. Das lässt sich allerdings nur dann verwirklichen, wenn die Einsichtsfähigkeit aufgrund kognitiver Defizite nicht zu stark eingeschränkt ist. Doch selbst dann lässt sich durch Erklärungen ein hohes Maß an Einsicht erreichen.

4.8.2 Basale Stimulation und Kommunikation

Ein Mensch lebt autonom durch die und in der Wechselbeziehung zu seiner Umwelt. Je stärker seine Autonomie und seine Beziehungsfähigkeit zur Umwelt betroffen sind, desto mehr ist er auf die Beziehung durch seine Umwelt angewiesen. Ausgehend von diesem Grundsatz versteht man unter basaler Stimulation und Kommunikation Folgendes (basal = lat.: die Basis bildend).

Definition

Basal meint, dass wir uns der einfachsten und elementarsten Möglichkeiten bedienen wollen, um einen Menschen zu erreichen, um mit ihm in Kontakt zu treten. Es meint auch, das wir zurückgreifen auf die Basis, d. h. das Fundament menschlichen Handelns der Stimulation (stimulieren: anregen, ermuntern).

Stimulation meint, dem Menschen mit schwerer Behinderung werden positive Angebote gemacht, die ihn ermuntern, mit anderen Personen und der Umwelt in Kontakt zu treten.

Kommunikation (lat.: communicare = teilen, mitteilen, teilnehmen lassen; gemeinsam machen, vereinigen) bezeichnet auf der menschlichen Ebene den wechselseitigen Austausch von Gedanken in verschiedener Form, z. B. Sprache, Gestik, Mimik, Schrift, Bilder.

Der Kommunikationskreislauf

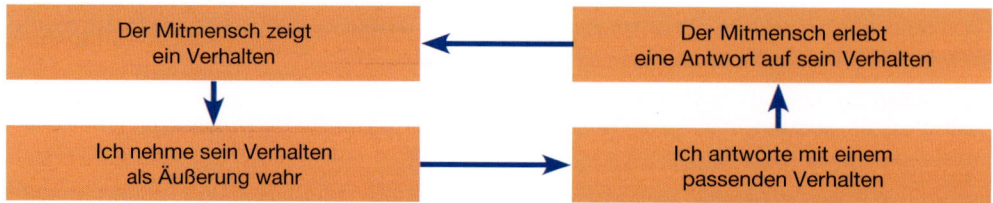

Die Grundannahme der basalen Stimulation gründet auf den Erkenntnissen von Fröhlich, der der Meinung ist, dass auch schwerstbehinderte Kinder erlebnis- und wahrnehmungsfähig sind, dass auch sie über zwischenmenschliche Empfindungen verfügen – auch wenn Außenstehende dies häufig kaum registrieren können (vgl. Fröhlich, 1998).

Wie alle Menschen haben Kinder mit schweren Behinderungen ein elementares Bedürfnis nach Wahrnehmung, Bewegung, Kommunikation. Da sie sich diese Bedürfnisse nur schwer selbstständig erfüllen können, müssen Formen des Zugangs zur Kommunikation mit diesen Kindern und auch Erwachsenen gefunden werden.

Ausgangspunkt des Konzeptes ist es, Kindern vorbehaltlose Wahrnehmungserfahrungen zu ermöglichen, die zumeist an vorgeburtliche Erfahrungen anknüpfen.

Dazu gehört:
- Spüren des eigenen Körpers,
- Sich-in-Bewegung-Erleben,
- Lageveränderung im Raum,
- das Entdecken des Inneren durch Vibrationen (somatische, vestibuläre, vibratorische Erfahrungen),
- genaues Hinhören, Hinschauen,
- orales und olfaktorisches Erfahren der Umwelt,
- die Umwelt begreifen (akustische, optische, orale und olfaktorische sowie taktile Erfahrungen).

Wenn man nach diesem Konzept arbeitet, wird man erfahren, dass die Kinder in ihren Möglichkeiten darauf reagieren und so eine elementare Kommunikation entwickeln, die sie in ihrem Erleben begleitet und ihre Fähigkeiten fördert.

Das Konzept der basalen Stimulation entwickelt sich ständig weiter und findet heute auch verstärkt Anwendung in der Pflege. Es wird angewandt bei allen Menschen, die in ihrer Fähigkeit zur Wahrnehmung, Bewegung und Kommunikation eingeschränkt oder gestört sind, z. B.: Bewusstlose, Beatmete, Desorientierte, Somnolente, Schädel-Hirn-Traumatisierte, Sterbende, Menschen mit Morbus Alzheimer, apallischem oder komatösem Syndrom und auch Frühgeborene.

All diesen Menschen ist gemeinsam, dass sie:
- „körperliche Nähe brauchen, um andere Menschen wahrnehmen zu können;
- den Anderen brauchen, der ihnen die Umwelt auf einfachste Weise nahebringt;
- den Pflegenden brauchen, der ihnen Fortbewegung und Lageveränderung ermöglicht;
- den Pflegenden brauchen, der sie auch ohne Sprache versteht und sie zuverlässig versorgt und pflegt."

(Fröhlich, 1998, S. 69)

Basale Stimulation in der Pflege ist keine Technik, sondern ein pflegepädagogisches Förderkonzept, ein sogenanntes 24-Stundenkonzept. Dies bedeutet nicht zwangsläufig einen zeitlichen Mehraufwand, es geht vielmehr darum, die bisherige Pflege anders zu organisieren.

4.8.3 Psychomotorische Konzepte

Unter Psychomotorik versteht man zum einen das Zusammenspiel von allen Aspekten der Persönlichkeit: Wahrnehmung, Bewegung, Psyche, soziale und materielle Umwelt. Die Wurzeln der deutschen Psychomotorik lassen sich bis in das Jahr 1955 verfolgen, in dem die Leitfigur der deutschen Psychomotorik, Ernst J. Kiphard, die Erkenntnis umsetzte, dass Bewegung, Wahrnehmung und Erleben unmittelbar zusammenhängen.

Kiphard beschreibt sein Anliegen der Psychomotorik folgendermaßen:

> *„Statt einer Leistungs- und Produktorientiertheit, die häufig an den Bedürfnissen der Kinder vorbeigeht, statt einer Defektorientiertheit, die nur Makel, Störungen und Defizite sieht, setzen wir eine Erlebnis- und Persönlichkeitsorientierung, bei denen sich die Kinder spielerisch, frei und ungezwungen handelnd äußern und entwickeln können."*
>
> *(Kiphard, 1989, S. 12)*

Das daraus entstandene Konzept der persönlichkeitsfördernden Behandlung/Therapie wird ebenfalls als „Psychomotorik" bezeichnet und beinhaltet eine spezifische Sicht menschlicher Entwicklung und Förderung. Bewegung wird als wesentliches Medium der Unterstützung und Anbahnung von Entwicklungsprozessen gesehen.

Der Begriff „Psycho-Motorik" kennzeichnet die funktionelle Einheit psychischer und motorischer Vorgänge, die enge Verknüpfung des Körperlich-Motorischen mit dem Geistig-Seelischen. Das Bewegungsverhalten eines Menschen gibt häufig auch Aufschluss über seine psychische Befindlichkeit, über Prozesse, die er u. U. sprachlich nicht ausdrücken kann oder will, die aber zum Verständnis seiner Probleme von wesentlicher Bedeutung sind.

Gerade für ein Kind mit geistiger Behinderung ist es wichtig, dass es in seiner Gesamtpersönlichkeit ernst genommen wird und eine ganzheitliche Förderung entsprechend seiner individuellen Bedürfnisse, Interessen und Möglichkeiten bekommt. Außerdem ist es wichtig, dass das Wahrnehmungs- und Bewegungslernen eng zusammenstehen. Durch psychomotorische, also anregungsreiche strukturierte Bewegungsangebote kann genau diese Verknüpfung stattfinden und das Kind zur Eigenaktivität angeregt werden (vgl. Zimmer, 1999).

Durch Bewegungsspiele und Bewegungsaufgaben wird der Kontakt erleichtert, da sich viele Menschen zur Aktivität anregen und zum Mitmachen verleiten lassen.

Psychomotorische Erziehung geht davon aus, dass erst durch vielseitige Bewegungs- und Wahrnehmungserfahrungen die Grundlagen für eine harmonische Persönlichkeitsentwicklung geschaffen werden. Ihr Ziel ist die Förderung und Entwicklung einer weitgehend selbstständigen Handlungsfähigkeit, damit das Kind sich sinnvoll mit sich selbst und mit seiner Umwelt (Gegenstände, Materialien, andere Personen) auseinandersetzen und entsprechend handeln kann.

In den Übungen der Psychomotorik werden verschiedene Wahrnehmungsbereiche angesprochen:

- taktile Wahrnehmung
- kinästhetische Wahrnehmung
- vestibuläre Wahrnehmung
- Körperschemaerfahrungen

Durch entwicklungsgemäße Übungsangebote sollen drei Kompetenzen erworben werden:

- **Ich-Kompetenz:** (seinen Körper wahrnehmen, erleben, kennenlernen, mit ihm umgehen können)
- **Sach-Kompetenz:** (sich an die Umweltgegebenheiten anpassen, mit ihr umgehen, sie verändern können)
- **Sozial-Kompetenz:** (sich an andere anpassen, mit anderen sinnvoll umgehen können)

4.9 Handeln im Lernfeld 4

4.9.1 Möglichkeiten zusätzlicher Lernsituationen

Die Lernsituationen dienen nur als Anregung und müssen je nach Besonderheit des Umfeldes verändert werden. In einer genauen Analyse kann der Fall konkretisiert und eine eigene Aufgabenstellung erarbeitet werden. Eine Verknüpfung der unterschiedlichen Fächer ist sinnvoll und notwendig.

Lernsituation

Lernsituation 1

Silvia ist vier Jahre und durch eine Augenkrankheit seit dem zweiten Lebensjahr erblindet. Ihre Eltern möchten, dass Silvia einen Regelkindergarten besucht. Nach mehreren Absagen haben sie einen integrativen Kindergarten in der Nähe gefunden. Sie arbeiten als Zweitkraft in dem Kindergarten und haben nun folgende Aufgaben von der Gruppenleiterin bekommen:

1. *Entwickeln Sie einen Plan, wie die anderen Kinder auf Silvia vorbereitet werden können.*
2. *Informieren Sie das Team darüber, was sich im Kindergarten ändern muss.*
3. *Gestalten Sie die Eingewöhnungsphase für Silvia.*

Lernsituation 2

In einem Wohnheim für erwachsene Menschen mit einer geistigen Behinderung verläuft der Alltag immer nach dem gleichen Schema. Nach dem Aufstehen beginnt die Pflegesituation je nach dem Grad der Behinderung. Danach wird gemeinsam gefrühstückt und dann verlassen die Bewohner die Einrichtung, um die Werkstatt für Behinderte zu besuchen. Nach einem zum Teil anstrengenden Arbeitstag kommen die Bewohner gegen fünf Uhr wieder im Wohnheim an. Nun beginnt für die Bewohner die freie Zeit und die festen

Aufgaben können erledigt werden. Nach dem Abendessen werden häufig gemeinsame Aktivitäten durchgeführt.

1. *Planen Sie für einen Bewohner einen solchen Tag:*
   a. *Pflegesituation*
   b. *Essenssituation*
   c. *Freizeitsituation*
2. *Entwickeln Sie Freizeitaktivitäten für die Gesamtgruppe.*

Lernsituation 3

Julia, Schülerin in der Berufsfachschule für Sozialhelfer, arbeitet für einen Nachmittag in der Woche in einer Familie mit einem achtjährigen behinderten Kind und soll dort den Nachmittag gestalten.

1. *Konkretisieren Sie, an welchen Behinderungen das Kind leidet.*
2. *Planen Sie für dieses Kind ein Freizeitangebot am Nachmittag.*
3. *Gestalten Sie die Zubettgehsituation des Kindes.*
4. *Gestalten Sie die Pflegesituation am Abend.*

Lernsituation 4

Herr Müller (23 Jahre) hat laut ärztlicher Diagnose eine geistige Behinderung infolge eines frühkindlichen Hirnschadens. Er reagiert auf unbedachte Äußerungen zum Teil sehr sensibel, insbesondere dann, wenn er z.B. zu irgendwelchen Handlungen direkt aufgefordert wird, wenn seine Meinung oder eine eben von ihm getroffene Entscheidung infrage gestellt wird oder wenn er das Gefühl hat, jemand macht sich über ihn lustig. In solchen Situationen hat Herr Müller große Schwierigkeiten, sich und seinen Standpunkt zu verteidigen und zieht sich meist sehr schnell in sein Zimmer zurück. Dort kommt es dann vor, dass sich Herr Müller derart in die vorangegangene Situation hineinsteigert, dass er Dinge von sich zerstört (z.B. CDs, Kleidung) und autoaggressives Verhalten zeigt (z.B. sich in die Hand beißt).

1. *Entwickeln Sie Möglichkeiten, auf Herrn Müller zu reagieren.*
2. *Informieren Sie sich über pädagogische Modelle zur Erklärung von Autoaggressionen.*

Lernsituation 5

Jeweils einmal in der Woche findet in der Wohngruppe eine Besprechung der Gruppenbewohnerinnen statt, bei der Überlegungen zur Freizeitgestaltung gemacht oder organisatorische Dinge, wie beispielsweise die Aufteilung zu erledigender Dienste, geregelt werden. Bisher sind die Besprechungen in der Regel so abgelaufen, dass die Bewohner einzeln nacheinander gegenüber der anwesenden Betreuerin ihre Wünsche und Vorschläge beispielsweise hinsichtlich der Freizeitgestaltung äußerten. Wer gerade nicht an der Reihe war und trotzdem etwas zu den gemachten Vorschlägen sagte, wurde schnell von einem anderen Gruppenmitglied oder vom Betreuer in die Schranken gewiesen. Aus diesem Grund ist es in diesem Rahmen bisher selten zu richtigen Gesprächen zwischen den Bewohnerinnen gekommen. Die Kommunikation untereinander wurde gehemmt.
Entwickeln Sie pädagogisch begründete Modelle, diese Situation angemessen zu verändern.

Frau Nolde ist 33 Jahre alt und hat laut ärztlicher Diagnose ein Down-Syndrom und eine Sehbehinderung infolge eines angeborenen „Grauen Stars" (Katarakt). Beim An- und Auskleiden benötigt Frau Nolde teilweise Unterstützung. Das Ankleiden würde schneller vonstatten gehen, wenn man ihr sofort bei allen Handgriffen helfen würde. Auf diese Weise hätte sie jedoch nie die Möglichkeit, es selbst zu versuchen, sich anzukleiden.

Entwickeln Sie pädagogisch begründete Modelle, diese Situation angemessen zu gestalten.

4.9.2 Praktische Anregungen

Praktikumsaufgaben für den Bereich der Behindertenhilfe:

1. Beschreiben Sie die Einrichtung, in der Sie Ihr Praktikum machen.

   Dazu gehören folgende Aspekte:
   - Name, Ort, Träger, Art der Einrichtung, usw.
   - Ziel der Einrichtung
   - Wer arbeitet dort? In welchen Tätigkeitsbereichen?
   - Besonderheiten der Einrichtung

   Sie sollen die Einrichtung, in der Sie Ihr Praktikum absolviert haben, Ihren Mitschülerinnen und Mitschülern vorstellen. Diese Vorstellung (Präsentation) soll möglichst anschaulich sein. Mittel zur Veranschaulichung können z.B. Fotos, ein Modell, Interviews o. Ä. sein.

2. Schildern Sie Ihren ersten Praktikumstag in der Einrichtung.
   - Welche Gedanken und Gefühle hatten Sie im Vorfeld?
   - Wie verlief dieser erste Tag?
   - Wie war der erste Kontakt mit behinderten Menschen in Ihrer Praktikumseinrichtung?

3. Erstellen Sie einen ausführlichen Tagesablauf mit allen Tätigkeiten für und mit behinderten Menschen.

4. Planen Sie ein Angebot/eine Aktivität für und mit den behinderten Menschen in Ihrer Einrichtung. Dieses Angebot kann z.B. aus dem hauswirtschaftlichen, pflegerischen oder sozialpädagogischen Bereich sein.

   In Ihrer Planung sollten folgende Bestandteile enthalten sein:
   - Art des Angebotes
   - Ziel des Angebotes
   - Durchführungsschritte
   - Materialbedarf

   Diese Aktivität sollte stattfinden, wenn Ihr Betreuungslehrer/Ihre Betreuungslehrerin Sie besuchen kommt. Die schriftliche Planung sollte dann vorliegen.

Literaturverzeichnis

AFP: Studie: Gewalt als Mittel der Erziehung nimmt ab, Berliner Zeitung, 23.03.2004, S. 5.

Alzheimer Gesellschaft Ingolstadt e. V.: Kleiner Ratgeber zum Umgang mit Demenzkranken, ohne Jahresangabe, 85051 Ingolstadt.

Aust-Claus, Elisabeth/Hammer, Petra-Marina: Das A-D-S-Buch. Aufmerksamkeits-Defizit-Syndrom. Neue Konzentrationshilfen für Zappelphilippe und Träumer, Ratingen, Oberstebrink, 1999.

autismus Deutschland e. V.: Was ist Autismus?, 2009, unter: www2.autismus.de/pages/was-ist-autismus.php [14.08.2009]

Becker, Horst: Die Älteren. Zur Lebenssituation der 55- bis 70-Jährigen, Berlin, Dietz, 1991.

Bernitzke, Fred: Heil- und Sonderpädagogik, 3. Auflage, Troisdorf, Bildungsverlag EINS, 2008.

Bleidick, Ullrich u. a.: Einführung in die Behindertenpädagogik, Bd. 1, Allgemeine Theorie und Bibliographie, 3. Auflage, 1977.

Bleidick, Ullrich (Hrsg.): Handbuch der Sonderpädagogik, Bd. 1, Theorie der Behindertenpädagogik, 1985.

Bundesministerium für Familie, Senioren, Frauen und Jugend: Zweiter Altenbericht der Bundesregierung über das Wohnen im Alter, 2000, unter: www.bmfsfj.de/bmfsfj/generator/BMFSFJ/Service/Publikationen/publikationen,did=3172.html [18.08.09]

Bundesministerium für Familie, Senioren, Frauen und Jugend: Bundesfamilienministerin von der Leyen: „Gemeinden, die hellwach sind, bauen Kinderbetreuung zügig aus", 12.07.2006 unter: www.bmfsfj.de/Kategorien/Presse/pressemitteilungen,did=80042, render=renderPrint.html [30.07.09]

Bundesvereinigung Lebenshilfe für Menschen mit geistiger Behinderung e. V.: Grundsatzprogramm der Lebenshilfe, verabschiedet von der Mitgliederversammlung am 10. November 1990 in Marburg.

Bundeszentrale für politische Bildung: Alter der Mütter bei der Geburt ihrer Kinder, unter: www.bpb.de/wissen/8QIORZ,0,0,Alter_der_M%FCtter_bei_der_Geburt_ihrer_Kinder.html [29.07.09]

Busch, Wilhelm: Max und Moritz, Esslingen, Esslinger Verlag Schreiber, 1997.

Cloerkes, Günther: Soziologie der Behinderten. Eine Einführung, Heidelberg: Universitätsverlag C. Winkler, 1997.

Deutsche Bischofskonferenz: Broschüre zur Woche für das Leben, 1994. Deutsche Gesellschaft für Verhaltenstherapie: Theorien und Methoden, Tübingen, DGVT, 1986.

Deutscher Caritasverband e. V.: Positionspapier Selbstbestimmung, unter: www.caritas. de/2047.html [17.08.09]

Deutscher Verein für Öffentliche und Private Fürsorge: Fachlexikon der sozialen Arbeit, 3. Auflage, Frankfurt am Main, Kohlhammer, 1993, S. 322.

Deutsches Institut für Medizinische Dokumentation und Information: ICD-10-GM Version 2009, Kapitel V Psychische und Verhaltensstörungen, Intelligenzstörung (F70-F79), unter: www.dimdi.de/static/de/klassi/diagnosen/icd10/htmlgm2009/block-f70-f79.htm [18.08.09]

DIMDI – Deutsches Institut für Medizinische Dokumentation und Information: Internationale Klassifikation der Funktionsfähigkeit, Behinderung und Gesundheit, Stand: 2005, unter: www.dimdi.de/dynamic/de/klassi/downloadcenter/icf/endfassung/icf_endfassung-2005-10-01.pdf [18.08.09]

Domke, Horst: Pädagogik. Eine Einführung, Bd.2, Erziehungsmethoden, 5. Auflage, hrsg. von Erich Weber, Donauwörth, Ludwig Auer Verlag, 1976.

Dunkhorst, Heike: Gestaltung und Beschäftigung, Hannover, Vintzenz-Verlag, 2001.

DW: Die Zahl der Scheidungen nimmt wieder zu, Die Welt, 09.07.09, unter: www.welt. de/die-welt/article4086277/Die-Zahl-der-Scheidungen-nimmt-wieder-zu.html [29.07.09]

Feuser, Georg: Advokatorische Assistenz für Menschen mit Autismus-Syndrom und/ oder geistiger Behinderung, 2006, unter: bidok.uibk.ac.at/library/feuser-advokat.html [04.09.2009]

Fröhlich, Andreas: Basale Stimulation. Das Konzept. Verlag selbstbestimmtes Leben, Düsseldorf, 1998.

Geiling, Ute/Hinz, Andreas: Integrationspädagogik im Diskurs: Auf dem Weg zu einer inklusiven Pädagogik, Bad Heilbrunn, Klinkhardt, 2005.

Geißler, Erich E.: Erziehungsmittel, 6. Auflage, Bad Heilbrunn, Klinkhardt, 1982. Grond, Erich: Praxis der psychischen Altenpflege, 8. Auflage. München, Gräfelfing, 1990.

Greving, Heinrich/Niehoff, Dieter: Praxisorientierte Heilerziehungspflege. Bausteine der Erziehungswissenschaften, 3. Auflage, Troisdorf, Bildungsverlag EINS, 2009.

Grond, Erich: Praxis der psychischen Altenpflege, 8. Aufl., München-Gräfelfing, Werk-Verlag Banaschewski, 1990.

Haeberlin, Urs: Allgemeine Heilpädagogik, Stuttgart, Haupt, 1985.

Hagemann, Christine (Hrsg.): Pädagogik/Psychologie, Troisdorf, Bildungsverlag EINS, 2009.

Harms, Helena: Die Altersdepression, 2001, unter: www.ipsis.de/themen/thema_altersdepression.htm [31.08.09]

Hamburger Arbeitskreis: Leitfaden ADS/ADHS, Hamburg, 2002.

Hautzinger, Martin: Depression im Alter. Erkennen, bewältigen, behandeln. Weinheim/Basel, Beltz Verlag, 2000.

Hoffmann, Heinrich: Der Struwwelpeter, 1845.

Hobmair, Hermann (Hrsg): Pädagogik, Troisdorf, Bildungsverlag EINS, 2008.

Integrierte Mediation e.V.: Familie, 2006, unter: www.konfliktbehandlung.de/main.php?menu_id=6180&page_id=659&filter_id=1&showdetail=mod_faq&detail=2 [04.09.09]

Jilesen, Martien: Soziologie. Eine Einführung für Erzieherberufe, 7. Auflage, Troisdorf, Bildungsverlag EINS, 2008.

Joswig, Helga: Phasen und Stufen in der kindlichen Entwicklung, unter: www.familien-handbuch.de/cmain/f_Aktuelles/a_Kindliche_Entwicklung/s_910.htm [31.08.09]

Kanter, Gustav O./Scharff, Günter: Lernbehinderung, Bundesagentur der Arbeit, 2004, unter: www.gewinndurcheinstellung.de/webcom/abc_show_glossar.php/_c-2499/_nr-238/i.html [14.08.2009]

Kaufman-Hayoz, Ruth: Entwicklung der Wahrnehmung. in: Handbuch der Kleinkindforschung, hrsg. v. Heidi Keller, Berlin/Heidelberg, Springer, 1989, S. 401–418.

Kehrer, Hans E.: Praktische Verhaltenstherapie bei geistig Behinderten, Dortmund, Verlag Modernes Leben, 1997.

Kiphard, Ernst: Psychomotorik in Praxis und Theorie. Ausgewählte Themen der Motopädagogik, Dortmund, 1989.

Kobi, Emil E.: Heilpädagogik im Abriss, München/Basel, Ernst Reinhardt Verlag, 1977.

Kreft, Dieter/Mielenz, Ingrid (Hrsg.): Wörterbuch Soziale Arbeit. Aufgaben, Praxisfelder, Begriffe und Methoden der Sozialarbeit und Sozialpädagogik, 5. Auflage, Weinheim/München, Juventa, 2005.

Küls, Holger: Lernfelder Sozialpädagogik, Troisdorf, Bildungsverlag EINS, 2004.

Lanwer, Willehad: Assistenz oder Unterstützung?, Bundesvereinigung Lebenshilfe für Menschen mit geistiger Behinderung e.V., 2005, unter: www.lebenshilfe.de/wDeutsch/aus_fachlicher_sicht/downloads/Lanwer-AssistenzoderUnterstuetzung.pdf [17.08.09]

Lindmeier, Christian: Geistige Behinderung, Das Familienhandbuch des Staatsinstituts für Frühpädagogik (IFP), München, 2004, unter: www.familienhandbuch.de/cmain/f_Aktuelles/a_Behinderung/s_334.html [18.07.09]

Markowetz, Reinhard: Integration von Menschen mit Behinderungen, in: Soziologie der Behinderten hrsg. v. Günther Cloerkes, Heidelberg: Winter, 1997, S. 187–237.

Metzger, Wolfgang: Psychologie der Erziehung, 3. Auflage, Bochum, Kamp, 1976.

Ministerium für Generationen, Familie, Frauen und Integration des Landes Nordrhein-Westfalen: Gütesiegel Familienzentrum Nordrhein-Westfalen, Düsseldorf, 2008, unter: www.familienzentrum.nrw.de/fileadmin/documents/pdf/publikationen/guetesiegel_2008.pdf [30.07.09]

Ministerium für Schule und Weiterbildung des Landes Nordrhein-Westfalen: Lehrplan zur Erprobung für das Berufskolleg in Nordrhein-Westfalen, Zweijährige Berufsfachschule im Berufsfeld Sozial- und Gesundheitswesen, Staatlich geprüfte Sozialhelferin/Staatlich geprüfter Sozialhelfer und mittlerer Schulabschluss (Fachoberschulreife), Heft 43998, Stand: 01.08.2006.

Möllers, Josef: Psychomotorik, Troisdorf, Bildungsverlag EINS, 2009.

Mohr, Lars: Ziele und Formen heilpädagogischer Arbeit. Eine Studie zu „Empowerment" als Konzept in der Geistigbehindertenpädagogik, Luzern, Edition SZH/CSPS, 2004.

Neuhäuser, Gerhard: Kindliche Entwicklungsgefährdungen im Kontext von Armut, sozialer Benachteiligung und familiärer Vernachlässigung. Erkenntnisse aus medizinischer Sicht, Probleme und Handlungsmöglichkeiten. In: Frühförderung mit Kindern und Familien in Armutslagen, hrsg. v. Hans Weiß, München/Basel, 2000, S. 34–49.

Neuhaus, Cordula: Das hyperaktive Kind und seine Probleme, Berlin, Urania-Ravensburger, 1999.

Niehoff, Dieter: Basale Stimulation und Kommunikation, Troisdorf, Bildungsverlag EINS, 2007.

Opitz, Bettina/Roth, Gustl: Nicht mit halbem Herzen. Gebete aus der Ökumene, Band 2, 2. Auflage, herausgegeben v. Evangelischen Missionswerk in Deutschland, Hamburg, Missionshilfe-Verlag, 1992.

Papst Johannes Paul II. (Johannes Paulus): Enzyklika Laborem exercens Seiner Heiligkeit Papst Johannes Paul II. an die verehrten Mitbrüder im Bischofsamt, die Priester und Ordensleute, die Söhne und Töchter der Kirche und an alle Menschen guten Willens „Über die menschliche Arbeit" zum neunzigsten Jahrestag der Enzyklika Rerum novarum am 14. September 1981, Bonn, Sekretariat d. Dt. Bischofskonferenz, 1981.

Pechstein, Johannes: Zu Lasten der Schwächsten, in: FAZ, 15.05.2003, S. 8.

Piaget, Jean: Das Erwachen der Intelligenz beim Kind, 5. Auflage, übersetzt von Bernhard Seiler, Stuttgart, Klett Cotta, 2003.

Renesse, Margot von: Familie ist kein Autokauf, in: Fluter, Heft 6, April 2003, S. 41.

Richter, Eva: Jede zweite Frau, die sich umbringt, ist über 60 Jahre alt, in: Ärzte Zeitung, 17.09.2004, unter: www.aerztezeitung.de/docs/2004/09/17/167a0301.asp [04.12.06]

Rudinger, Georg: Freizeitmobilität älterer Menschen. Ein Forschungsprojekt, Universität Bonn, 2000/2001, unter: www.uni-bonn.de/www/ZEM/Forschung/FRAME.html [14.03.05]

Rüfner, Wolfgang: Familie heute und alternative Lebensformen, in: Familie im Wandel. Situation, Bewertung, Schlussfolgerungen, hrsg. von Max Wingen, Bad Honnef, Verlag des Katholisch-Sozialen Instituts, 1989, S. 58.

Scholl, Annette: Wohnsituation selbst verändern. Gemeinschaftliches Wohnen im Alter, in: Forum Seniorenarbeit NRW, Themenschwerpunkt 1, 2005, hrsg. v. Kuratorium Deutsche Altershilfe, 18.01.2005, unter: www.kda.de/news-detail/items/archiv_218.html [04.12.06]

Senckel, Barbara: Die berufliche Identität von Betreuern geistig behinderter Menschen – Vortrag zur Fachtagung „Identität" der LHB Wien, 2005, unter: www.behindertenarbeit.at/_TCgi_Images/bha/20070118104636_1.pdf [21.10.09].

Socialnet GmbH: Aufgaben und Ziele der Werkstätten für behinderte Menschen, unter: www.werkstaetten_im_netz.de/informationen/aufgaben.php [21.10.09].

Speck, Otto: Befunde der PISA-Studie. Folgerungen für das sonderpädagogische Schulsystem, in: Behindertenpädagogik in Bayern 2002, 45. Jg., S. 48–55.

Stadler, Hans: Rehabilitation bei Körperbehinderung. Eine Einführung in schul-, sozial- und berufspädagogische Aufgaben, Stuttgart, 1998.

Statistisches Bundesamt: Jahr 2007: Durchschnittliche Kinderzahl steigt auf 1,37 Kinder je Frau, unter: www.destatis.de/jetspeed/portal/cms/Sites/destatis/Internet/DE/Presse/pm/2008/08/PD08__298__12641,templateId=renderPrint.psml [29.07.09]

Statistisches Bundesamt: Pflegestatistik 2007, Wiesbaden, 2008, unter: www-ec.destatis.de/csp/shop/sfg/bpm.html.cms.cBroker.cls?cmspath=struktur,vollanzeige.csp&ID=1023269 [18.08.09]

Statistisches Bundesamt: Kindertagesbetreuung regional 2008, 2009, unter: www-ec.destatis.de/csp/shop/sfg/bpm.html.cms.cBroker.cls?cmspath=struktur,vollanzeige.csp&ID=1023943 [19.08.09]

Stauß, Maike: Pädagogische Förderung von hyperaktiven und aggressiven Kindern in der Schule für Geistigbehinderte (Sonderschule) und die Möglichkeiten psychopharmakologischer Unterstützung. Schriftliche Hausarbeit im Rahmen der ersten Staatsprüfung für das Lehramt für Sondererziehung und Rehabilitation, Dortmund, Juni 1998, unter: www.sonderpaed-online.de/staats/erste/kap1.htm [31.08.09].

Stiehl, Hans: Einführung in die Didaktik des beruflichen Lernen der TU Berlin, Skript, Berlin, ohne Jahresangabe.

Studentenwerk München: Wohnen gegen Hilfe, München, 2009, unter: www.studentenwerk-muenchen.de/wohnen/wohnen_gegen_hilfe/ [31.08.09]

Theunissen, Georg/Hoffmann, Claudia/Plaute, Wolfgang: Geistige Behinderung – Betrachtungen aus dem Blickwinkel der Empowerment-Perspektive, in: Geistige Behinderung – Reflexionen zu einem Phantom. Ein interdisziplinärer Diskurs um einen Problembegriff, hrsg. von Heinrich Greving/Dieter Groschke, Bad Heilbrunn, Klinkhardt, 2000, S. 126–140.

Warzecha, Birgit: Zur Relevanz des Dialogs in Erziehungswissenschaft, Behindertenpädagogik, Beratung und Therapie, Münster, Hamburg, Berlin, Wien, London, LIT Verlag, 2002.

Wendeler, Jürgen: Geistige Behinderung. Pädagogische und psychologische Aufgaben, Weinheim/Basel, 1993.

Wichterlich, Heinrich: Eigene Wirkungen erleben und bewusst gestalten, unter: www.learn-line.nrw.de/angebote/p21/sus/selbst.html [29.07.09]

Wikipedia: Artikel Familie, unter: www.wikipedia.org/wiki/Familie [29.07.09]

Wikipedia: Artikel Adoption (Deutschland), unter: www.wikipedia.org/wiki/Adoption_ (Deutschland) [29.07.09]

Wingenbach, Carmen: Einsamkeit und Isolation, unter: www.carelounge.de/altenarbeit/wissen/themen_einsam.php [31.08.09]

Wirsing, Kurt: Psychologisches Grundwissen für Altenpflegeberufe, 5. Auflage, Beltz PVU, 2000.

Zimmer, Renate: Handbuch der Psychomotorik, Herder Verlag, 1999.

Gesetzestexte
Gesetz über die Berufe in der Altenpflege (Altenpflegegesetz – AltPflG), vom 25.08.2003.
Grundgesetz für die Bundesrepublik Deutschland.

Bildquellenverzeichnis

© Age fotostock/mauritius: Umschlag (links)

© MEV Verlag, Augsburg: Umschlag (Mitte)

© BilderBox.com: Umschlag (rechts), S. 18, 66, 68, 108, 147, 152, 153, 222

© Yuri Arcurs – Fotolia.com: S. 7, 76

© Carmen Steiner – Fotolia.com: S. 10

© gemenacom – Fotolia.com: S. 11

© Marion Wear – Fotolia.com: S. 12

© Meddy Popcorn – Fotolia.com: S. 16

© Anne Katrin Figge – Fotolia.com: S. 16

© Bildungsverlag EINS, Troisdorf/Oliver Wetterauer, Stuttgart: S. 19, 24, 38 (oben),
40 (oben), 45, 90, 135, 197, 198

© picture-alliance/ZB: S. 27 (links oben u. unten), 164, 219

© Bildungsverlag EINS, Troisdorf/Christian Schlüter, Essen: S. 27 (rechts oben),
34 (oben), 43, 70, 111,

© Monkey Business – Fotolia.com: S. 29, 78, 86

© Andrew Gentry – Fotolia.com: S. 34 (unten)

© Lisa F. Young – Fotolia.com: S. 36

© Andreas Wöbking – Fotolia.com: S. 37

© Bildungsverlag EINS, Troisdorf/Angelika Brauner, Hohenpeißenberg: S. 38,
40 (unten)

© Alberth Claude/MEV: S. 41

© Bernd Müller/MEV: S. 44, 94

© independent light/MEV: S. 52 (links, Mitte), 53

© Mike Witschel/MEV: S. 52 (rechts), 99, 150

© Fot Mantis Wildlife Films/OSF/OKAPIA: S. 63 (oben)

© Fot J. Giannicchi/PR ScienceSou/OKAPIA: S. 63 (unten)

© Susanne Holzmann/MEV: S. 67

© Tomasz Trojanowski – Fotolia.com: S. 71

© falkjohann – Fotolia.com: S. 79

© Stefan Redel – Fotolia.com: S. 85

© picture-alliance/akg-images: S. 82, 217 (links)

© tbel – Fotolia.com: S. 86

© bilderbox – Fotolia.com: S. 86

© Irina Fischer – Fotolia.com: S. 86

© Varina Patel – Fotolia.com: S. 86

© Andres Rodriguez – Fotolia.com: S. 86

© artivista/werbeatelier – Fotolia.com: S. 86

© Lisa Young – Fotolia.com: S. 86

© Franz Pfluegl – Fotolia.com: S. 86, 177, 235 (Mitte u. unten rechts)

© Galina Barskaya – Fotolia.com: S. 86

© helix – Fotolia.com: S. 86

© Philip Date – Fotolia.com: S. 86

Sachwortverzeichnis

Familienformen 88 ff.
Familienzentren 113 f.
Fernsinne 38
Förderschule 225 f.
Freizeit 226 f.
Fremdbild 135
Fremdwahrnehmung 48 f.

G
Ganztagsschule 114 f.
Gebärden 198
Gebärdensprache 197 f.
Geburtenrückgang 95
Gehirn 38, 40, 202 f.
Generativität 56
Gesetz der Ähnlichkeit 42
Gesetz der Geschlossenheit 42
Gesetz der Nähe 42
Gewalt 101
Gliedmaßenfehlbildungen 202
Großfamilie 88
Grundschulkind 71 ff.
Gruppenarbeit 14 f., 160 f.
Gruppenarbeit, soziale 117

H
Halo-Effekt 50
Handlungsfelder 27 f.
Hcim 80, 120 f.
Heimerziehung 120 f.
Helfersyndrom 133
Hilfen zur Erziehung 115 ff.
HKS 83
Hörbehinderung 195
Hörschädigung 195
Hort 114 f.
Hospitalismus 80 f.
Hospiz 158 f.
Hypermotorik 82 f.

I
Ich-Kompetenz 245
Identität 16 ff., 55
Inklusion 238 ff.
Integration 231 f.
Integrität 56
Interrollenkonflikt 32
Intimität 55
Intrarollenkonflikt 32

J
Job 19
Jugendalter 74
Jugendamt 112, 116 ff.
Jugendfreizeiteinrichtung 123 f.

K
Kanner Syndrom 209
Kardinalssymptome 209
KiBiz 110 f.
Kinderbetreuung 111 ff.
Kindheit 73
KJHG 116
Kleinfamilie 88
Kleinkindalter 68 ff.
Kompetenzen 17, 36, 129, 176, 245
Körperbehinderung 201 f.
Kurzzeitpflege 151 f.
Kurzzeitunterbringung 122

L
Lebensalter, höheres 78 f.
Lebensunterhalt 123
Lebenswelt 217 ff.
Lebenswelt Arbeit 219 ff.
Lebenswelt Bildung 224 ff.
Lebenswelt Freizeit 226 ff.
Lebenswelt Wohnen 222 ff.
Lernbehinderung 192 ff.
Lernen 14 f.
Lernfelddidaktik 8 ff.
Lernprozesse 14 f.
Lernsituation 9 f., 17, 35, 125, 128, 171 f., 175, 245 ff.
Lob 104 f.

M
MCD 83
Medium 40
Menschen mit einer geistigen Behinderung 189 ff.
Menschen mit einer Intelligenzbeeinträchtigung 189 ff.
Menschen mit einer körperlichen Behinderung 201 ff.
Menschen mit einer Mehrfachbehinderung 205
Menschen mit einer Sinnesbehinderung 195 ff.
Methodenkompetenz 24, 129
Minderwertigkeitsgefühl 55

Misstrauen 54
Motorische Tics 216 f.
Mukoviszidose 215 f.
Musik 163
Muskelschwund 202 f.
Muskulatur 164, 203 f.
Mutter-Kind-Betreuung 121

N
Nähe 133
Nahsinne 38
Nervensystem 38, 63 f., 92, 194 f., 202
Neugeborenenperiode 214
Normalisierungsprinzip 228 ff.

O
Optische Täuschungen 43

P
Patchwork-Familie 90
Perinatal 196
Pflegefamilie 90 f.
Phasen, kritische 57 f.
Phasen, sensible 57 ff.
Planen 11 f.
Postnatal 196
Pränatal 196
Präsentieren 12
Primacy-Effekt 50
Psychologischer Bereich 197
Psychomotorische Konzepte 244 f.
Pubertät 74 ff., 82
Pubertätsmagersucht 82

Q
Querschnittslähmung 203 f.

R
Randgruppe 187 f.
Reaktion 41
Reflektieren 13
Reproduktionsfunktion 94
Rolle 29 ff.
Rollenkonflikte 32 f.

S
Sach-Kompetenz 245
Säuglingsalter 65 ff.
Schädigung 183 f.
Scham 54
Scheidung 96 f.

Schuldgefühl 54 f.
Sehbehinderung 199 ff.
Selbstabsorption 56
Selbstkompetenz 24 ff.
Selbstwahrnehmung 48
Seniorengymnastik 164 f.
Sensorische Integrationstherapie 211
Sinne 64 f.
Sinnesbehinderung 195 ff.
Sinnesnerven 40
Sinnessysteme 64 ff.
Sinneszellen 40
Solidarität 55
Sozialer Bereich 197
Sozialgesetzbuch 120, 184, 221
Sozialhelferin 21 ff.
Sozialisationsfunktion 94
Sozialkompetenz 24, 26, 130, 245
Sozialpädagogische Familienhilfe 118
Spannungsausgleich 94
Spielen 162 f.
Sprachlicher Bereich 196
Sprachstörungen 203
Stationäre Hilfen 119 ff.
Stimulation 242 f.

T
Tadel 107 f.
Tageseinrichtung für Kinder 108 f.
Tagesgruppe 118 f.
Tagespflege 111 f., 152 f.
Tätigkeitsprofil 23
Taubheit 195 ff.
Therapieformen 209 ff.
Tourette-Syndrom 216 f.
Träger der Behindertenhilfe 223
Trisomie 21 212 ff.

U
Übermittagsbetreuung 114 f.
Umwelt 40, 60 ff.
Unterbringung, geschlossene 121 f.

V
Verhaltenstherapie 240 ff.
Vertrauen 54
Verwahrlosung 80 ff.
Verzweiflung 56
Vokale Tics 217
Vollzeitpflege 119 f.
Vorschulalter 68 ff.